Wolfgang Benz

Was ist Antisemitismus?

Wolfgang Benz

Was ist Antisemitismus?

Verlag C.H.Beck

© Verlag C.H.Beck oHG, München 2004
Satz: Fotosatz Janß, Pfungstadt
Druck und Bindung: Friedrich Pustet KG, Regensburg
Gedruckt auf säurefreiem, alterungsbeständigem Papier
(hergestellt aus chlorfrei gebleichtem Zellstoff)
Printed in Germany
ISBN 3 406 52212 2

www.beck.de

Inhalt

Vorwort 7

Feindschaft gegen Juden. Annäherung an ein schwieriges
   Thema 9

Mehrheit und Minderheit. Signale aus dem Publikum an
   die Juden in Deutschland 27
   Ressentiments und ihre Motive 27
   Überfremdungsangst und Selbstbewusstsein:
     Der Zorn der Patrioten 37
   Verschlüsselte Botschaften an die Juden 46
   «Jüdische Privilegien»: Paranoia als Prinzip 55
   Fazit: Die Juden sind selbst daran schuld,
     dass man sie nicht mag 59

Traditionen der Judenfeindschaft.
   Das religiöse Ressentiment. 65

Antisemitismus als rassistischer Vorbehalt.
   Das gesellschaftliche Ressentiment 83
   Die Konstruktion der «Judenfrage» 83
   Die Ideologie des Rassenantisemitismus 85
   Adolf Stoecker: Die christlich-soziale Variante der
     Judenfeindschaft 93
   Einübung von Judenfeindschaft durch Propaganda . . 96
   Antisemitismus im Bildungsbürgertum 100
   Organisierte Judenfeindschaft 102
   Die langanhaltende Wirkung des «modernen
     Antisemitismus» 108

Die Brückenfunktion der Judenfeindschaft zwischen der
   Mitte der Gesellschaft und dem Rechtsextremismus . 116
   Erster Exkurs. Wissenschaft und Vorurteil:
     Über Sigmund Freud und die Psychoanalyse 128
   Zweiter Exkurs. Das Konstrukt der Holocaust-
     Industrie 137

Antisemitismus ohne Antisemiten.
Die Affäre Möllemann. 146

Die Affäre Hohmann – das Lehrstück zur Instrumentierung des patriotischen Projekts 155

Jüdische Weltverschwörung? Vom zähen Leben eines Konstrukts 174

Jeder fünfte Deutsche ein Antisemit? 193

Wie viel Israelkritik ist erlaubt? 200

Judenfeindschaft in Europa. 209

Antisemitismus in der Schweiz und in Österreich 221

Folgerungen: Was also ist Antisemitismus? 234

Anmerkungen 243

Literatur 264

Personenregister 269

Vorwort

Gegenstand dieses Buches ist nicht die dramatische Darstellung judenfeindlicher Aggression und Propaganda mit dem Ziel, Abscheu, Schuld und Betroffenheit zu erzeugen. Es geht nicht um die Verwüstung von Friedhöfen, um Neonazi-Parolen, mit denen jüdische Einrichtungen beschmiert werden, um Beleidigung, Drohung und Gewalt, die gerichtlich zu ahnden sind, die in der Kriminalstatistik und im Verfassungsschutzbericht erscheinen. Dieser manifeste Antisemitismus, der von einer kleinen Minderheit in anonymen Schmähbriefen, in rechtsextremen Pamphleten und Traktaten, im Zusammenhang von Holocaust-Leugnung und judenfeindlicher Propaganda agiert wird, ist nicht Gegenstand dieser Untersuchung. Auch das gewiss interessante Phänomen der Judenfeindschaft aus entgegengesetzter ideologischer Wurzel, der «linke Antisemitismus», der sich (oft amalgamiert mit Amerikafeindschaft und Antikapitalismus bei militanten Israelfeinden und Globalisierungskritikern) artikuliert, kann hier nicht behandelt werden. Absicht ist es vielmehr, das alltägliche Vorurteil der Mehrheit gegen die Minderheit zu betrachten, um seine Ursachen und Wirkungen zu erkennen.

Das Thema ist aktuell, nicht nur der Skandale wegen, die mit den Namen Möllemann und Hohmann verbunden sind. Judenfeindschaft, die als Ressentiment, als innerer Vorbehalt gegen die jüdische Minderheit, als Einstellung existiert, beeinflusst privates wie öffentliches Denken und Handeln. Judenfeindschaft gilt als das älteste soziale, kulturelle, religiöse, politische Vorurteil der Menschheit; Judenfeindschaft äußert sich, lange bevor Diskriminierung und brachiale Gewalt das Ressentiment öffentlich machen, in ausgrenzenden und stigmatisierenden Stereotypen, d. h. in überlieferten Vorstellungen der Mehrheit von der Minderheit, die unreflektiert von Generation zu Generation weitergegeben werden. Das ist ein Argument gegen die Vermutung, es gäbe derzeit einen «neuen Antisemitismus», der sich in seinen Inhalten oder in der Radikalität vom «alten Antisemitismus» unterscheide. Wegen der langen Tradition des Vorurteils muss man sich, um es zu verstehen, aber auch mit seiner Geschichte beschäftigen, also das Erbe des christlich motivierten Antijudaismus und den Antisemitismus als Kern der Rassenlehre des 19. Jahrhunderts, der der Judenfeindschaft den Namen gab, in den Blick nehmen.

Dieses Buch will nicht anklagen oder verurteilen; das Phänomen der Judenfeindschaft soll in seiner Dimension und Verbreitung weder dramatisiert noch schöngeredet oder bagatellisiert werden. Aufgeregter Alarmismus, der unentwegt vermutet, die Situation sei so ernst wie nie zuvor und der überall Judenfeindschaft argwöhnt, steht dem Verständnis des Phänomens ebenso im Wege wie die selbstzufriedene Gewissheit, Antisemitismus sei den Deutschen fremd, und das, was Juden ängstige, entspringe deren Einbildungskraft oder Überempfindlichkeit. Die Fragestellung «Was ist Antisemitismus?» zielt – aus vielfach gegebenem Anlass – auf unsere Wahrnehmung der jüdischen Minderheit und auf den Ort, den Juden und Judentum in den Emotionen der nichtjüdischen Mehrheit einnehmen. Die im Folgenden versuchte Darstellung des alltäglichen und aktuellen Vorurteils gegen Juden geht von empirischen Befunden aus. Ziel sind nicht theoretische Erkenntnisse zum akademischen Gebrauch, sondern Einsichten in Ursachen, Funktion und Wirkung von Judenfeindschaft.

Feindschaft gegen Juden.
Annäherung an ein schwieriges Thema

Der Begriff «Antisemitismus» bietet Möglichkeiten der Interpretation und damit zu Missverständnissen. Vor jeder wissenschaftlichen Definition steht aber für die Betroffenen – die Juden – die Erinnerung an die Erfahrung von Feindseligkeit und Hass der Mehrheit, artikuliert auf der ganzen Skala vom Vorbehalt über Ausgrenzung und Diffamierung bis zur Gewalt gegen Menschen, von der organisierten Verfolgung zum Pogrom und zur letzten Steigerung, dem Völkermord unter nationalsozialistischer Ideologie und Herrschaft.

Die jahrhundertelange jüdische Erfahrung des Vorbehalts, der unterschiedlich begründet wird mit religiösen oder naturwissenschaftlichen Argumenten, mit sozialen und ökonomischen Gegebenheiten, mit politischem Kalkül, hat die Juden wachsam gemacht, auch misstrauisch der Mehrheit gegenüber, empfindlich gegenüber allem, was als Pauschalurteil der Mehrheit über die Minderheit verstanden werden kann, und gleichzeitig hellhörig gegenüber falschen Tönen. Denn zum Wesen des Antisemitismus gehört einerseits die offene Beleidigung, der verbale und brachiale Angriff gegen den einzelnen Juden, und andererseits die Verständigung der Nichtjuden über angebliche Eigenschaften, Absichten, Handlungen, die den Vorwand bieten, die Juden als Gesamtheit abzulehnen bis zu ihrer Verfolgung und Vernichtung. Die Verständigung der nichtjüdischen Mehrheit über die Minderheit der Juden geschieht in den aufgeklärten Gesellschaften Europas und der USA nur im rechtsextremen Milieu in direkter Weise durch beleidigende und geräuschvolle Propaganda, die Vorwurf, Anklage und Verurteilung in stereotypen Formen artikuliert und durch brachiale Aggression gegen Menschen oder gegen Kulteinrichtungen. Der Diskurs der Mehrheit über «Die Juden» erfolgt in der Regel durch Codes und über Chiffren, durch Geraune und Mutmaßung und nonverbal mit Gebärden und dem Gestus der

Ablehnung. Die Ablehnung gründet sich nicht auf Fakten, sondern auf Traditionen und Emotionen, die aber als Fakten verstanden werden. Deshalb entzieht sich Judenfeindschaft in allen ihren Ausprägungen jeder rationalen Diskussion. Antisemitismus wird als tradierte kollektive Erfahrung begriffen und agiert. Antisemitismus ist deshalb auch weitgehend gegen Aufklärung resistent. Diese Feststellung ist kein Plädoyer zur Resignation, vielmehr zur Prävention und Prophylaxe.

Antisemitismus, zunächst einmal als Oberbegriff für alle Formen von Feindschaft gegen Juden verstanden, gehört in Mitteleuropa und im deutschen Sprachraum, nach Hitler zumal, zu den schwersten Vorwürfen in der politischen Auseinandersetzung. Aus diesem Grund tritt Antisemitismus in der Regel in der Form des politischen Skandals im bürgerlichen Alltag in Erscheinung. Ein typisches Beispiel dafür ereignete sich im Januar 1986, als der CSU-Bundestagsabgeordnete Hermann Fellner im Zusammenhang mit dem Verkauf des Flick-Konzerns und der Entschädigung jüdischer Zwangsarbeiter den Anspruch der Juden auf Entschädigung bestritt, da er «weder rechtlich noch moralisch begründet» sei, dass vielmehr der Eindruck entstehe, die Juden meldeten sich schnell zu Wort «wenn irgendwo in deutschen Kassen Geld klimpert».[1] Nach scharfer Kritik, erheblichem innerparteilichem Druck und Bemühungen, den Schaden zu begrenzen, entschuldigte sich Fellner am 16. Januar 1986 vor dem Bundestag (wobei er hinzufügte, ihm sei jede antijüdische Haltung fremd).

Am gleichen Tag machte der Bürgermeister von Korschenbroich am Niederrhein, ein Graf Spee, angesichts der leeren Kassen der von ihm regierten Kommune im Haushaltsausschuss des Gemeinderates die scherzhaft gemeinte Bemerkung, man müsse «ein paar reiche Juden erschlagen», um den Etat auszugleichen. Die öffentliche Kritik, die sich erhob, mündete in Rücktrittsforderungen, gleichzeitig erhielt der Lokalpolitiker aber auch viel Zuspruch aus seiner Partei und von den Bürgern seiner Gemeinde. Als Graf Spee am 13. Februar 1986 zurücktrat, fühlte er sich als Opfer einer Medienkampagne und sah sich in die politische Pflicht gedrängt, «weiteren Schaden zu verhüten» (auch dies eine Metapher, die stets angeführt wird, wenn man sich schuldlos fühlt, aber ausgeübtem Druck weichen muss), um «das Versöhnungswerk zwischen Deutschen und Juden» nicht zu gefährden.[2]

Der Eklat war durch den Kontext programmiert: Die Debatte um die Bemerkungen Fellners und nicht zuletzt das Diktum des Bundeskanzlers Kohl von der «Gnade der späten Geburt», das einige Zeit zuvor in die Welt gesetzt worden war. Das Nachrichtenmagazin «Der Spiegel» sprach von der «neuen Dreistigkeit» und erklärte alarmistisch und pauschal, das «Sinken der Schamschwelle» sei durch öffentliche Äußerungen gegen Juden und über die NS-Zeit dokumentiert, wie sie «vor der Wende zu Helmut Kohl nicht möglich» gewesen seien.[3] Andere Medien äußerten sich ähnlich, und der Vorsitzende des Zentralrats der Juden in Deutschland, Werner Nachmann, kritisierte Parteien, Gewerkschaften und Kirchen, sich in den vergangenen 40 Jahren zu wenig gegen den Antisemitismus engagiert zu haben. Dagegen verwahrten sich wiederum Kritiker und Journalisten, die auf die vielfältigen Anstrengungen zur Bekämpfung des Antisemitismus in den Jahrzehnten seit dem Untergang des NS-Staats hinwiesen.

Die Korschenbroicher Affäre lief nach einem Mechanismus, der offensichtlich typisch ist für antisemitische Skandale. Der Entgleisung folgte die Empörung und dieser die Solidaritätsbekundung von Parteifreunden und Bürgern der Gemeinde. In einer Sondersitzung des Stadtparlaments wies die CDU Rücktrittsforderungen der Opposition zurück: «Mit Ovationen überschüttet und mit Blumen beladen verließ Wilderich Freiherr von Mirbach Graf Spee nach dem Vertrauensvotum seiner Parteifreunde vorzeitig das Rathaus.»[4]

Ein SPIEGEL-Artikel führte die Korschenbroicher, um ihren Bürgermeister geschart, als Hinterwäldler vor. Der überregionalen Kritik und dem von höheren Parteistellen ausgeübten Druck musste das Stadtoberhaupt dann aber weichen. Entgleisende öffentliche Solidaritätsbekundungen gehören zum Standardrepertoire antisemitischer Skandale. In diesem Fall war der Amtskollege des Korschenbroicher Bürgermeisters in Neuss, im November 1986, ausgerechnet bei der Gedenkveranstaltung zur «Reichskristallnacht» auf den Fall zu sprechen gekommen: «Entscheidend ist für mich, daß es nicht wenige Menschen gab, die nur mit Verbitterung erlebten, wie ein ansonsten hoch angesehener und korrekter Mann bis in die Familie hinein verfolgt wurde. Damit haben sich die jüdischen Repräsentanten, die glaubten, hier ein Exempel statuieren zu können, was sie an anderer Stelle nicht taten, keinen Gefallen erwiesen.»[5] Dank besserer Regie bei der Schadensbegrenzung und rasch gezeigter Reue und Einsicht blieb dem Neusser Bürgermeister der Rücktritt erspart.

Ein konstituierendes Element des Skandals zeigt sich auch, in den Korschenbroicher wie den Neusser Reaktionen, darin, dass die patriotischen Emotionen der Nichtjuden bei der Rechtfertigung – die dabei schnell zur Schuldzuweisung an «die Juden» wird – die größte Rolle spielen. Das wird uns bei der Erörterung der Affäre Möllemann und der *causa* Hohmann wieder begegnen. Aber auch bei der Betrachtung alltäglicher Reaktionen von Nichtjuden gegenüber Juden (die meist wenig mit dem nach Skandalen stets beschworenen Geist der «Versöhnung» zu tun haben) steht die Verteidigung des Eigenen, Patriotismus also, im Vordergrund.

Bemerkenswert ist der Eifer, mit dem die Abwehr betrieben wird. Bei keinem anderen Thema geraten Patrioten so rasch und nachhaltig in Zorn, werden unzugänglich für Argumente, beharren auf der hermetischen Gewissheit, dass «die Juden» zu viel Einfluss und Vorzugsstellungen in der Gesellschaft hätten, dass sie mit erdrückender Macht «den Deutschen» feindlich gesinnt seien. Die blinde Wut, Ausdruck von Paranoia und psychotischen Ängsten der Mehrheit angesichts einer Minderheit, die durch ihre bloße Existenz und ihr historisches Schicksal Unbehagen erzeugt, ist ein Charakteristikum für Judenfeindschaft. Die Wut zeigt sich bei vielen Gelegenheiten, in Diskussionen, in Leserbriefen, in Kommentaren, wenn Empörte den Saal verlassen mit dem Ausruf «hier dürfen ja nur die Juden sprechen», auch wenn gar keine im Raum sind.

Als Arbeitshypothese für die Frage nach dem Wesen der Judenfeindschaft mag deshalb die Vermutung hilfreich sein, dass Antisemitismus oft vielleicht weniger Angriff als Verteidigung ist und Rechtfertigung gegen befürchtete und vermutete moralische Bedrohungen des Selbstwertgefühls und der nationalen Identität durch die Schatten der Vergangenheit, an die Juden sowohl durch ihre Existenz als auch durch die Forderung des

Eingedenkens (die wiederum zur Selbstreflexion jüdischer Existenz in Deutschland unabdingbar ist) mahnen. Antisemitismus als patriotisches Projekt ist ein Erklärungsmodell für ein Verhalten in der Mehrheitsgesellschaft, das im Folgenden an vielen Beispielen gezeigt werden soll.

Zum äußeren Mechanismus des antisemitischen Skandals gehört, nach der Empörung der einen und der Solidarität der anderen mit dem Urheber, die Debatte in den Medien, die vordergründig den Sturz des Schuldigen zum Ziel hat, tatsächlich aber immer wieder – und bislang erfolgreich – der Selbstvergewisserung der demokratischen Mehrheit dient. Dazu gehört auch die Bestätigung nach innen und außen, dass Antisemitismus in Deutschland geächtet ist – dies erfolgt, hoch ritualisiert, in Form einer Bundestagsdebatte.[6] Die von Medien aus jeweils aktuellem Anlass in Auftrag gegebene Meinungsumfrage «Wie antisemitisch sind die Deutschen?» ist ebenfalls Teil des Settings.

In einer Bundestagsdebatte nach der Korschenbroicher Affäre wurde auf Initiative der FDP-Abgeordneten Hildegard Hamm-Brücher am 27. Februar 1986 dieses Problem der politischen Kultur grundsätzlich erörtert. Das Szenario der wenig kontroversen Aktuellen Stunde im Parlament folgte dem etablierten Muster, das seit Gründung der Bundesrepublik bis zur Gegenwart gilt: Auf der Linken wird die Existenz von latentem Antisemitismus beklagt und die Tendenz konstatiert, dass er soeben (also zum jeweils aktuellen Zeitpunkt) aus der latenten Phase in die der Manifestation wechsele. Die Konservativen erklären die jeweiligen antisemitischen Vorfälle zu «vereinzelten Fehlleistungen» und bestreiten mit gleicher Vehemenz, mit der die Gegenseite zur Dramatisierung neigt, das Vorhandensein von Judenfeindschaft in der Gesellschaft über eine zu vernachlässigende Größenordnung hinaus. Das Bild wiederholt sich, wann immer sich der Anlass ergibt.

Den jüngsten Anstoß zu einer Parlamentsdebatte gab die Affäre Hohmann im Herbst 2003. Nach den antisemitischen Tiraden des Bundestagsabgeordneten am 3. Oktober, der öffentlichen Debatte darüber, den Solidaritätskundgebungen und der Entfernung Hohmanns aus seiner Fraktion, beschäftigte sich am 11. Dezember 2003 der Bundestag sehr grundsätzlich, sehr einmütig und sehr entschieden mit Judenfeindschaft. Eine Erklärung war das Ergebnis der Debatte: «Antisemitisches Denken, Reden und Handeln haben keinen Platz in Deutschland», heißt es in dem einstimmig verabschiedeten Dokument. Es gelte, die Erinnerung an den Holocaust und das Gedenken an die Opfer wach zu halten, man müsse sich auch künftig mit seinen Ursachen und Folgen auseinander setzen. Das Erinnern sei Teil der nationalen Identität. Nicht nur antisemitisches Handeln, sondern auch antisemitisches Denken und Reden müssten bekämpft werden. Dies sei Aufgabe jedes Einzelnen und der gesamten Gesellschaft. Niemals dürfe man sich daran gewöhnen, dass es in Deutschland für jüdische Bürger und deren Einrichtungen noch immer ein erhebliches Gefahrenrisiko gebe.[7]

Das Bekenntnis der Abgeordneten wäre freilich überzeugender ausgefallen, wenn es nicht vor ziemlich leerem Haus abgelegt worden wäre. Viele Parlamentarier, die am Tagesordnungspunkt vor der Antisemitismusdebatte noch lebhaften Anteil genommen hatten – eine engagierte Diskussion hatte sich u. a. mit der Verankerung christlicher Werte in einer europäischen Verfassung befasst –, strömten aus dem Plenarsaal, als das Problem Judenfeindschaft aufgerufen wurde.

Bemerkenswert ist die häufige Missachtung und Entwertung von Erkenntnissen der Wissenschaft. In der Bundestagsdebatte von 1986 nannte Bundeskanzler Kohl die Studie des renommierten Antisemitismusforschers Alphons Silbermann über die Verbreitung judenfeindlicher Ressentiments «absurd». Kohl musste, um seine These, die Deutschen seien «immun gegen Antisemitismus» zu stützen, Silbermanns Forschungsergebnisse vom Tisch wischen. Auch dies war traditionsstiftend. Gesellschaftliche Phänomene wie Judenfeindschaft werden je nach Interessenlage von Politikern nach ihrem politischen Ermessen erklärt und beurteilt, und zwangsläufig begeben sie sich dabei in die Konkurrenz zu den Experten. Von der Desavouierung der Wissenschaft wissen Historiker, die sich mit neuester Geschichte beschäftigen, ein Lied zu singen, denn Zeitgenossen halten sich gern für Experten auf dem Feld, das sie miterlebt haben; sie bestreiten dem Historiker mit der Begründung, sie seien doch schließlich dabei gewesen, die Kompetenz und beanspruchen die Deutungshoheit über die Ereignisse. Für die Erforschung des Antisemitismus gilt das in womöglich noch größerem Ausmaß. Nicht nur, dass Betroffene von den Medien stets in die Rolle der Experten gedrängt werden (nach dem nicht zwangsläufig zutreffenden Motto, wer kann Judenfeindschaft besser erklären als ein Jude?). Gegenüber dem unerwünschten gesellschaftlichen Problem besteht Erklärungsbedarf. Er folgt der Raison des politischen Standorts mit der Konsequenz, dass die einen das Problem klein reden, während die anderen es dramatisieren müssen.

Das jüngste Beispiel für politisches Taktieren gegenüber wissenschaftlicher Erkenntnis sorgte im Herbst 2003 für einiges Aufsehen. Die von der Europäischen Union finanzierte Stelle zur Beobachtung von Rassismus und Fremdenfeindlichkeit in Wien (European Monitoring Centre on Racism and Xenophobia/EUMC) hatte eine Studie über den Antisemitismus in den 15 Staaten der Europäischen Union in Auftrag gegeben. Erstellt wurde der Bericht von zwei renommierten Wissenschaftlern im Zentrum für Antisemitismusforschung der Technischen Universität Berlin.[8] Anfang 2003 schlossen sie die Studie ab, eine Veröffentlichung unterblieb, weil die Ergebnisse, insbesondere die Feststellung, dass in einigen Ländern der Europäischen Union muslimische Migranten Träger militanter Judenfeindschaft sind, politisch unerwünscht waren. Die Studie wurde als wissenschaftlich mangelhaft abqualifiziert und die Politiker im Board der EUMC verständigten sich darauf, dass die Autoren der Studie auch einen falschen Antisemitismusbegriff zugrunde gelegt hätten. Wie 18 Mitglieder eines Aufsichtsrats aus 15 Nationen unterschiedlicher Profession und Sachkompetenz in den Besitz der richtigen Definition von Judenfeindschaft kommen können, bleibt allerdings unerfindlich.

Der erhoffte politische Effekt der Abwertung des Berichts trat aber so wenig ein, wie der Versuch der Unterdrückung der Publikation Erfolg hatte: Die Medien interessierten sich schließlich weltweit für die Untersuchung und verschafften ihr mehr Aufmerksamkeit als die Studie je erfahren hätte, wenn sie auf den Gleisen der europäischen Bürokratie transportiert worden wäre. Die Öffentlichkeit hätte kaum davon erfahren und den israelischen Premierminister hätte die akademische

Schrift auch nicht auf den Plan gerufen. So aber hatte er im Herbst 2003 wegen des Mediengetöses Gelegenheit zu einem kräftigen Rundumschlag gegen ein vermutetes Europa der Antisemiten.[9]

Neben den Fallgruben der Politik lauern weitere Schwierigkeiten auf dem Weg zur Definition von Judenfeindschaft, für die sich – ungeachtet ihrer Erscheinungsformen im Einzelnen – die Bezeichnung Antisemitismus als Oberbegriff eingebürgert hat. Unscharf sind für viele schon die Konturen des Objekts der Abneigung – die Juden. Im Dritten Reich kursierte die Hermann Göring zugeschriebene Phrase «Wer Jude ist, bestimme ich». Das zielte auf die Problematik, dass sich Juden äußerlich, jedenfalls nicht eindeutig, von Nichtjuden unterscheiden und dass antisemitische Propaganda vor allem rezipiert wurde als Ablehnung des Kollektivs «der Juden», aus dem persönliche Bekannte, Nachbarn und Kollegen nach Belieben als angeblich jeweils untypische Vertreter des Judentums ausgenommen wurden. Die Mühen der Nationalsozialisten, Juden nach den Nürnberger Gesetzen von 1935 zu definieren, sind bekannt. Da die propagierten «rassischen» Kategorien nicht zur wissenschaftlich begründbaren Unterscheidung von Juden und Nichtjuden taugten, musste die Religionszugehörigkeit von Groß- und Urgroßeltern bei der Bestimmung derjenigen herangezogen werden, die das Regime aus «rassischen Gründen» verfolgen wollte. Solche Mühe, die im NS-Staat beim Entzug der Bürgerrechte und bei der Vernichtung erst der sozialen und wirtschaftlichen und schließlich der physischen Existenz der Juden formaljuristisch notwendig war, macht sich der gewöhnliche Antisemitismus nicht. Seine Animosität richtet sich ins Ungefähre gegen ein Kollektiv, das weder genau definiert werden kann noch real existent sein muss. Theodor W. Adorno hat den Antisemitismus das «Gerücht vom Juden» genannt und damit auch verdeutlicht, dass Judenfeindschaft vor allem ein irrationales Gefühl ist.[10]

Ressentiments gegen «die Juden» werden gern als Privatangelegenheit reklamiert. Die Verständigungsmittel der ausgrenzenden Mehrheit, die damit das Wir-Gefühl des Zusammengehörens stabilisiert, sind die diffamierende Charakterisierung der Minderheit als Ganzes oder ihrer Individuen, die Überzeugung von bestimmten negativen Eigenschaften, die keiner Beweise bedarf, weil sie sich auf Tradition berufen kann, die Gebärde der Verachtung. Dies wird aus unterschiedlichen Motiven, zu denen das Gefühl der eigenen Überlegenheit (in schlimmster historischer Ausprägung: Herrenmenschentum versus Untermenschentum) ebenso gehören kann wie Neid auf vermutete Eigenschaften, Fähigkeiten, Errungenschaften (Intelligenz und Reichtum als zentrale Zuschreibungen an Juden), wie Minderwertigkeitsgefühle und Furcht («jüdischer Einfluss», jüdisches Auserwähltsein, Streben nach «Weltherrschaft») von Einzelnen artikuliert. Darüber wird, gesprächsweise und nonverbal, Einvernehmen gepflegt. Gemeinsame Überzeugungen sind aber mehr als bloße Privatsachen, sie bilden die Grundlage politischer Kultur (oder ihres Gegenteils, politischer Barbarei).

Das Wort Antisemitismus können sie inzwischen nach ihrem Bekunden gar nicht mehr hören, weil sie schon die Tatsache, dass es Judenfeindschaft gibt und dass dieses kollektive Gefühl benannt und untersucht wird, als Vorwurf empfinden. Prägungen wie «Antisemitismuskeule» sind Ausdruck des Überdrusses an Debatten, die sich an rhetorischen Entgleisungen, an rechtsextremen Untaten wie der Schändung jüdischer Friedhöfe, Gedenkstätten oder Synagogen entzünden und festmachen an Zeichen der Erinnerungskultur wie dem Denkmal für die ermordeten Juden Europas in Berlin, am Auftreten prominenter Juden und, ohne speziellen Anlass, immer am Umgang mit der jüngeren deutschen Geschichte, mit dem Erbe nationalsozialistischer Ideologie und Herrschaft also.

Die Lust am Eklat beflügelt dann die einen, die überall Antisemitismus wittern, um ihn – zur Selbstbestätigung – auch bekämpfen zu können. Ihnen stehen in erheblich größerer Zahl andere gegenüber, die durchaus nichts mehr mit dem moralisch und intellektuell schwierigen Thema zu tun haben wollen, die sich lieber verwirrt zeigen und sich aus Diskussionen heraushalten. Keiner mache sich die Mühe, ihm zu sagen, was beim inflationären Gebrauch des Begriffs Antisemitismus gemeint sei, schreibt der Hörer einer Sendung über Juden und Judenfeindschaft an die Redaktion. Er halte sich jedenfalls «an den Rabbiner, Joel Berger, der unmißverständlich (Landauer Gespräche) sagt, daß man nur dann von Antisemitismus sprechen könne – und der müßte es ja wissen – wenn Juden von Staats wegen mit Sondergesetzen, Verordnungen oder sonstigen Benachteiligungen verfolgt werden.» Das sei aber doch nirgendwo in Europa der Fall, man könne insbesondere in Deutschland doch eher vom Gegenteil reden, wo die Juden u. a. durch «privilegierte Behandlung in den Medien» bevorzugt seien.[11]

Möglicherweise verbergen sich hinter derartigen Fragen, Finten und Winkelzügen wirklich Unkenntnis und Unsicherheit, ob Antisemitismus vielleicht erst als letzte Stufe vor dem Völkermord zu definieren ist, dass also Vorbehalte, Unterstellungen, Diffamierungen gegen die Minderheit, die nicht unmittelbar deren Vertreibung oder Vernichtung im Schilde führen, nicht unter das Verdikt der Intoleranz, der Volksverhetzung, der Demokratiefeindlichkeit fallen und als verzeihliche Entgleisungen oder berechtigte Privatmeinung hingenommen werden sollten. Aber womit, möchte man entgegnen, hat der mörderische Antisemitismus der Nationalsozialisten einst angefangen? Doch mit eben diesen Vorurteilen und Unterstellungen, die im Alltagsdiskurs der Gegenwart vom Antisemitismusverdacht gereinigt werden sollen.

Gefragt wird in den neuen Debatten über Judenfeindschaft, als sei der Befund zweifelhaft, was denn eigentlich Antisemitismus sei. Dahinter steht wohl häufig weniger Unkenntnis als Hoffnung, es handele sich bei Ressentiments gegen Juden um verschiedene Phänomene unterschiedlicher Gravität, etwa um einen zu verabscheuenden Judenhass, der zum Holocaust führte, mit dem man natürlich nichts zu tun haben will, der für Neonazis und unverbesserliche Alte reserviert ist. Oder um religiöse Vorurteile, die als längst abgetan gelten. Übrig bleibt, nach der Versicherung, man habe persönlich nichts gegen Juden, oder der Feststellung, man sei mit gar manchen Juden befreundet, das Verlangen, man werde schließlich doch noch konstatieren dürfen, dass ... und damit beginnt der Kanon der Ressentiments zum *basso ostinato*, dass das Vorgebrachte mit Antisemitismus durchaus nichts zu tun habe. Dazu gehören auch die Mutmaßungen über die Definition des Antisemitismus, die sich an der Semantik des Begriffs emporranken. Mit scheinheiliger Impertinenz wird – in der Regel, um der Erörterung des eigentlichen Sachverhalts zu entkommen – die Tatsache konstatiert, dass Juden wie Araber zur Sprachfamilie der Semiten gehören (was gerne mit «Rasse» verwechselt wird), woraus folgen soll, dass es Antisemitismus gar nicht geben kann, weil sich ein beträchtlicher Teil der angeblich gemeinsamen Ethnie judenfeindlich zeigt.

Nicht alles ist freilich Antisemitismus, was Juden an Taktlosigkeit, Unsensibilität, Missverständnis und verfehltem Bemühen beleidigt und kränkt. Grund zur Vorsicht bis zum Argwohn, zur Wachsamkeit bis zur Paranoia haben die Juden jedoch allemal, und den Angehörigen der Minderheit sollte die Mehrheit solche Haltung konzedieren ohne in Wut zu geraten, wie sie sich in der Forderung, die Juden müssten endlich auf «die Sonderbehandlung verzichten, die sie in Deutschland genießen», äußert (so von einem Wissenschaftler, der als Experte geladen war und der offenbar von dem mörderischen Begriff der «Sonderbehandlung» noch nichts gehört hatte, in einer Rundfunkdiskussion vorgebracht).

Antisemitismus, Judenfeindschaft im weitesten Sinn, konfrontiert also Betroffene wie Betrachter mit Wahrnehmungs- und Definitionsproblemen. Zu unterscheiden sind vier Grundphänomene: Erstens der christliche Antijudaismus, die religiös motivierte, aber auch kulturell, sozial und ökonomisch determinierte Form des Ressentiments gegen Juden vom Mittelalter bis zur Neuzeit. Zweitens der scheinbar wissenschaftlich, anthropologisch und biologisch argumentierende Rassenantisemitismus, der im 19. Jahrhundert entstand und im Holocaust mündete. Die dritte Version des Vorbehalts, ein sekundärer Antisemitismus nach dem Holocaust, ist aktuell. Er ist eine eigenständige Erscheinung mit wenig manifester Ausprägung, aber erheblicher Latenz. Dieses, das dritte Phänomen der Judenfeindschaft, speist sich aus Gefühlen der Scham und Schuldabwehr: Nicht trotz, sondern wegen Auschwitz werden Ressentiments gegen Juden mobilisiert, die sich an Entschädigungsleistungen und Wiedergutmachungszahlungen kristallisieren. Wie lange man noch büßen müsse, ob die unschuldigen Enkel noch für den Holocaust zahlen sollten, lauten die Schlachtrufe, und die Vermutung, «die Juden» würden sich am Völkermord bereichern, weil sie eben mit allem Geschäfte machen würden, gehört ins Arsenal der Abwehr und der Selbstbeschwichtigung.

Dieser sekundäre Antisemitismus ist ursprünglich ein westdeutsches Phänomen, da er sich an Restitutionsleistungen festmacht, wie sie von der DDR nie und von Österreich erst sehr spät erbracht wurden. Dafür war eine andere Erscheinungsform antijüdischer Ressentiments, der Antizionismus, als viertes Grundphänomen der Judenfeindschaft entscheidender Bestandteil von Politik und Propaganda in der DDR und folglich auch der Sozialisation der DDR-Bürger. Diese Grundphänomene – religiöser Antijudaismus, Rassenantisemitismus, sekundärer Antisemitismus und Antizionismus – bilden den Rahmen der Betrachtung von Judenfeindschaft. Zu differenzieren ist aber auch hinsichtlich der Intensität ihres Auftretens. Wir unterscheiden manifesten Antisemitismus, der sich in Attacken gegen Personen, in Sachbeschädigungen und Propagandadelikten äußert, sowie einen latenten Antisemitismus, der sich im Alltagsdiskurs allenfalls als stillschweigendes Einverständnis über «die Juden» zeigt, der aber überwiegend auf der Einstellungsebene bleibt und nur in Meinungsumfragen oder am Stammtisch, in Leserbriefen in Erscheinung tritt.

Der politische Ort der manifesten Judenfeindschaft ist vor allem das rechtsextreme Spektrum. Dort gehört Antisemitismus zum Fundament der Propaganda, als Welterklärung ewig wiederholt in Traktaten und Pamphleten und agiert in Delikten der Beleidigung, Volksverhetzung, Friedhofschändung, Brandstiftung bis hin zu brachialer Gewalt gegen Personen. Ein beträchtlicher Teil dieser Judenfeindschaft lebt im Schutz der Anonymität. Die gemeinen Parolen, die an Synagogen geschmiert werden oder die nächtliche Attacke gegen Grabsteine des jüdischen Friedhofs zeigen einen Hass, der oft geradezu zum Selbstzweck gesteigert ist. Latenter Antisemitismus, gepflegt als stiller Vorbehalt, als geraunstes Vorurteil und als Feindbild in schweigendem Einvernehmen ist ein Alltagsphänomen, dessen Dimensionen mit Meinungsumfragen ausgelotet werden, das sich der Wahrnehmung im Einzelnen aber eher entzieht.

Der Schriftsteller Martin Walser hat vor Jahren öffentlich gemacht, was viele empfinden, er hat damit spontanen Beifall gefunden und anhaltenden Streit ausgelöst: Überdruss an einem Thema, das alle peinlich berührt, das ratlos und verlegen macht, demgegenüber «normale Verhaltensweisen» nicht möglich sind. Das Plädoyer des Literaten Walser im Herbst 1998 für die Privatisierung der Erinnerung an den Holocaust hat eine Diskussion in Gang gesetzt, in der die Emotionen vieler deutscher Bürger öffentlich artikuliert wurden als Motive zur Abwehr kollektiver Erinnerung an Auschwitz, keineswegs zur Leugnung des Geschehens oder zur Abwertung von Schuld, wohl aber zur Ausgrenzung des Themas aus dem öffentlichen Diskurs und damit zur Relativierung des Sachverhalts: Es gebe andere Probleme, die aktueller und bewegender seien.[12]

Die Debatte, die losbrach, nachdem Ignatz Bubis, damals Vorsitzender des Zentralrats der Juden in Deutschland, dem Schriftsteller «geistige Brandstiftung» vorgeworfen hatte, war eine Auseinandersetzung über die Erinnerungskultur in Deutschland. Dass dabei zumindest missverständliche Zungenschläge vorkamen, die Ressentiments gegen Juden und ihre Repräsentanten als Mahner und Interpreten politischer Kultur ausdrückten, erstaunt nicht. Über latenten Antisemitismus war zwischen den Zeilen einiges zu erfahren: Der *topos* jüdischer Manipulationsmacht (ausgedrückt in der Präsenz des Holocaust in den Medien) war ebenso Bestandteil der Debatte wie der *topos*, die Juden würden alles zu ihrem Vorteil ausnützen, oder die Unterstellung, dass Juden am Antisemitismus ursächlichen Anteil hätten. So interpretierte Ignatz Bubis eine Äußerung von Klaus von Dohnanyi, der in der Frankfurter Allgemeinen Zeitung Walser zu Hilfe geeilt war, mit den Worten «im Klartext heißt das: Die Juden machen aus allem Geld, sogar aus dem schlechten Gewissen der Deutschen».[13] Der Sozialdemokrat Dohnanyi, ehemals Bürgermeister von Hamburg und international als Politiker hoch geachtet, hatte vom «Versuch anderer» geschrieben, «aus unserem Gewissen eigene Vorteile zu schlagen».[14] Und er hatte, sich eines verbreiteten Argumentationsmusters bedienend, das von Bubis als bösartig charakterisiert wurde, den Juden zu bedenken gegeben «ob sie sich so sehr viel tapferer als die meisten Deutschen verhalten hätten, wenn nach 1933 ‹nur› die Behinderten, die Homosexuellen oder die Roma in die Vernichtungslager geschleppt worden wären.[15]

Eines hat die Walser-Bubis-Debatte jedenfalls gezeigt, nämlich das Ungefähre und Assoziative, das Gerüchtweise und den auf nicht beweisbare Vermutung gegründeten Umgang mit dem Thema Judenfeindschaft. Dazu gehört auch die Technik der Stigmatisierung, die ebenfalls in allen derartigen Debatten zu beobachten ist und sie rasch auf die Frage verengt, ob der den Disput Auslösende ein Antisemit sei, was ebenso rasch Hilfstruppen auf den Plan ruft. Im Falle Walser wurde 2002 eine zweite Debatte um seinen Roman «Tod eines Kritikers» inszeniert.[16]

Die Abrechnung des Schriftstellers mit dem Literaturgewaltigen bot den Anlass zu einer Debatte im Namen der Meinungsfreiheit, Aufklärung und politischen Kultur. Unter der Begleitmusik fleißig gerührter Werbetrommeln für Martin Walsers Opus über den Großkritiker Ehrl-König alias Reich-Ranicki und durch die Abwehrschlacht gegen das vor Erscheinen unter Antisemitismusverdacht geratene Buch wurde die Debatte auch auf einer zweiten Ebene geführt.[17] Es handelte sich indessen um ästhetische und literarische Fragen (wohl auch um psychologische Probleme im Verhältnis von Autor, Kritiker und Publikum) und nicht um einen Aspekt von öffentlich manifestiertem Antisemitismus. Freilich wurden Assoziationen bedient, nicht zuletzt durch das Ungefähr und die Undeutlichkeit und durch «die versicherte Unschuld, mit der er in seinem Roman ‹Tod eines Kritikers› auf der syntaktischen, semantischen und konnotativen Ebene antisemitische Anleihen freisetzt, ohne das Arsenal, aus dem es stammt, zu hinterfragen, den tradierten Bildern den Spiegel vorzuhalten, diese Anleihen also zurückzubinden, kurz kenntlich zu machen als das, was sie sind: Ressentiments».[18]

Das Konstrukt jüdischer Macht und Aggression – ausgedrückt in der Unterstellung einer Perpetuierung des Schuldvorwurfs, unangemessener oder erschlichener Entschädigungsleistungen und Wiedergutmachungszahlungen – ist wirksam, weil es mit Ängsten und Ressentiments korrespondiert, die keineswegs auf rechtsextreme Kreise beschränkt sind, vielmehr in der gesamten Gesellschaft existieren und bei einer Minderheit sekundären Antisemitismus stimulieren, der sich aus der Abwehr von Schuldgefühl und Scham wegen des historischen Judenmords nährt. Das Bild vom feindseligen, rachsüchtigen und mächtigen Juden wird propagiert, um tradierte Vorurteile wach zu halten; es ist Bestandteil einer Inszenierung, die den historischen Judenmord und seine Folgen im kollektiven Gedächtnis und Bewusstsein manipuliert.

Hauptziel des Kreuzzugs gegen den vermuteten Gesinnungsdruck und die Unterstellung eines verordneten Meinungskonformismus ist in der Nachfolge älterer politischer Feindbildkonstrukte («Kollektivschuld», «Umerziehung») die *political correctness*. Mit verschwörungstheoretischer Ambition wird der Begriff als eine mächtig wirkende allgegenwärtige Gesinnungsmaschinerie verstanden, die von feindlichen Kräften («den Linken», «den Juden» usw.) bedient wird, der Widerstand zu leisten ist, um Gefahren für Nation, Vaterland und andere Werte abzuwenden.[19]

Was als Antisemitismus öffentlich wird, enthält Elemente aller Phänomene der Judenfeindschaft, die über Stereotype transportiert werden. Dazu gehört der Vorwurf an die Minderheit, die Juden separierten sich, aus dem Gefühl elitärer Auserwähltheit heraus, gegenüber der Mehrheitsgesellschaft. Ebenfalls aus religiöser Wurzel kommt die Behauptung, ihre Religion zwinge die Juden, andere Religionen zu verachten und weitere Ressentiments wie Rachsucht, Unversöhnlichkeit, Geldgier, Machtstreben sind seit Jahrhunderten im Bewusstsein der Mehrheit verankert. Die Vorurteile wurden zu Feindbildern, mit denen schließlich die Vernichtung der unerwünschten Minderheit propagiert wurde. Aus dem Schuldbewusstsein resultiert der Rechtfertigungsdiskurs, der in zunehmend rabiater Form geführt wird von vielen, die sich in ihrem nationalen Selbstbewusstsein beschwert fühlen durch die belastete Vergangenheit. Der gegenwärtige virulente Antisemitismus – Judenfeindschaft, die aus Schuldgefühlen gegenüber Juden artikuliert wird – kann sich aufladen zu einem Erlösungsantisemitismus. Gemeint ist die Befreiung vom Schuld- und Leidensdruck, der durch das Bewusstsein vom Völkermord und die generationelle Zugehörigkeit zur «Tätergesellschaft» verursacht ist («Tätergesellschaft» ist in diesem Zusammenhang natürlich nur als

Begriff zu verstehen, der ein Kollektiv umschreibt, aus dessen Reihen einst die Verantwortlichen kamen. Es ist kein Schuldvorwurf an die Nachkommen, so wenig je eine «Kollektivschuld» aller Deutschen konstatiert wurde).[20] Das Unbehagen, als Glied in der Generationenkette an der historischen Verantwortung mitzutragen, beschwert viele, die daraus den Schluss ziehen, da sie keine individuelle Schuld trügen, ginge sie das schlimme Erbe der Nation persönlich nichts an. Anders als die Nation, die dem Osmanischen Reich nachfolgte und deren Angehörige, die Türken, den Völkermord an den Armeniern neunzig Jahre nach der Untat immer noch leugnen um der nationalen Ehre willen, war den Deutschen die Verleugnung des Holocaust nicht möglich gewesen; dafür hoffen viele auf ein Ende der Erinnerung durch die zeitliche Distanz und andere auf Befreiung des Nationalgefühls vom Albtraum des historischen Judenmords durch Vergessen und Verdrängen oder durch Relativieren mit dem Hinweis auf die Sünden anderer.

Voraussetzung der «Erlösung» ist aber eine Schuld der Juden. Die Opferfunktion der Juden muss daher außer Kraft gesetzt werden; Juden, die als Täter wahrgenommen werden, erlauben es, Gefühle der Empathie, des Schuldbewusstseins, des Unbehagens durch Parteinahme gegen die Juden zu ersetzen. Dazu braucht man darstellbare Gründe: etwa die Politik Israels. Da individuelles Fehlverhalten von Juden nicht zur kollektiven Schuld «der Juden» hochgerechnet werden kann, ist die Politik Israels gegenüber den Palästinensern ein willkommener Ansatzpunkt für Ablehnung, für den Entzug von Empathie, für Zuwendung an die Seite der Feinde des jüdischen Staats. Israelkritik, eine für sich genommen so legitime Sache wie eine kritische Einstellung z. B. zur US-Außenpolitik, wird für viele zum Ventil, mit dem – ohne Sanktionen befürchten zu müssen – antijüdische Emotionen artikuliert werden. Der falsche Zungenschlag entlarvt die wahre Absicht und die schiefen Vergleiche, der Griff ins Nazivokabular, der verbale Überschwang, der Wut verrät («hemmungsloser Vernichtungskrieg», «Nazimethoden» der israelischen Armee etc.), machen deutlich, worum es wirklich geht: Mit der Parteinahme für die Feinde Israels werden vermeintlich bestehende Tabus gebrochen und angebliche Denkverbote außer Kraft gesetzt. Das erklärt die Konjunktur dieser Form von Antisemitismus, die jenseits erlaubter und berechtigter Kritik an der Politik der israelischen Regierung dem Staat das Existenzrecht abstreitet. Dies aber geschieht mit der pauschalen Solidarisierung und der generellen Verdammung Israels.

Schon vor dem Versuch einer wissenschaftlichen Definition, vor dem Versuch, Struktur, Ziel und Wirkung des Vorurteils zu bestimmen und als Theorie zu formulieren, lässt sich feststellen, dass Antisemitismus für viele Zwecke in den Dienst genommen werden kann. Als patriotisches Bekenntnis, das zugunsten des Vaterlandes eine Minderheit stigmatisiert und ausgrenzt, hat Judenfeindschaft eine bestimmte Funktion, die sich beliebig erweitern lässt. Die Konstruktion einer Schuld der Juden entlastet scheinbar vom Leiden an beschwerter eigener Geschichte, Phantasien von der Allmacht «der Juden» bieten einfache Welterklärungen nach dem Schema von Gut und Böse, und die Ausgrenzung des Fremden stabilisiert das Eigene. Dazu müssen die «Fremden» ausgrenzend definiert werden durch die Zuschreibung von Eigenschaften, die sie negativ von der Mehrheit unterscheiden. Der Glaube an diese schlechten Eigenschaften, aus denen wiederum angebliche Handlungen resultieren, verfestigt sich zu stereotypen Mustern, die nicht mehr hinterfragt werden. So entsteht und stabilisiert sich das Bild von «den Juden» als einem bedrohlichen Kollektiv, dem mit Abwehr zu begegnen ist. Dass es sich um Konstrukte handelt, dass die Juden selbst gar nicht den Grund bieten und die Ursache für die Abwehr der Mehrheit sind – eine Abwehr, die beim Ressentiment beginnt, sich zum hasserfüllten Feindbild steigert und im Vernichtungswunsch gipfelt –, ist bei der Untersuchung der Mechanismen alltäglicher Judenfeindschaft zu klären.

Wegen des Konstruktcharakters der Judenfeindschaft, die gegen imaginäre Feinde kämpft und wirkliche Juden als Projektionsflächen benutzt, ist Antisemitismus so leicht realisierbar, aber auch so schwer mit rationalen Mitteln aufzulösen. Einen Schlüssel zum Verständnis bietet die Erkenntnis, dass die Ursache des Vorbehaltes in der Mehrheitsgesellschaft liegt, nicht im Verhalten oder in den Eigenschaften der Minderheit. Antisemitismus ist kein aus dem gesellschaftlichen Kontext zu isolierendes Vorurteil gegen eine bestimmte Minderheit, Antisemitismus ist vielmehr der Prototyp des sozialen und politischen Ressentiments und darum auch ein Indikator für den Zustand der Gesellschaft.

Mehrheit und Minderheit.
Signale aus dem Publikum an die
Juden in Deutschland

Wie denkt die Mehrheit über die Minderheit, welche Botschaften werden aus den Reihen der Majorität an die Juden gerichtet, welche Vorbehalte, Ängste, Vermutungen, Gewissheiten werden dabei artikuliert? Als Quellen zur Auseinandersetzung mit diesen Fragen dienen Zuschriften aus dem Publikum an den Zentralrat der Juden in Deutschland. Die Briefe, die vom Empfänger zur Verfügung gestellt wurden, stammen aus dem Zeitraum November 2000 bis Anfang 2003.[1] Nicht berücksichtigt wurden bei dem Material, das auf der Suche nach Indizien für die Definition aktueller Judenfeindschaft im Folgenden analysiert und dokumentiert wird, grobe und beleidigende, also eindeutig bösartige Bekenntnisse judenfeindlicher Gesinnung, die von vornherein auf jede Argumentation verzichtet.

Bei der Mehrzahl der oft sehr umfangreichen Zuschriften sind allgemein kategorisierbare Motive der Verfasser erkennbar, die sie zu ihren Äußerungen bewogen haben. Unterschieden werden muss dabei zwischen dem Anlass und dem eigentlichen Motiv. Den Anlass bilden häufig Auftritte jüdischer Prominenz, etwa des Präsidenten des Zentralrats, Paul Spiegel, oder seiner Stellvertreter bzw. – oft damit im Zusammenhang stehende – Presseveröffentlichungen über meist unangenehme Ereignisse wie rechtsextreme Exzesse, Synagogen- oder Friedhofschändungen.[2]

Ressentiments und ihre Motive

Die Briefeschreiber fühlen sich weniger vom Ereignis als von seiner Kommentierung beschwert. Sie wollen nicht identifiziert werden mit den Tätern, wollen keinem mit Argwohn beobachteten Kollektiv von mutmaßlichen Rechtsextremisten oder

Neonazis oder zumindest Unbelehrbaren angehören und fühlen sich von Vertretern der Minderheit *in toto* zu Unrecht gebrandmarkt. Das wehren sie als Anmaßung ab und bemühen sich, das auslösende Ereignis als marginal und die jüdische Reaktion darauf als überproportional darzustellen.

Ein verwandtes und sich damit überschneidendes Motiv ist gekränkter Nationalstolz. Viele deutsche Bürger wollen nicht über die Geschichte des Nationalsozialismus definiert werden und lehnen es vehement ab, an Ereignisse erinnert zu werden, mit denen sie in aller Regel persönlich nichts zu tun haben, die sie nicht mitverantworten wollen, weil sie eine oder zwei Generationen später erst geboren sind. Die Abwehr von Schuld ist vielen Nachgeborenen ein nachdrücklich artikuliertes Bedürfnis, obwohl niemand ihnen einen solchen Vorwurf macht, der ja nur unsinnig wäre. Die Verwahrung gegen eine – als Resultat von Schuldvorwurf empfundene – Erziehungsdiktatur, ausgeübt durch Repräsentanten der jüdischen Minderheit im Namen der Opfer über die nichtjüdische Mehrheit als Erbenkollektiv der Täter, ist das Anliegen vieler Briefeschreiber. Die Zurückweisung der als anmaßend empfundenen Belehrung über historische Ereignisse, die beschwörende Erinnerung, wird artikuliert, weil sich die Nachgeborenen zu Unrecht – auch materiell – in Anspruch genommen fühlen.

Als häufig erkennbares Motiv einer Zuschrift erscheint auch unspezifischer Unmut über Regierung, Volksvertreter, politische und ökonomische Verhältnisse, über die unerfreulichen Zeitläufte ganz allgemein. Solcher Verdruss, der nicht auf unmittelbare Handlungen oder Reden von Vertretern der Minderheit reagiert, wird gern an die Adresse der vermeintlich Begünstigten und Privilegierten gerichtet, denen gleichzeitig und deshalb unverhältnismäßiger Einfluss auf alle Bereiche des öffentlichen Lebens zugeschrieben wird.

Sozialneid ist ein weiteres Motiv, das sich unmittelbar anschließt. Gespeist aus langer Tradition dienen stereotype Vorstellungen vom jüdischen Reichtum, von jüdischer Geschäftstüchtigkeit und Geldgier der Überzeugung, Juden würden materiell bevorzugt, sie erhielten – zu Lasten der Mehrheit, also des eigenen Wohls – unzulässige Restitutionsleistungen oder unerhörte Subventionen.

Ein wichtiges Motiv, das in vielen Zuschriften an die Repräsentanz der Juden in Deutschland erkennbar ist, das auch in Leserbriefen an Zeitungen und in anderen öffentlich geäußerten Mutmaßungen zutage tritt, ist kleinbürgerliche Überfremdungsangst, die das Eigene bedroht sieht und die Juden in Deutschland zu Fremden macht. Die Juden werden in eine Stellvertreterrolle gedrängt; dass sie deutsche Staatsbürger sind, wird negiert. Die Mitglieder der Minderheit finden sich dann in einem Atemzug ausgegrenzt mit Asylbewerbern, Gastarbeitern, ausländischen Kriminellen und allem anderen, was als fremdartig Angst macht und Unbehagen erzeugt.

Die Verfasser der Botschaften an die Juden legitimieren sich auf verschiedene Weise. Zu den wichtigsten Grundmustern gehört die Stellvertreterfunktion, d. h. sie berufen sich auf Gespräche mit vielen Menschen im Bekanntenkreis, am Arbeitsplatz oder sie verweisen auf (ihrer Meinung nach) verallgemeinerungsfähige Beobachtungen. Zur Legitimation werden oft auch persönliche Erfahrung und familiärer Hintergrund angeführt, so wird gern der Widerstand (oder doch eine irgendwie widerständige Haltung) des Vaters oder Großvaters im Dritten Reich genannt; jüdische Bekannte oder Freunde hat es irgendwann gegeben und wenn man auch – so die verbreitete Überzeugung – nichts machen konnte gegen die Nationalsozialisten, so waren die Eltern oder Großeltern doch immer auf der guten Seite und hatten womöglich sogar Juden beim Überleben geholfen.

Die aggressive Variante besteht in der Berufung auf die «Gnade der späten Geburt», vorgetragen als Verwahrung, mit Schuld oder auch nur Erinnerung behelligt zu werden, da man ja persönlich wirklich nichts mit der längst historischen Tragödie der Juden zu tun habe, hinlänglich aufgeklärt sei und keine weiteren Belehrungen erfahren müsse und ertragen könne. Die Versicherung von Sympathie für die Juden und das betonte Verständnis für deren Gefühle bei der Erinnerung an den Holocaust geht einher mit der Bekräftigung des eigenen objektiven Standpunkts. Eine Variante in der Legitimierungsstrategie ist die häufig artikulierte Sorge um das Verhältnis von Nichtjuden und Juden, als Sorge um die politische Kultur des Landes dargestellt. Das Plädoyer für «Versöhnung» geht einher mit der Befürchtung, die Diskussion um Vergangenes, das Aufrühren von Erinnerung an die Verbrechen des Nationalsozialismus und die damit verbundene Mahnung zu Toleranz und Verständnis gegenüber der Minderheit könnte kontraproduktiv wirken, also Vorbehalte gegen die Juden erst erzeugen oder fördern, statt sie abzubauen.

Gerne legitimieren sich die Verfasser von Stellungnahmen an die jüdische Adresse auch als Vermittler der Stimme des Volkes, die sie mehr oder weniger deutlich vernommen haben und der sie – immer in bester Absicht – Resonanz an der richtigen Stelle verleihen wollen.

Der Vorwurf zu großer Medienpräsenz der Juden, die dazu diene, den Deutschen Vorwürfe zu machen, aber durch die Häufigkeit kontraproduktiv wirke, wird oft erhoben. So fürchtet (13.11.2000) ein promovierter Jurist dadurch eine «böse sich anbahnende Entwicklung», die «durch Ihr unkontrolliertes Auftreten verschlimmerte Situation» stimme ihn traurig und mache ratlos, die «mit Juden befreundeten und sympathisierenden und die in allen möglichen Begegnungen aktiven nichtjüdischen Bürger» seien irritiert, die «neutralen toleranten Bürger wenden sich ab, und die Antisemiten äußern sich ungenierter». Noch drastischer als diese jüdisches Verhalten als Ursache von Ressentiments diagnostizierende Zuschrift («In wohlmeinender Wahrung von Interessen werden Sie maßlos und teilweise unverschämt») äußern sich weniger Gebildete wie der Unternehmer und Vater zweier Kinder aus dem Raum Oldenburg (4.10.2000), der die Kommentare zum Anschlag auf die Düsseldorfer Synagoge «als eine Ungeheuerlichkeit» empfindet, denn die «Aburteilung aller Deutschen und die Infragestellung jüdischer Gemeinden auf deutschem Gebiet erzeugt das Gegenteil von dem, was Sie eigentlich erreichen wollen und sollten».

Die Schlussfolgerung liegt für den Unternehmer nahe: «Wenn Sie der Meinung sind, dass es falsch war, jüdische Gemeinden auf deutschem Gebiet zu gründen, so rate ich Ihnen, alle Gemeinden aufzulösen und nach Israel zu kehren [sic!]. Dort wird von der jüdischen Gemeinde in der Auseinandersetzung mit Palästinensern gerade der Weltöffentlichkeit beispielhaft erklärt, was man unter jüdischer Rassenpolitik zu verstehen hat».

Einen anderen stört (27. 12. 2000) «die Tatsache, dass eine winzige Minderheit von ca. 50 000 Personen in Deutschland, das sind etwa 0,06 % der Bevölkerung, durch ihre Organisation, den Zentralrat der Juden und seine Funktionäre, bei jeder Gelegenheit ihre Meinung unaufgefordert und publizistisch wirksam zu fast allen relevanten politischen Themen zum Besten gibt». Es gehe gar nicht «um das Holocaust-Mahnmal in Berlin oder die Entschädigungszahlungen, die noch immer in reichlichem Maße fließen». Es scheine vielmehr das Bestreben vorzuherrschen, «mit allen Mitteln dafür zu sorgen, dass man im Gespräch bleibt und dadurch Einfluss und Macht erhält bzw. festigt».

Das Bild des Juden als mächtiger Drahtzieher, der zu viel Einfluss in der Gesellschaft beansprucht, ist in den Formulierungen erkennbar. Mit diesem Klischee wurde schon lange vor dem Nationalsozialismus hantiert. Auch das Fazit des Briefes ist nicht originell: «Niemandem würde einfallen, die Juden mit Beschimpfungen oder gar Hass zu überziehen, wenn sie nicht fortwährend auf ein Podest gehoben würden, das ihnen quantitativ in einer Demokratie nicht zukommt. Das dominante Verhalten der Funktionäre des Zentralrates schadet unseren jüdischen Mitbürgern mehr als es ihnen nutzt, da sich ein immer größer werdender Teil der Bevölkerung von deren Äußerungen und Stellungnahmen in eine passive und reaktive Position gedrängt fühlt.»

Auch ein Schreiber aus Nürtingen, 1954 geboren und nach eigenem Bekunden sensibel für die Gräuel des Dritten Reiches, findet (12. 11. 2000) die öffentlichen Reden des Zentralrats-Präsidenten problematisch. Das Motiv, vermutet er, sei dessen Angst, «dass die deutsche Bevölkerung keinen Anlass mehr gibt, öffentlich den Zeigefinger zu erheben, um zu sagen: böses, böses deutsches Volk». Damit beschwöre er «einen regelrechten neuen Hass herauf». Der gute Rat lautet: «Wenn sie etwas weniger den bösen Juden spielen würden, wäre alles halb so schlimm.»

Überdruss an Belehrung und historischer Information bekennt auch ein Mann des Jahrgangs 1939 (10. 10. 2000), der sich von seinem 13. Lebensjahr an «mehrere Jahrzehnte umfassend über die NS-Zeit informiert» hat, und zwar «so intensiv, dass ich heute nicht ohne Zorn die diversen Artikel etc. mit NS-Themen wahrnehmen kann. Schon der bloße Anblick eines Buches à la ‹Die Frauen der Nazis›, Biographien dieser Mörderbande, machen mich wütend – ich kann diesen Schund nicht mehr sehen! Lese nicht einen Beitrag mehr darüber, denn was soll es mir noch mehr geben als die ohnehin schon vorhandene absolute Abneigung und Verurteilung.»

Dergestalt von sicherem Grund aus zeigt sich der Schreiber allergisch gegen jede historische Erinnerung, die er als «auf mich als Deutschen niedergehende Beschuldigungen für die Nazi-Zeit» empfindet. Er könne, wie viele aus seinem Bekanntenkreis, mit denen er gesprochen habe, dies nicht mehr ertragen, auch nicht Informationen (wie eine Fernsehsendung über «die Juden in Berlin»), die ihn einst wirklich interessiert hätten. Und so gehe es zunehmend vor allem denjenigen, die in den NS-Terror nicht involviert seien, aber immer noch dafür in Anspruch genommen würden – er nennt als Beispiel die Zahlungen für die Zwangsarbeiter. Das Fazit des Briefes, von dem er hofft, dass der Zentralrat darüber nachdenkt und vielleicht seine Haltung ändert, lautet: «So, wie es jetzt läuft, schaffen sich die Juden in Deutschland ihre Feinde selbst», die Ausgrenzung komme von der jüdischen Seite und sei wohl gewollt.

In griffige Formeln bringt ein 43-jähriger (4. 12. 2002) sein Unbehagen. Er sei bestimmt nicht ungebildet oder gar uninteressiert, sagt er von sich selbst (und Bundeskanzler Schröder erhält die E-Mail ebenfalls, damit er informiert ist): «Aber das einzige, was ich von Ihnen und Ihrem Zentralrat weiß, ist das ständige Draufhauen mit dem verbalen Knüppel auf unsere deutsche Bevölkerung und die Erinnerung und Ermahnung an den Holocaust [sic!].» Der durchweg höfliche Brief, der mit einer Gratulation zur Wiederwahl des Zentralratspräsidenten beginnt, offenbart, dass die Juden als Fremde in Deutschland gesehen werden («Mögen Sie die deutsche Nation mit Ihren kulturellen Schätzen bereichern, dann sind Sie gern gesehene Gäste in unserem Land, denn die Kultur ist es ja auch, die Sie an unserem Land bewundern, sonst wären Sie wohl nicht hier») und die Definition mithilfe stereotyper Vorstellungen über jüdische Religion schließt Juden als Fremde aus: «Mit Ihrem Glaubensgrundsatz: Auge um Auge, Zahn um Zahn sind Sie ja nicht sehr weit gekommen und bei uns lernt man schon in der Schule, dass diese Einstellung nach unserer abendländischen Wertvorstellung kindisch ist.» Im Gegensatz zu den Juden, so der Tenor der selbstbewussten Mitteilung, haben die Deutschen als «Prügelknaben der Weltpolitik» offenbar Toleranz und Respekt für andere Kulturen gelernt, die sich deshalb Belehrung und Erinnerung getrost verbitten dürfen.

Wegen seines Appells an die Politiker, die schiefen Vergleiche aus der Zeit des Nationalsozialismus zu unterlassen (davon hat ein Mann, den dieses stört, aus der BILD AM SONNTAG erfahren), wird eine Zuschrift (29. 12. 2002) an den Zentralratspräsidenten verfasst, die dringend empfiehlt, das Übel an der Wurzel zu packen: «Geht doch bitte beide, Sie, Herr Spiegel, und vor allem Herr Friedman, mit gutem Beispiel voran und unterlasst dieses ewige Erinnern. Die überwiegende heutige deutsche Generation war zu dieser Zeit noch gar nicht geboren. Wir aber wissen, welch schreckliche Verbrechen damals begangen wurden. Wir müssen es nicht immer wieder gesagt bekommen.»

Die Zuschrift (22. 12. 2000) eines Mannes, der sich als Chef von über 500 Vollzeit-Arbeitskräften vorstellt – er ist 1944 geboren – thematisiert mehrfach den Wunsch nach einem Ende des Erinnerns und Aufwärmens «mit dem Ziel, Forderungen gegen unser Land zu stellen». Dass sich der Präsident des Zentralrats über den Antisemitismus wundere – wie in einem Interview mit der Rheinzeitung am 21. 12. 2000 ausgedrückt –, erstaune ihn, der Hass gegen Juden sei «doch eine ganz normale Antwort auf das von Ihnen provozierte und herausgeforderte Verhalten». Warum er, der Repräsentant der Juden in Deutschland, aus der Geschichte nichts gelernt habe, wird Paul Spiegel gefragt und: «Warum müssen sich die Deutschen in immer kürzeren Abständen immer öfter Erinnerungen vergangener Zeiten von Ihnen anhören und meistens verbunden mit hohen Geldforderungen?» Der Schreiber bekennt sich ausdrücklich zur Demokratie, er verurteilt Anschläge gegen Synagogen und andere kulturelle Einrichtungen, beklagt aber die hohe Publizität der unerfreulichen Ereignisse; er verwahrt sich wiederholt gegen die Dauerkritik an der deutschen Gesellschaft und gegen die «laufenden Bevormundungen, die Sie als jüdische Minderheit glauben, machen zu können».

Hinweise auf das Verhalten Israels gegenüber den Palästinensern («Wo werden denn mehr Menschen zu Tode gehetzt? In Deutschland oder an der Grenze zu Israel und Palästina?») gehen seinem Vorschlag zur Lösung des vom Präsidenten des Zentralrats angesprochenen Problems voraus. Er argumentiert aus der Perspektive gekränkten deutschen Nationalgefühls jenseits der Erinnerung an die Schatten der Vergangenheit und findet daraus die einfache Lösung, die er wiederholt empfiehlt: «Ihre Sorge, Angst und Ihren Ärger können Sie vergessen. Sie brauchen nur dieses alte Thema nicht immer wieder in Erinnerung zu rufen» und: bei größerer Zurückhaltung der Juden wären «80 % der Probleme» schon gelöst. Die aggressive und mit Unterstellungen («hohe Geldforderungen») vermischte Zurückweisung jüdischer Kritik, die mit dem Wunsch nach dem Schlussstrich unter die Vergangenheit einhergeht und diesen als beste Lösung propagiert, ist typisch für die Haltung zahlreicher Bürger, die nicht im rechtsradikalen Lager verortet werden können, die von ihrer demokratischen Gesinnung ehrlich und zu Recht überzeugt sind, zu deren Weltbild aber auch das Gefühl gehört, zu Unrecht immer wieder mit der nationalsozialistischen Vergangenheit konfrontiert zu werden. Sie haben kein Verständnis dafür, dass die jüdische Perspektive auf den ein halbes Jahrhundert zurückliegenden Holocaust eine völlig andere ist als die nichtjüdische. Der Ruf nach endlicher Versöhnung, nach Ruhenlassen der belasteten Historie, in der Regel verbunden mit dem Hinweis auf Entschädigungszahlungen und «Wiedergutmachungs»-Leistungen, ertönt (subjektiv auch oft aus ehrlicher Überzeugung) ohne Sensibilität für die Traumatisierung der Opfer und ihrer Nachkommen. Aus dem Unverständnis wird die Anklage gegen die anscheinend immer währende kritische Erinnerung, womöglich mit stereotypen Vorstellungen alttestamentarisch-jüdischer Rachsucht verbunden und meist mit dem Klischee jüdischer Geschäftstüchtigkeit und Verschlagenheit in Zusammenhang gebracht, die auch aus dem Völkermord noch Gewinn ziehen wolle. Mindestens auf jüdischer Seite wird diese aggressiv und rechthaberisch bis drohend vorgebrachte Argumentation als äußerst feindselig empfunden.

Ein Beispiel dafür bietet auch eine Zuschrift aus Bergheim (8. 3. 2001), deren Verfasser, 1975 geboren und nicht willens, sich Schuldgefühle einreden zu lassen, dem Zentralrat der Juden mitteilt, er sei seit langem verärgert und halte es jetzt, nach des Präsidenten Kommentar zum Strafprozess wegen des Brandanschlags auf die Düsseldorfer Synagoge, für nötig, dem Präsidenten seine Meinung zu unterbreiten. «Statt in die Zukunft zu sehen und einen Weg zu finden, eine Religion allen Menschen näher zu bringen, wird ständig auf die ach so Gepeinigten hingewiesen und Öl in das Feuer gegossen, welches den Topf mit Schuldgefühlen überkochen lässt.» Er wolle sich nicht Schuldgefühle einreden lassen «für etwas, an dem ich nicht beteiligt war» und er sei es satt, bei Auslandsreisen ständig auf «das Judenthema» angesprochen zu werden. Die Handlungsweise des Zentralrats – und deshalb empfiehlt er ihm, über seine Aufgabe nachzusinnen – richte mehr Schaden an, als ihm bewusst sei.

Damit er auch einmal die Auffassung eines deutschen Normalbürgers erfahre, schreibt eine Dame, Jahrgang 1937, in Königsberg geboren, aus Braunschweig (8. 1. 2001) an den Präsidenten des Zentralrats. Sie stellt sich gründlich als unverdächtig vor, erwähnt ihre abgrundtiefe Verurteilung der nationalsozialistischen Verbrechen, hat mit den Kindern eine KZ-Gedenkstätte besucht und lehnt, weil man nur an «Orten des Geschehens» eine Vorstellung bekommt, das «geplante Zementstelen-Mahnmal in Berlin» ab, «weil dort niemand eine Vorstellung von den begangenen Grausamkeiten bekommt».

Ihre Familie und die ihres Mannes haben sich während der NS-Zeit für Juden eingesetzt «und eine Tante hat nach dem Krieg einen Juden geheiratet, den wir sehr geschätzt haben», die Reise nach Israel 1984 war ein «tief greifendes Erlebnis», sie war bisher unvoreingenommen gegen jedermann und hat sich um Toleranz bemüht. Beschwert fühlt sich die Schreiberin aber durch den Hinweis auf die deutsche Vergangenheit aus jüdischem Mund: «Ich lehne es ab, dass Sie trotz unserer Jahrhunderte umfassenden Geschichte Deutschland und die Deutschen nur durch die 12 Jahre Nazi-Zeit definieren. Ich fühle mich auch in keiner Weise verantwortlich für die Geschehnisse der Nazi-Zeit. Außerdem leben wir nicht nach dem Alten Testament, wo man seine Feinde bis ins dritte und vierte Glied verfolgt. Vergeben können führt nicht zum Vergessen.»

Damit ist die stereotype alttestamentarische Unversöhnlichkeit als vermeintliche kollektive Eigenschaft der Juden – noch eher beiläufig – angesprochen. Drei Fragen eröffnen mit gängigen Unterstellungen die antisemitische Perspektive:

«1. Warum stellen Sie immer die Juden in den Vordergrund? Auch andere Menschen haben unter dem Nazi-Regime gelitten.
2. Wofür sind eigentlich die vielen Milliarden Wiedergutmachung, die Deutschland an den israelischen Staat gezahlt hat, verwendet worden?
3. Eigentlich sorgen nur die Politiker und die Medien für Unfrieden! Das Geld, das hoffentlich durch die Sammelklagen auch die Überlebenden bekommen und nicht die Anwälte reich macht, gönne ich den Menschen von Herzen, aber warum nur wieder die Juden und osteuropäische Fremdarbeiter?»

Die Fragen sind für die, die sie stellt, längst beantwortet, denn sie sind artikulierte Vorurteile, nämlich dass sich die Juden auf Kosten anderer nach vorne drängen, dass sie überdimensionale Leistungen kassiert haben, deren Verwendung dubios ist. Die Unkenntnis über die Praxis der Wiedergutmachung und über die Entschädigung der (überwiegend nichtjüdischen) Zwangsarbeiter ist gewollt, denn sie transportiert Klischees, die in die Argumentation passen.

Nach Ausführungen vor dem Hintergrund massiver Überfremdungsangst kehrt die Autorin, unter ausdrücklicher Betonung, dass sie «weder rechtsradikal noch eine Ewiggestrige» sei, vielmehr eine «selbstbewusste Deutsche, die – abgesehen von den furchtbaren Geschehnissen der Nazi-Zeit – stolz auf ihr Land ist», zum Ausgangspunkt zurück und richtet folgenden Wunsch an den Repräsentanten der in Deutschland lebenden Juden: «Ich bitte Sie inständig, nicht dauernd durch Ihre Äußerungen und Reden uns Deutschen auf ewig ein schlechtes Gewissen beibringen zu wollen. Denn dieses Verhalten von Ihnen sehe ich als sehr gefährlich an; denn niemand möchte, dass die Meinung über die Juden wieder umschlägt und die Deutschen sich nur ausgenützt fühlen.» Damit ist der Argumentationskreis geschlossen: Der Jude ist der Störenfried, der die Vergangenheit nicht ruhen lassen will, der nicht objektiv und unvoreingenommen deutsche Geschichte betrachtet und dies vor dem Hintergrund einer unzulässigen Vorteilnahme, den «Wiedergutmachungs»-Leistungen. Der Brief ist in mehrerer Hinsicht prototypisch, denn die Verfasserin betont die eigene Toleranz, ihre Versöhnungsfähigkeit, Weltoffenheit und Besorgnis um die politische Kultur in Deutschland, die sie von Äußerungen des Mahnens und Erinnerns durch den Vorsitzenden des Zentralrats der Juden in Deutschland bedroht sieht.

Überfremdungsangst und Selbstbewusstsein: Der Zorn der Patrioten

Vor dem Hintergrund von Überfremdungsangst (die ausführlich mit Zahlen unterfüttert wird) artikuliert im Januar 2002 ein Hamburger Unmut über den Zentralrats-Präsidenten, der sich in einer Rundfunksendung gegen Ausländerfeindlichkeit geäußert und die Verabschiedung des Zuwanderungsgesetzes gewünscht hatte. Mit der Bemerkung, ihn störe, «dass Sie die Deutschen ständig belehren und erziehen wollen» und der Feststellung, «ich habe keinem Juden etwas zuleide getan, darf aber ständig über die Steuer Wiedergutmachung leisten», bezieht der Schreiber Position. Die Zunahme von Judenfeindlichkeit ist für ihn durch die Juden selbst verursacht. Warum denn so viele Juden Russland verließen und in Deutschland eine neue Heimat suchten? Das angenehme Leben reize sie (an eine Verfolgung oder Diskriminierung in der ehemaligen Sowjetunion glaubt er nicht), der gesicherte Lebensunterhalt ohne Arbeit («dank der doofen Deutschen») mache Deutschland attraktiv und ob der Zentralrats-Präsident auch vom deutschen Steuerzahler finanziert werde, möchte er wissen. Juden als Fremde, als Arbeitsscheue und auf Kosten des deutschen Steuerzahlers Lebende bestimmen die Wahrnehmung des Schreibers, der sich Belehrung und Erziehung verbittet und zusammen mit vehement artikuliertem Anti-Amerikanismus auf den Nah-Ost-Konflikt verweist: «Da könnten ja die Juden zeigen, wie menschenfreundlich sie sind. Jeden Tag hört man Meldungen, dass man Araber erschossen (ermordet) hat.»

Als «Spross einer alten Offiziersfamilie» ist ein Herr aus

Rheine stolz auf seine Vorfahren und stolz auf die deutsche Geschichte. Das motiviert ihn zu einem Brief an den Zentralrat (4. 10. 2000), weil er sich geärgert hat über ein Statement des Vorsitzenden, der angeblich den jüdischen Bürgern geraten hat, wegen rechtsextremistischer Gefahr Deutschland zu verlassen. Der Brief beginnt mit dem Satz: «Hiermit habe ich Sie dringlichst aufzufordern, endlich zur Kenntnis zu nehmen, dass die Geschichte Deutschlands nicht nur aus etwa zwölf Jahren Nationalsozialismus besteht, sondern aus einer tausendjährigen Tradition, auf welche ich mit Recht stolz sein kann.»

Der Schreiber ist 1946 geboren und verurteilt «wie jeder moralisch intakte Mensch» den Nationalsozialismus, ebenso Neonazis. Aber irgendwann müsse «ganz einfach Schluss damit sein, dass Sie ewig und immer wieder mit der Nazikeule drohen und auf uns Deutsche einschlagen». Unter Verweis auf die Autoren Walser und Finkelstein empfindet er es «ganz einfach als schlichtweg unerträglich, wenn Sie und Herr Friedman sich ständig moralisierend an die Deutschen wenden». Der Brief enthält keine ohne weiteres erkennbaren Sentenzen, die objektiv als judenfeindlich zu definieren sind. Die aggressive Intonation («Herr Spiegel, nehmen Sie bitte zur Kenntnis, dass Bürger jüdischen Glaubens in diesem Land sicher sind») ist zunächst Indiz für den hohen Erregungsgrad des Verfassers, transportiert aber unterschwellig Stereotype (Unversöhnlichkeit, Anmaßung der Juden, die Deutschen zu belehren).

Der entscheidende Vorwurf an den Zentralratspräsidenten lautet, dass er «in unerträglicher Weise» ein paar rechtsextreme Vollidioten zum Anlass nehme, «das ganze Deutsche Volk in Misskredit zu bringen. Damit schaden Sie sich und Ihren Belangen, aber auch vorrangig deutschen Interessen in der Welt.» Dem Verhältnis zwischen Deutschen und Juden sei dies ebenfalls abträglich. Mit der Vorhaltung, Spiegels Bemerkung, die Juden müssten sich nach dem Anschlag auf die Düsseldorfer Synagoge fragen, ob es richtig war, sich unter einem Vertrauensvorschuss in Deutschland niederzulassen, sei «infam, unseriös und widerlich», ist die Grenze zwischen berechtigter Sorge des Bürgers vor öffentlichkeitswirksamer Politik durch holzschnittartige Statements und aggressiver Schuldzuweisung an die Minderheit überschritten. Der Satz, der die Schlussfolgerung der Ausführungen darstellt, klassifiziert den Repräsentanten der jüdischen Minderheit als Lügner, der Schuld hat an den Vorbehalten der Mehrheit: «Sie wissen nur zu genau, dass Deutschland und seine Bürger in ihrer überwiegenden Mehrheit für die Mitbürger jüdischen Glaubens sind. Daher müssen Sie sich fragen lassen, welches Süppchen Sie da kochen. Es ist an Ihnen, sich für diese ungeheuerliche Schmähung des Deutschen Volkes zu entschuldigen!»

Die Schuldzuweisung schließt sich unmittelbar an: «Lassen Sie sich gesagt sein, dass gerade Sie es sind, der neue Ressentiments erzeugt. Ihr Verhalten geht deutlich an den Tatsachen vorbei und ignoriert ganz bewusst das heutige Deutschland. Sie handeln vorsätzlich, Herr Spiegel!»

Dies ist nicht mehr nur Ausdruck der Wut über die Reaktion eines Repräsentanten der jüdischen Minderheit auf den Anschlag gegen eine Synagoge, hier werden generelle Vorbehalte formuliert, und zwar

– durch die Definition des Anderen und seine Absichten (die unterstellt, der Zentralrats-Vorsitzende spreche und handele mit Vorsatz gegen eigenes besseres Wissen) und
– durch den stereotypen Vorwurf, die Juden seien es selbst, die durch ihr Verhalten Ressentiments gegen sie erzeugten.

Der Brief ist insgesamt, abgesehen von dem unverschämt drohenden Ton, so stilisiert, dass der Vorwurf der Judenfeindlichkeit abgewiesen werden kann, weil vordergründig nur der Zorn eines moralisch intakten, national empfindenden Mannes manifestiert wird. Eine tiefere Schicht enthält dann die eigentliche Botschaft: Die Juden sind selber schuld, wenn man sie nicht mag.

Das Unbehagen über die «grundlose ausländerfreundliche Politik» in der Bundesrepublik, die er als verheerend deutschfeindlich empfinde und mit allgemeinen Verweisen auf «Asylbetrüger» und Zustände in «Asylantenheimen» rechtfertigt, ist der Grund eines Schreibens aus Esslingen (14. 1. 2002), in dem die Vertreter des Zentralrats, Spiegel und Friedman, wegen ihrer Sorge über zunehmende Ausländerfeindlichkeit zurechtgewiesen werden: «Sie treten immer als Oberaufklärer und Besserwisser der Nation auf, immer mit dem Ziel der Umerziehung. Ich als anständiger deutscher Staatsbürger mit Realitäts- und Gerechtigkeitssinn lasse mich durch Ihre Äußerungen nicht beeinflussen. Gerade auf Grund unserer Vergangenheit müssen wir jetzt gegensteuern, da sonst die Gefahr besteht, wie mir viele ältere deutsche Mitbürger versichern, dass sich alles von damals wiederholen könnte.»

Wenig klar in der Beweisführung, dafür aussagekräftig in der Abwehr der als «Umerziehung» abgewerteten Erinnerung ist das Bekenntnis typisch und steht für viele. So erklärt per E-Mail ein Anonymer (20. 9. 2002): «Wenn Sie glauben, dass sich das deutsche Volk nach wie vor einen Maulkorb verordnen lassen muss und sich noch in den nächsten tausend Jahren für Vergangenes verantworten und entschuldigen sollte, so irren Sie sich gewaltig. Ich persönlich bin 32 Jahre alt und erlaube mir, freies Denken zu praktizieren und sich nicht den Stempel der Vergangenheit aufdrücken zu lassen.»

Die «Gedanken einer 76-jährigen deutschen Rentnerin», in Chemnitz im Juni 2002 mit Sorgfalt stilisiert und auf dreieinhalb Seiten makellos zu Papier gebracht, offenbaren ein Weltbild, das vom Rechtfertigungsbedürfnis der DDR und den Vorurteilen des alltäglichen Antisemitismus geprägt ist: Schul- und Lehrzeit fielen in das Dritte Reich, ihr Hobby ist die Literatur, und sie war froh, dass sie nach 1945 auch jüdische Schriftsteller (zu denen sie Thomas und Heinrich Mann rechnet) kennen lernte. Es ist ihr wichtig, zu betonen, dass Kultur in der DDR besonders gepflegt wurde: «Nathan der Weise» im DDR-Fernsehen ist ihr unvergesslich, in westdeutschen Sendern hat sie nie dergleichen gesehen, damit will sie sagen, dass die DDR kein judenfeindliches Land war. «Fast jeder Bürger der DDR hat in seinem Leben, entweder in der Schulzeit oder auch später durch Betriebsausfahrten unentgeltlich die KZ-Gedenkstätten besucht. Dadurch wurden den DDR-Bürgern ohne große Reden die Nazi-Verbrechen einprägsam vermittelt.»

In ihrer Heimatstadt Chemnitz hat sie oft den jüdischen Friedhof besucht und dort gelernt, dass die Juden viel wohlhabender waren als die evangelischen Christen, denn die Grabmale im benachbarten evangelischen Friedhof sind bescheidener, daraus folgt für sie, dass die Juden reicher waren. Der Friedhof sei in der DDR-Zeit gepflegt worden und Grabschändungen habe es nicht gegeben. Unvermittelt folgt ein Absatz, in dem sie darauf verweist, dass auch andere Länder große Schuld auf sich geladen haben: Sie erwähnt die Verbrechen der Engländer an den Indern, oder die der Türken an den Armeniern. «Oder wie denken Sie darüber, dass in Israel Kinder durch israelisches Militär erschossen werden?» Und wie oft würden Anschläge deutschen Bürgern angelastet, die von Ausländern begangen worden seien!

Ihr zentrales Anliegen trägt die alte Dame auf zwei Ebenen vor: auf der einen betreibt sie die Ehrenrettung der DDR, auf der anderen, der eigentlichen, versucht sie ihr deutsches Vaterland gegen den Vorwurf der Fremdenfeindlichkeit, des Antisemitismus und gegen das Odium der nationalsozialistischen Geschichte zu verteidigen. Sie leidet darunter, dass Fremdenfeindlichkeit «den Ostdeutschen angedichtet» werde. «Gerade aus den neuen Bundesländern werden die von Kindern und Jugendlichen mit großem Engagement und hohem Einsatz gespendeten und gesammelten Waren in arme osteuropäische Länder gebracht.» Das finde leider keine besondere Beachtung; «bei uns» war Solidarität selbstverständlich. «Nazi-Lehren und Neonazi-Utensilien kommen aus anderen Ländern. Sie finden hier Nährboden, weil die Jugendlichen nach der Schul- und Lehrzeit selten Arbeit finden und auf den Straßen herumhängen, denn die Jugendclubs wurden in der Nachwendezeit geschleift. Sachsens Jugend wandert in jene westdeutschen Länder ab, die Ausgaben für die Ausbildung ihrer Jugendlichen scheuen.»

In dieser Situation fühlt sich die Schreiberin beschwert durch die bekannten Appelle, «Gesicht zu zeigen», wie sie etwa Michel Friedman an die Bevölkerung richtete. Er könne sich offensichtlich nicht vorstellen, wenn die Deutschen «tagtäglich mit den Begriffen Ausländerfeindlichkeit und Antisemitismus bombardiert» würden, dass dann das Gegenteil der guten Absicht erreicht werde. Als Paul Spiegel sein Amt als Präsident des Zentralrats der Juden in Deutschland antrat, sei er ihr sympathisch gewesen, im Gegensatz zum Vorgänger Ignatz Bubis, der nur «anklagen und fordern» konnte, «obwohl der laut seiner Biographie auf dem deutschen Schwarzmarkt nach 1945 großen Reichtum erwerben konnte. Nicht einmal der deutsche Boden war ihm als Ruhestätte gut genug, und es geschah, dass sein Sarg in Israel von einem Juden geschändet wurde, noch ehe ihn die Erde bedeckte. Dies wäre wohl in Deutschland nicht geschehen.»[3]

Die Sympathie für den Präsidenten Spiegel habe aber leider Risse bekommen, seit der neue Zentralratsvorsitzende in der Öffentlichkeit über Ausländerhass und Antisemitismus rede. «Was bedeutet auch jüdische und nichtjüdische Bürger?», fragt sie in Anspielung auf eine Rede Spiegels: «Stehen Juden in Deutschland an erster Stelle?» Immer wieder kommt sie auf ihr zentrales Anliegen, die Ehre des deutschen Vaterlandes, zurück: «Der Holocaust und die Verbrechen der Nazi gehören selbstverständlich in die Geschichtsbücher, aber nicht in die täglichen Schlagzeilen. Niemand darf sich anmaßen, unseren Kindern, Enkeln und Urenkeln die Naziverbrechen anzulasten. Diese sollten gesühnt sein. Auch ist der Beweis in vielen Jahren angetreten worden, dass deutsche Menschen zu einer guten Entwicklung in Europa und in der Welt beigetragen haben.»

Am Makel der Vergangenheit leidet die Verfasserin so schwer wie an den Vorwürfen der Gegenwart. Ihr Deutschland ist ein Ort der Kultur, von dem Segen für die Welt ausgeht: «Es ist mir ein Anliegen, auch darauf hinzuweisen, wie viele Deutsche, beharrliche und fleißige Menschen, durch zahlreiche wissenschaftliche Leistungen als Erfinder, Musiker, Dichter, Maler, Schriftsteller mit ihrem Schaffen die Welt bereichert haben. Das ist deutsch! Fragen Sie Herrn Friedman, was jüdisch ist und woher die antijüdische Einstellung in aller Welt kommt. Sie sollen wissen, dass die russisch-jüdischen Kinder den Holocaust für sich in Anspruch nehmen und daraus Forderungen ableiten. Das kann nicht lange gut gehen!»

Die Kontrastierung von rechtschaffenen, tugendhaften Deutschen mit dem jüdischen Gegenbild erfolgt jeweils in Andeutungen wie in der eben zitierten Passage. Darin kommt ein Grundverständnis des Eigenen und des davon abgegrenzten Fremden zum Ausdruck, das konstitutiv ist für die quasi subkutane alltägliche Struktur des Vorurteils gegenüber Juden. In einer abschließenden Selbstdarstellung sind die Ressentiments zusammengefasst: «Ich bin eine einfache Frau und liebe mein Vaterland über alles. Es tut weh, wenn das deutsche Volk wegen unglückseliger 12 Jahre für immer gebrandmarkt werden soll. Niemand klagt heute mehr die Großindustriellen an, die Hitler an die Macht gebracht und riesige Kriegsgewinne eingesteckt haben. Dazu gehören auch die USA und jüdische Unternehmen. Das einfache Volk hat vor 1945 wirklich nichts gewusst von den Nazi-Verbrechen, die den Kommunisten, den Sozialdemokraten, den Juden, Sinti und Roma und den anderen Widerstandskämpfern gegen das Hitler-Regime in den KZ angetan wurden. Herr Friedman behauptet immer wieder, dass dies eine Lüge ist. Diesbezüglich widerspreche ich Herrn Friedman ganz entschieden. Meine Aussage wird in dem Buch ‹Ich war Hitlerjunge Salomon› durch Salomon Perjel bestätigt.»[4]

Als akademisch-bildungsbürgerliches Traktat kommt eine umfangreiche Zuschrift (2. 1. 2002) an den Zentralrat, dessen Verfasser auf eine im Fernsehen berichtete Äußerung des Vorsitzenden über wieder aufgeflammten «Antisemitismus» Bezug nimmt. Ein häufig verwendetes Denkmuster zum Begriff Antisemitismus wird, mit dem Anspruch zwingender Beweisführung mit großer Eloquenz vorgetragen: Der Begriff Antisemitismus, «angewendet auf die derzeitige Befindlichkeit zwischen Juden und Deutschen», sei unzutreffend: «Die gesellschaftlichen und politischen Bedingungen, unter denen heute und hier Individuen und gesellschaftliche Gruppierungen unterschiedlicher ethnischer Herkunft miteinander oder auch gegeneinander agieren, sind seit der Mitte des 20. Jahrhunderts verändert, insofern neben Juden in Deutschland andere Angehörige semitischer Ethnien leben, die der von Ihnen verwendete Terminus – bei gegebenem Anlass – ebenfalls treffen müsste. Der Begriff ist also im Zuge der auf Globalisierung zielenden Entwicklung Europas obsolet geworden.»

Die Feststellung enthält zwei Denkfehler. Erstens bezeichnet Antisemitismus nicht «die Befindlichkeit zwischen Juden und Deutschen», sondern steht für individuelle und kollektive Feindschaft gegen Juden ohne räumliche Begrenzung. Zweitens ist, wenn ein Sachverhalt wie die Feindseligkeit gegen eine bestimmte Minderheit mit einem aus historischen Gründen schillernden oder möglicherweise semantisch unzutreffenden Begriff bezeichnet wird, der Sachverhalt nicht deshalb aus der

Welt verschwunden, weil der Begriff fragwürdig erscheint oder geworden ist.

Die Argumentation zur Definition von Judenfeindschaft bzw. zur Falsifizierung des Begriffs Antisemitismus und mit ihm der damit umschriebenen Tatsachen geht weiter: «Der Begriff ist auch deshalb unangemessen, weil ‹Antisemitismus› seit der nationalsozialistischen Herrschaft mit Diffamierungen, Ausschreitungen und Gewalt gegen Juden assoziiert wird – Tatbestände, von denen wir weit entfernt sind. Im Gegenteil trägt die seit damals aus Scham und Schuld entwickelte Hemmung vieler Deutscher, sich mit israelischen und jüdischen Entwicklungen kritisch auseinander zu setzen, zu dem Unbehagen bei, weil sie den unbefangenen Austausch zwischen Deutschen und Juden erschwert. Ein Begriff zur Beschreibung der wechselseitig befangenen Emotionen fehlt derzeit. Das Wort ‹Antisemitismus› ist aus o. a. Gründen dafür jedenfalls ungeeignet».

Damit hat der Schreiber zweifellos Recht. Aber die Befangenheit vieler nichtjüdischer Deutscher und die Zurückhaltung vieler deutscher Juden im Umgang miteinander ist ein anderes Thema. Seine Beweisführung ist so angelegt, dass die Juden auf jeden Fall, ob es Antisemitismus gibt oder nicht, wie darzutun versucht wurde, an den Ressentiments gegen Juden schuld sind. «Angenommen», so die rhetorische Frage an den Repräsentanten der Juden in Deutschland, «Sie hätten mit Ihrer Analyse recht, in Deutschland wäre tatsächlich ein Rückfall in die überholt geglaubten Denkmuster vom ‹bösen Juden› zu diagnostizieren», dann müssten, «da das Phänomen in mehreren europäischen Gesellschaften erscheint», die «Ursachen dafür wohl in übergreifenden Ereignissen zu suchen» sein.

Drei Punkte macht der Briefschreiber, der jetzt Aversionen gegen die Juden nicht mehr wie zu Beginn seiner Ausführungen in Abrede stellt, verantwortlich als «Anlass zur Kritik von Nichtjuden an Juden». Alle drei Punkte verortet er in den «israelisch-jüdischen Entwicklungen nach dem Zweiten Weltkrieg». Gemeint ist damit erstens «die Durchsetzung der Sicherheitspolitik des israelischen Staates gegenüber seinen Nachbarn», die «ungute Emotionen gegen alle Juden» hervorrufe. Empfohlen wird ein distanzierendes und aufklärendes Wort durch den Zentralrat, mit dem Ziel «den unter uns lebenden jüdischen Mitbürgern mehr Verständnis» zu verschaffen.

Der zweite Grund liege in der «politischen und wirtschaftlichen Instrumentalisierung des Holocaust durch jüdische Verbände und Anwälte». Den Juden gehe es weniger um moralische Wiedergutmachung als vorrangig um die Verfolgung von wirtschaftlichen Zielen. Das wird im vorsichtigen Konjunktiv vorgetragen, im Indikativ steht dagegen die Klage über die «politische Instrumentalisierung der Shoah im Bildungswesen», mit dem sophistischen Argument, er sei als «Schüler bis zum Überdruss mit der Gewalt gegen Juden durch das Dritte Reich konfrontiert», aber «kaum jemals mit den historischen Leistungen der Juden in und für Europa bekannt gemacht worden». Angesichts der Konjunktur jüdischer Studien und jüdischer Geschichte erstaunt diese Sorge des gebildeten Schreibers besonders.

Einen dritten Grund für die Vorbehalte gegen Juden sieht er in der «Unzugänglichkeit jüdischer Verbände und Institutionen gegenüber auch wohlmeinender Kritik». Jeder kritische Dialog werde von vornherein von jüdischer Seite abgeschottet oder als «antisemitische Äußerung» zurückgewiesen. Daraus entstehe der Eindruck von Selbstgerechtigkeit. Leicht erkennbar ist hier der *topos* der Auserwähltheit des jüdischen Volkes, der oft als Motiv der Ablehnung erscheint.

Gut chiffriert enthält der Text, der in ein Plädoyer für den Dialog und die «auf offenem Forum stattfindende Analyse des wechselseitigen Verhaltens von Juden und Nichtjuden» mündet, gängige Klischees über «die Juden», nämlich deren dominierende wirtschaftliche Interessen (Vermarktung des Holocaust), die Arroganz der Auserwähltheit (selbstgerechte Zurückweisung jeder Kritik), die Verursachung der Ressentiments gegenüber Juden durch das Verhalten der Minderheit (israelische Sicherheitspolitik), die an den Feindbildkonstrukten in erster Linie selbst schuld sei.

Der Verfasser des Textes, aufklärerische Absicht für sich in Anspruch nehmend, ist sich über das Raffinement seiner Argumentation im Klaren, denn im Schlussabsatz fragt er sich, ob «das hier gewagte offene Wort» nicht als Bestätigung der Meinung des Zentralratspräsidenten Spiegel gewertet werden könne. «Dann allerdings hätte ich dem Dialog zwischen politisch denkenden Deutschen und jüdischen Bürgerinnen und Bürgern, den es doch zu beleben gilt, einen Bärendienst erwiesen.» Die konsequent durchgehaltene Ausgrenzung durch den Gegensatz «Deutsche» einerseits und «jüdische» Bürger andererseits ist allerdings keine Voraussetzung für einen fruchtbaren Dialog, ebenso wenig der Verzicht auf alle historischen Linien. Der letzte Satz darf deshalb trotz des verbindlichen Tons als zynische Chiffre der Verweigerung gelesen werden: «Bitte verstehen Sie diesen Versuch einer Ursachenanalyse – der gebotenen Kürze wegen sind historische Entwicklungen ausgespart – letztlich als Zeichen meines Vertrauens in die Einsichtsfähigkeit und Dialogbereitschaft zwischen beiden gesellschaftlichen Gruppierungen.»

Verschlüsselte Botschaften an die Juden

Ein bestimmter Typ von Briefen enthält die eigentliche Mitteilung an die Juden in Formen, die erst nach Dechiffrierung erkennbar werden. Die Verfasser sind gebildet und verstehen sich darauf, Vorbehalte oder Schuldzuweisungen unverfänglich und distanziert – als Frage, als Zitat usw. – zu formulieren. Ein Rechtsanwalt und Notar im Ruhestand schickt (12. 5. 2002) eine solche verschlüsselte Botschaft in geschliffener Form. Er versichert darin dem Präsidenten des Zentralrats, dass es das, worüber Paul Spiegel öffentlich gesprochen hat, nämlich Antisemitismus, überhaupt nicht gibt. Antisemitismus sei, ähnlich wie z. B. Antiamerikanismus, zwar mehr oder weniger auf der ganzen Welt verbreitet, «doch für ein Wiedererwachen des Antisemitismus in Deutschland gibt [es] bis jetzt keine Anzeichen. (Die wenigen ‹Glatzköpfe› können als Gegenbeweis nicht dienen).»

Allerdings, und das ist des Notars Anliegen, fürchtet der Jurist im Ruhestand, dass «übertriebene Äußerungen des Zentralrats zu deutscher Gesellschaft und deutscher Innenpolitik» doch («vereinzelt», beeilt er sich hinzuzufügen) «zu antisemitischen Einstellungen führen». Der Vorwurf an die Adresse der Juden (denen er offensichtlich nicht zubilligt, Teil der deutschen Gesellschaft zu sein) wird als Zitat formuliert: «Dann und wann höre ich in jüngster Zeit so absurde Bemerkungen wie: ‹Mit ständigen Schuldzuweisungen, mit hysterischen Übertreibungen und Einmischungen in deutsche Innenpolitik bezweckt der Zentralrat lediglich, Deutschland auf ewige Zeit zu erpressen.›» Er hätte gerne überzeugende Argumente, um derartigen Ansichten erfolgreich widersprechen zu können, führt er zur Begründung an und er betont, dass dies eine aufrichtige Bitte sei, der er die Mahnung anfügt «vermeiden Sie diese Anlässe zum Aufbau von Phantomen, die zur Bildung von gar nicht bestehenden Fronten führen».

Das ist wohl juristisch glänzend formuliert und formal unangreifbar vorgetragen. Aber warum macht sich der Notar solche Mühe, wenn es nur um Phantome, um gar nicht existente Probleme geht? Um zu erklären, dass das Problem Antisemitismus, wenn es denn in Deutschland überhaupt bestünde, seine Entstehung dem Zentralrat verdanken würde?

Auch in der folgenden Botschaft steht Entscheidendes zwischen den Zeilen. In einem Brief (10.11.2000), in dem die Verfasserin, Jahrgang 1937, dem Vorsitzenden des Zentralrats mangelnde Toleranz vorwirft, weil er bei einer Kundgebung kontra Fremdenfeindlichkeit sich gegen die Idee einer deutschen Leitkultur[5] ausgesprochen hat, heißt es, «als junges Mädchen und junge Frau» habe sie «voller Staunen die kosmopolitische Atmosphäre bei Reisen nach Frankreich oder England wahrgenommen. Nun haben wir eine solche Atmosphäre hier. Ich finde es großartig. Trotzdem muss es eine Regelung geben.» Die Frau plädiert gegen den Zuzug von Ausländern und weist der «von Ihnen offensichtlich favorisierten SPD-Regierung» die Verantwortung zu, «dass einst so viele ausländische Gastarbeiter ins Land kamen».[6]

Der Brief ist dem Wortlaut nach nicht ohne weiteres als Teil eines judenfeindlichen Diskurses entschlüsselbar. Dass die Verfasserin sich klagend an den Präsidenten des Zentralrats der Juden wendet, ihm parteipolitische Nähe zu einer von ihr abgelehnten politischen Richtung unterstellt, ist kein Indiz, aber der Vorwurf an den Exponenten der Juden in Deutschland als Zusammenfassung alles Vorgebrachten ist eindeutig: «Also: warum üben Sie nicht Toleranz? Gehen mit gutem Beispiel voran?» Abschließend die trotzige Zurückweisung einer vermeintlichen Beschuldigung, die nur sie als solche empfindet: «Ich bin auch eine ‹anständige Deutsche› – das lasse ich mir von niemandem ausreden, auch nicht von Ihnen –, aber ich habe nichts gegen eine gewisse ‹Leitkultur› in unserem abendländisch gewachsenen Staat. Doch durch Ihre Rede muss ich mich als ‹unanständige Deutsche› fühlen. Es war alles andere als klug von Ihnen, so zu argumentieren und zu polarisieren. Sie schüren geradezu das Feuer. Schade!!!»

Mit der drohenden Schuldzuweisung am Ende ist der Brief entschlüsselbar: Der Jude als Brandstifter, als Störer des Friedens, der sich in Acht nehmen soll, weil er durch seine Rede den Zorn der Mehrheit hervorruft.

Auf hohem Niveau argumentiert auch ein Professor (23. 12. 2002), dessen Botschaft ebenfalls verklausuliert ist. Einleitend tadelt er milde einen schiefen Vergleich des hessischen Ministerpräsidenten Koch mit dem Dritten Reich und rügt den Kommentar des Zentralratspräsidenten dazu als einseitig und in der Sache nicht hilfreich. Zur Begründung führt er aus, dass er «die sensible Reaktion von Juden auf Vergleiche mit den schrecklichen Schicksalen ihrer Angehörigen im Deutschland des Dritten Reiches» selbstverständlich verstehe. Aber auch viele andere Menschen hätten ähnliche schwere Schicksale erlitten, z. B. sein Vater, der nur deshalb dem KZ entgangen sei (nachdem er als Fronturlauber zu Hause von Gräueln der SS berichtete), weil er als Meeresbiologe für die Marine unverzichtbar gewesen sei. Verständnis hat der Professor auch für die Opfer der alliierten Luftangriffe und ebenso für «die emotionale Haltung des russischen Volkes gegenüber Deutschland», nicht minder für die deutschen Heimatvertriebenen, die deutschen Kriegsgefangenen (deren Leiden in US-amerikanischem Gewahrsam mit angeblich Hunderttausenden gewollten Todesopfern so nur in der Phantasie eines kanadischen Publizisten existieren, dessen Buch in rechten Kreisen großen Erfolg hatte).[7]

In der Regel würden Beispiele, wie sie der Professor aneinander fügt, als «Aufrechnung von Schuld» abgetan, damit man sich nicht mit den Sachverhalten auseinander setzen müsse. Der historische und politische Diskurs sei durch «derartige

Tabus und Killerargumente» beeinträchtigt. Es komme vor allem darauf an, die Mechanismen und Methoden von Machtausübung und staatlichem Terror (der mit dem Ende des NS-Regimes ja nicht aufgehört habe) zu studieren. Man müsse aus der Geschichte lernen.

Es sei das gute Recht des Zentralratspräsidenten, sich über unglückliche Vergleiche zu erregen. Er, der Verfasser des umfangreichen Briefes, findet jedoch, dass «die Erregtheit nicht die wirkliche Problematik» berühre. Spiegel solle ausgewogene Stellungnahmen abgeben und – das vermisse er vollständig – «genauso die gefährliche Hetze unserer politischen Funktionäre zur Verschleierung des eigenen Versagens verurteilen». Das ist nicht logisch und allenfalls daraus zu erklären, dass der Verfasser die Politiker in Bausch und Bogen nicht mag. Oder die Sentenz dient zur Verschlüsselung dessen, was wirklich ausgedrückt werden soll. Der Schlussabsatz des Briefes ist dann freilich einigermaßen eindeutig: «Wenn Sie den Anspruch erheben, eine moralische Instanz zu sein – und das tun Sie nach dem übereinstimmenden Eindruck in meinem Umkreis –, dann wäre es sicherlich besser, wenn Sie sich nicht auf die Pflege von Tabus beschränken würden. Ich glaube sogar, dass Sie dadurch eher schaden als Nutzen bewirken ...»

An der Kränkung seiner nationalen Empfindungen leidet ein 19-jähriger Gymnasiast, der politisch interessiert, demokratisch orientiert, SPD-Mitglied und Christ ist, wie er bekundet. Er ist stolz, in Freiheit und Frieden in Deutschland leben zu dürfen; er fragt eingangs, ob sich der Zentralrat der Juden als «unantastbare Moralinstitution, welche über jeden Zweifel erhaben ist» verstehe. Der Anlass seiner Botschaft per E-Mail (13. 12. 2002): «Ich fühle mich von Ihrer Organisation ein wenig in meiner Ehre verletzt. Ich habe das Gefühl, dass der deutsche Staat, mit seinen Mitbürgern immer noch dafür büßen und Rechenschaft ablegen muss, was vor mehr als 50 Jahren passiert ist. Ich verdamme alles, was in dieser Zeit geschehen ist, aber ich sehe es nicht ein, dass ich für diese Taten in der Verantwortung stehe. Ich bin jetzt die zweite Nachkriegsgeneration und habe nicht das geringste damit zu tun. Außerdem bin ich schwerbehindert, wäre also sowieso im Euthanasieprogramm untergegangen.»

Ein wesentliches Motiv der Zuschriften an den Zentralrat besteht in kleinbürgerlicher Existenzangst, in paranoider Furcht vor Ausländern, vor «Überfremdung» der deutschen Lebenswelt. «In einem größeren Kreis von Ruheständlern, der – in aller Bescheidenheit erwähnt – während des Berufslebens nennenswerte Beiträge zur Produktivität der Wirtschaft und somit zur Existenz seines Vaterlandes beigetragen hat, wird regelmäßig über Aktualitäten diskutiert», auch über Antisemitismus und Ausländerfeindlichkeit. Die Zuschrift aus Bielefeld an den Präsidenten und den Vizepräsidenten des Zentralrats (5. 8. 2001) beansprucht mit dieser Eingangsformel eine gewisse Repräsentativität, die auch im folgenden Satz, der Kernaussage des Schreibens, zum Ausdruck kommt: «Durch Ihre häufige Präsenz in den Medien, oft aggressiv, fordernd, vorwurfsvoll, stets Schuld zuweisend etc. ist die Frage ventiliert worden, ob Sie durch Ihre Verhaltensweise vielleicht und unbewusst zur häufigen Negativbeurteilung ... beitragen.»

Als Indizien dienen Beobachtungen und Fakten, die vom Ruheständlerkollegium sehr kritisch unter die Lupe genommen worden seien. Mit der Annahme des Bundesverdienstkreuzes habe Herr Friedman sich und dem Judentum einen miserablen Dienst erwiesen, denn damit sei er in die Gesellschaft von Ehemaligen gekommen, deren einstiges Handeln er doch so scharf kritisiere. Einfach unvorstellbar sei auch seine lange Zugehörigkeit zu einer Partei, in der sich fast alle «Ehemaligen» zusammengefunden hätten, von Lübke über Kiesinger zu Filbinger, «von Globke ganz zu schweigen». Das könnten «deutsche Bürger nicht nachvollziehen».

Das Elaborat arbeitet weiter mit scharfsinnig gemeinten Unterstellungen und rhetorischen Fragen, etwa der, warum der israelische Staatspräsident vor Jahren bei einem Staatsbesuch erklärt habe, er könne keinen Juden verstehen, der in Deutschland lebe. Dass nicht Israel, sondern Deutschland die Heimat des damaligen Vizepräsidenten des Zentralrats ist, obwohl er in Paris geboren und von Polen aus emigriert sei, finden die Rentner erstaunlich: «Da in Israel 80 % Juden leben, kann es nicht die Heimat von Japanern oder Franzosen sein.» Juden sind also Fremde. Genüsslich erwähnt der Sprecher der Ruheständler die Feststellung, die Herr Friedman einmal getroffen habe, dass er mehr Feinde als Freunde habe. Dafür gäbe es doch sicherlich Gründe. Der Zusammenhang legt nicht nur die Vermutung nahe, dass Friedman selbst daran schuld ist, sondern auch, dass er so viele Feinde hat, weil er Jude ist. Nichts würde man ihm in den Weg legen, wenn er Lust zur Auswanderung verspüre. Dafür hätte jeder redliche Deutsche Verständnis, «zumal ein immer größerer Kreis deutscher Bürger sich vor zunehmender internationaler Kriminalität fürchtet». Der gedankliche Zusammenhang zwischen der Stigmatisierung des Vizepräsidenten des Zentralrats der Juden zum unerwünschten Fremden ist nicht ohne weiteres erkennbar, liest man den Text nicht als Gleichsetzung von Juden und kriminellen Ausländern, die dem Pensionisten Furcht und Schrecken einjagen: «Seit langer Zeit wage ich es wie viele meinesgleichen bei Dunkelheit nicht mehr, durch meine geliebte Heimatstadt zu flanieren. Diese finsteren, verschlagenen Typen, Nappalederjacke, Jeans, Zigarette, Autoschlüssel passen ohnehin nicht in die hiesige Landschaft.»

Als Versatzstücke des Unbehagens werden das unnötige «Riesenholocaust-Mahnmal» und das Jüdische Museum in Berlin («Wie steht es hier um Bezahlung und Unterhalt?») und ein Luxusauto thematisiert, das aus Steuergeldern finanziert, vom damaligen Ministerpräsidenten Nordrhein-Westfalens Clement Herrn Spiegel zur Verfügung gestellt worden sei (wohl zum Ausgleich hat sich nach Meinung der Rentnergruppe der Regierungschef von Nordrhein-Westfalen selbst eine Luxuslimousine gegönnt, Fabrikat und Farbe sind genannt). Assoziiert werden soll damit die Ausbeutung des Steuerzahlers durch raffgierige Juden und ihre Handlanger, die Politiker.

Kleinbürgerliche Existenzängste und paranoide Fremdenfurcht als Ventil für mancherlei Unzufriedenheit sind in diesem Schreiben thematisiert, dessen Gedankengänge auf landläufigen Mechanismen beruhen, die Juden als Fremde, als ausbeuterisch oder parasitär wahrnehmen und die Minderheit in Person ihrer Funktionäre zur Erklärung aller möglichen Übel (Ausländerkriminalität, Rentenprobleme, mangelnde Finanzkraft der öffentlichen Hand usw.) in Anspruch nehmen. Dass weiteres Unbehagen über die genannten Beschwernisse hinaus Anlass des Briefes war, deutet der Schlussabsatz an mit der

Formulierung: «mit dieser Textabfassung können naturgemäß nicht alle Punkte erörtert werden ...»

Angst vor Fremden hat auch der Verfasser eines Briefes (19.11.2000) mit dem Betreff «Jude Friedman». Er ist engagiert gegen eine multikulturelle Gesellschaft und davon überzeugt, dass das Zusammenleben nur konfliktfrei existieren kann, wenn die Gesellschaft weitgehend homogen ist. Er wendet sich gegen Äußerungen des Bundestagsabgeordneten Özdemir und des damaligen Vizepräsidenten des Zentralrats der Juden, die für ihn schon äußerlich als Fremde erkennbar sind. Das Plädoyer für die multikulturelle Gesellschaft ist nach seiner Ansicht Grund für «das schlechte Ansehen von Juden in der deutschen Bevölkerung». Aber nicht nur deshalb: «Juden genießen in der überwiegenden Mehrheit der Nachkriegsgeneration kein Ansehen und werden als bedrohlich und fremd empfunden, weil sie den Holocaust für politische Zwecke missbrauchen. Hinzu kommt, dass Juden in ihrer Heimat Israel die Araber immer wieder neu provozieren. Sie untermauern damit, was längst bekannt ist: Juden sind nicht in der Lage, Frieden zu halten. Sie stiften immer wieder neue Unruhe – auch in Deutschland, indem sie immer wieder neue Forderungen stellen, statt den 55 Jahre alten toten Österreicher Adolf Hitler in Frieden zu lassen.»

Mit dieser Aussage sind klassische judenfeindliche Stereotype angesprochen: Juden werden als Fremde stigmatisiert, sie sind zum Frieden unfähig (Störenfriede) und sie bereichern sich auch noch durch politischen Missbrauch ihrer eigenen Tragödie. Das ist schlichte unreflektierte Judenfeindschaft, die auf Argumente verzichtet, weil die, die dergleichen vorbringen, diese Stereotypen selbst für axiomatisch evident halten.

Eindeutig in der Aussage («Juden raus») ist ein kurzes Schreiben aus Waldmohr (17.11.2002) an den Bundeskanzler, dessen Kopie an den Zentralrat der Juden ging. «Warum brauchen wir in Deutschland ‹jüdisches Leben›?», lautet die Eingangsfrage, die mit der Empfehlung, Israel sei doch wohl die richtige Adresse für alle Juden aus dem Osten, zur Hauptaussage überleitet: «Oder gibt es in der Heimat der Juden weniger als drei Millionen EURO Steuergelder als Unterstützung?» Man könne die Komplexe der Deutschen immer noch gut melken, lautet die sprachlich kühne Schlussfolgerung des Schreibers, der sich vermutlich über die Bereitstellung von Mitteln zur kulturellen Arbeit anderer Minderheiten, gesellschaftlicher Gruppen usw. weniger Sorgen macht.

Die gehässige und beleidigende Diktion in einer Zuschrift (15.11.2000) ist mehr als nur ein unfreundlicher Unterton. Der Gegensatz von deutsch und jüdisch ist für den Verfasser konstitutiv, wie die Überzeugung, dass sich die Minderheit in ihren Lebensäußerungen mäßigen müsse. Ignatz Bubis sei sehr aggressiv gewesen, vom Nachfolger Spiegel hat er größere Zurückhaltung erwartet, sieht sich aber nach dessen Äußerungen in der «Leitkultur»-Debatte enttäuscht. «Sie sollten vielleicht einmal die Zahlenverhältnisse bedenken. Man liest, es seien ca. 80 000 Juden wieder hier (wobei bekanntlich ein Teil aus der Sowjetunion stammt, die sich ihr Judentum durch Fälschung erschlichen haben).» Offenbar ist der Schreiber der Meinung, dass eine Minderheit, die weniger als ein Promille der Bevölkerung ausmacht, wie er vorrechnet, entweder auch nur entsprechend wenig Rechte hat oder demütig gegenüber der Mehrheit sein muss. «Sie und alle Ihre Glaubensgenossen benehmen sich aber, als hätten Sie einen weitaus größeren Anteil.»

Die traditionelle Denkfigur des frechen und anmaßenden Juden scheint in dieser Behauptung auf, die mit der Verallgemeinerung einen klassischen Mechanismus des Vorurteils demonstriert («Alle Iren haben rote Haare, ich kenne einen»). Das eigentlich Schlimme sei, heißt es in dem Brief weiter, dass die Maßgeblichen in Deutschland – Medien, Regierung usw. – sich dies gefallen ließen. Der Schluss wirft Licht auf das allgemeine Weltbild des Schreibers, der sich von Regierung und «gelenkter Presse» (beide versieht er zum Zeichen der Distanz und Verachtung mit dem Attribut «sogenannt») bedroht fühlt: «Ich glaube es zwar nicht, aber eventuell denken Sie einmal etwas nach. Sie wissen ja, dass H. Bubis sich nicht hier begraben lassen wollte, sondern in ‹Sicherheit›, in Israel. Und wer besudelte dort sein Grab? Ein Jude.»

Aus Griesheim sendet jemand (27.1.2003) ein Fax an den Zentralrat, als Reaktion auf die Nachricht, dass die Bundesregierung und der Zentralrat der Juden einen Staatsvertrag abgeschlossen haben, der einen finanziellen Beitrag in der Höhe von drei Millionen EURO jährlich der Minderheit für kulturelle Zwecke garantiert.[8] Es sei ihm nicht bekannt, dass es mit anderen Religionsgemeinschaften vergleichbare Abkommen gebe und die Notwendigkeit eines solchen Staatsvertrages sehe er auch nicht ein, denn alle Kinder der anderen Religionsgemeinschaften gingen in normale deutsche Schulen, in denen die deutsche Sprache gesprochen werde. Das sei sinnvoll für eine gewollte Integration, aber er habe den Eindruck, dass «eine Integration von Mitbürgern jüdischen Glaubens» von den Juden gar nicht gewollt sei. Nach der Überzeugung des Briefschreibers sei das Ziel der Juden, «Kinder jüdischen Glaubens sollen hebräisch sprechen, bereits im Kindergarten, später dann auch in den Schulen». Wie der Autor zu dieser Annahme kommt, ist so rätselhaft wie seine Unkenntnis der Tatsache, dass es z. B. katholische Schulen gibt (in denen auch nicht lateinisch gesprochen wird).

Die Folgerung aus der Vermutung ist eindeutig und wird als Vorwurf an die Minderheit formuliert: «So kann Integration nicht funktionieren. Das ist eine gewollte Ausgrenzung und Ablehnung der deutschen Bürgerschaft.» Und weiter: «Ich spüre fast körperlich Ihre Feindschaft.» Dies sei zwar verständlich vor dem historischen Hintergrund, aber die jüdische Feindseligkeit sei nicht hilfreich, es in Zukunft besser zu machen. Wozu die Juden denn Lehrer bräuchten? «Unsere deutschen Lehrer sind ihnen offensichtlich nicht gut genug. Das ist eine gewollte Herabsetzung und Verunglimpfung deutscher Lehrer/innen!!!»

Dass jüdische Lehrer in Deutschland in aller Regel Deutsche sind, würde als Gegenargument vermutlich nicht wahrgenommen werden, denn der Angriff ist Abwehr, die den Juden Schuld zuweist: Die Minderheit grenzt nach Meinung des Briefschreibers die Mehrheit aus. Damit bestätigt sich das dahinterstehende Vorurteil selbst, die Juden hätten einen Auserwähltheitsdünkel und beanspruchten grundsätzlich eine Sonderrolle, sie seien integrationsfeindlich, also störend. Der Brief endet mit der Beschwörung: «Sehen Sie denn nicht, wohin diese Ausgrenzungen führen? Kann es denn wirklich niemals mehr ein friedliches ‹Miteinander› geben? Ich bin so sehr entsetzt!»

Die Nachricht über die Erhöhung der Fördermittel und die vertragliche Fixierung des Verhältnisses zwischen Mehrheit und Minderheit im November 2002 gab Anlass zu einem Schreiben aus Köln (25. 11. 2002), das das Stereotyp «jüdische Geldgier» unverhüllt benutzt. «Schämen Sie sich denn gar nicht, von den Deutschen soviel Geld abzuzocken? Der frustrierten Bevölkerung dröhnen schon die Ohren vom ewigen ‹Sparen, Sparen, Sparen›, und dann hört sie im Radio, dass der Zentralrat der Juden den astronomischen Betrag von jährlich drei Millionen EURO aus Deutschland herausholt!» Diesem direkten Vorwurf folgt in scheinbarer Besorgnis eine Feststellung, die persönliche Distanz gegenüber dem Vorwurf vortäuscht und den Sachverhalt auf die Beziehungen zwischen Juden und Nichtjuden verallgemeinert: «Das ist doch Wasser auf die Mühlen Ihrer Gegner, die ohnehin die Begriffe ‹Jude› und ‹geldgierig› miteinander assoziieren. Wie sollen dann die bei vielen Deutschen immer noch vorhandenen Ressentiments gegen die Juden abgebaut werden?»

«Jüdische Privilegien»:
Paranoia als Prinzip

Die vermeintliche Sonderrolle der Juden wird häufig thematisiert. Unter dem Betreff «Juden in Deutschland» erklärt (5. 10. 2000) ein Mann aus Hannover, dass er als 63-Jähriger mit «den abscheulichen Taten des Dritten Reiches nichts zu tun» habe, «aber alles, was in dieser Zeit mit den Juden geschehen ist» verurteile, um dann Unverständnis auszudrücken, «warum sich bei so großem Leid wieder Juden bei uns angesiedelt haben», warum viele osteuropäische Juden in Deutschland unterkommen wollten und nicht in Israel siedelten. Ohne weitere argumentative Bemühung werden dann zwei Überzeugungen als Tatsachen formuliert: «Das jüdische Volk ist über die ganze Welt verstreut und lebt nicht immer in Eintracht mit der Bevölkerung, auch nicht in USA.» Sowie, und das ist die Kernaussage des Briefes: «Juden beanspruchen zu viele Sonderrechte für sich, dadurch machen sie sich langsam unbeliebt.» Die Botschaft an den Zentralrat endet mit der Versicherung, man brauche in Deutschland keine multikulturelle Gesellschaft, die «Kulturen einiger ausländischer Mitbürger sind zu verschieden, passen nicht nach Deutschland». Ein jüdischer Adressat wird dies kaum anders interpretieren können als Definition der Juden als Fremde, verbunden mit der Aufforderung, Deutschland zu verlassen.

Die Vorstellung vom «Internationalen Judentum», von der Auserwähltheit des jüdischen Volkes und vom «jüdischen Reichtum» gehören zu den häufig vorkommenden Topoi. Eine Frau aus dem östlichen Berlin schreibt aus «aufrichtiger Sorge um die Demokratie in Deutschland» (22.11.2000) an den Zentralrat und versichert dem Präsidenten eingangs Respekt und Wohlwollen für seine verantwortungsvolle Aufgabe. Sie hat die üblichen Klischeevorstellungen über die Juden (Geschäftstüchtigkeit, Reichtum, politischer Einfluss, Selbstbezogenheit) und zieht daraus Schlüsse, die sie als Verhaltensmaßregeln den Juden empfiehlt und zur jüdischen Mission stilisiert: «Ich denke, das Internationale Judentum hat eine große Aufgabe in der Welt, derer es sich nicht bewusst ist. Diese große Aufgabe besteht meines Erachtens in folgendem: Es gilt weltweit mit allen Menschen guten Willens auf den kleinsten gemeinsamen Nenner zu kommen. Und das ist doch wohl der Kampf gegen das wirklich Böse. Denn die Erfahrung lehrt: All die Intelligenz, Gewitztheit, Geschäftstüchtigkeit und, wenn Sie wollen, auch Auserwähltheit des Judentums hat Sie nicht vor den faschistischen Horden bewahren können. Deshalb wäre die Konsequenz: Die Auserwähltheit und Besonderheit des Judentums für die Festtage zuhause aufzuheben, für den Sabbat. In der übrigen Zeit jedoch nicht auf dieser besonderen Rolle zu bestehen, sondern mit den Menschen in der ganzen Welt Wege zu suchen, gegen den gemeinsamen Feind vorzugehen. Wissen Sie, jeder weiß, dass das Judentum reich ist und großen Einfluss hat, z. B. in der Politik in den USA. Warum jedoch setzen Sie Ihren Reichtum und Ihren Einfluss nur immer wieder für die Reichen ein oder nur für die eigenen Leute?»

Die Sinnstiftung (die jüdische Aufgabe im Kampf gegen den gemeinsamen Feind, das Böse) wird dann konkretisiert am Beispiel eines armen deutschen Jungen in Marzahn im «Ghetto-Wohngebiet in Berlin», mit wenig Bildungschancen, ohne ausreichende Mahlzeiten, mit der Disposition, den demokratischen Staat (als offenbaren Verursacher der Misere) abzulehnen. Die Schlussfolgerung der Autorin lautet: «Ich denke, wenn das Judentum in Deutschland eine Normalität im Zusammenleben mit Nichtjuden erreichen will, muss es sich für die ärmsten und gefährdetsten Bevölkerungsschichten mit all seinem Einfluss und Geld einsetzen.»

Das wäre als naive Weltverbesserungsabsicht zu interpretieren, wenn nicht die Stereotype vom «Internationalen Judentum», vom Reichtum, der Macht und dem Egoismus der Juden so deutlich herausgestellt wären. Die oft von der Minderheit geforderte Pflicht zur Zurückhaltung und zum besonderen Wohlverhalten ist hier gesteigert zu dem Verlangen, Wohltätigkeit gegenüber einer Gruppe von Randständigen zu üben, die als Verlierer der deutschen Einheit erscheinen. Ihnen gegenüber wird den Juden eine Art Wiedergutmachungspflicht oder doch eine Eintrittskontribution für das Zusammenleben mit Nichtjuden auferlegt.

Unreflektierte Perpetuierung von Stereotypen, gängige Verallgemeinerungen und Hörensagen, das als exaktes Wissen ausgegeben wird, kennzeichnet manche Zuschrift. Eine Dame, 1933 in Berlin geboren, die den Krieg in Potsdam im Internat erlebt hat, deren Vater Marineoffizier war – die Eltern hatten mit den Nationalsozialisten überhaupt nichts im Sinn und von der Judenverfolgung haben sie nichts gewusst –, schreibt an den Zentralratspräsidenten (15. 1. 2002), weil der sich über «eine gewisse Judenfeindlichkeit» beklagt hatte. Sie möchte ihm doch einmal Folgendes zu «bedenken geben»: Nach den biographischen Details, die sie am Ende des Briefes durch die Mitteilung ergänzt, sie sei Opernsängerin gewesen, habe ab 1966 in Westdeutschland gelebt und sei 1995 als Rentnerin nach Dresden gezogen, wegen der Kunst, breitet sie ohne weiteren Zusammenhang und ohne verbindende Argumentation Gehörtes und Vermutetes aus, das ihr Bild von Juden bestimmt. «Ich hatte eine Freundin in Berlin, die war bei einer Wiedergutmachungsstelle beschäftigt und sagte mal zu mir, was die Juden da alles in Ostpreußen besessen haben wollen, da müsste Ostpreußen doppelt so groß gewesen sein.»

Als Beweis für die Authentizität der folgenden Mitteilung

wird angeführt, sie habe in den 70er-Jahren beim ZDF in Mainz gearbeitet und dort von einer Protestwelle orthodoxer Juden gegen ein Supermarktprojekt in Hamburg gehört, weil sich auf dem Gelände früher ein jüdischer Friedhof befunden habe. «Dann hörte man plötzlich nichts mehr davon, jedoch machte es die Runde beim ZDF, dass da zwei oder drei Millionen geflossen sind ...» Die Briefschreiberin folgert daraus: «Ich habe so den Eindruck, dass ein Jude nur Geld sieht, etwas anderes ist nebensächlich.»

Weil sie dies alles zu bedenken geben möchte und weil sie sich «auch oftmals über das Verhalten der Juden» ärgert, schreibt sie diesen Brief. Geärgert hat sie auch die Diskussion um das Denkmal für die ermordeten Juden Europas in Berlin, insbesondere das Auftreten der Dame, an deren Namen sie sich nicht erinnert, «die das alles durchgedrückt hat mit einer Vehemenz und wirklich schon manchmal dreist wirkend, was Ihrem ganzen Kreis keine Sympathie eingebracht hat.»

Nach einer längeren Tirade gegen Israel, die von ebensolcher Sachkenntnis getragen ist wie die Vermutungen über den 11. September und den jüdischen Anteil daran, lautet die zentrale Feststellung folgendermaßen: «Außerdem hatte ich in der Vergangenheit oftmals den Eindruck, dass noch heute die Juden nicht ruhen, um uns wirtschaftlich zu schwächen».

Das alles wird in arglosem Ton vorgebracht, mit der Versicherung, weil sie den Empfänger für einen vernünftigen Menschen halte, schreibe sie an ihn und abschließend, nach guten Wünschen, teilt sie mit, dass sie erleichtert sei, dass sie sich ihre Meinung einmal von der Leber geschrieben habe. Übrigens hat sie auch über ihre Wahlheimat zu klagen, denn sie musste «hier im Osten erleben, dass man als gutgläubiger Mensch ganz schön aufs Kreuz gelegt wurde. Ich habe hier ein kleines Vermögen verloren ...» Ob diese Klage ihr von Stereotypen geprägtes Weltbild hinsichtlich der Juden relativiert, mag dahingestellt bleiben, die Epistel führt jedenfalls das Klischee vom geldgierigen Juden in Reinkultur vor, und zwar inklusive der Mechanismen, mit denen die Vorstellungen transportiert und als «authentisch» verinnerlicht werden.

Fazit:
Die Juden sind selbst daran schuld,
dass man sie nicht mag

Empörung aus bestimmtem Anlass lässt viele zur Feder greifen, um der zuständigen Stelle – «den Juden» – Mitteilung über ihren Zorn zu machen. Ein Hamburger reagiert (12. 11. 2000) mit «Erstaunen und Befremden» auf die Rede Paul Spiegels am 9. November 2000, in der er gegen Fremdenhass und Rechtsextremismus in Deutschland Stellung bezogen hatte. Denn der Briefschreiber ist seit Kriegsende nie Zeuge von Fremdenfeindlichkeit oder Rechtsextremismus geworden, berichtet aber von Fällen von Ausländerkriminalität in Deutschland, die ihm das eigentliche Problem sind. Xenophobie aus Überfremdungsangst ist offensichtlich der Hintergrund für das nationalstolze Rechtfertigungsstreben dieses Mannes, der auf Gewalttakte gegen Juden im Ausland verweist, der versichert, «wohl in keinem Land der Welt leben die Juden so sicher und beschützt wie in der BRD», der dem Präsidenten des Zentralrats empfiehlt, seinen Aufruf gegen Rassismus und Fremdenfeindlichkeit an Israel zu richten: «Völlig irrational werden Ihre Beschuldigungen der Deutschen, wenn im Fernsehen Bilder von den Auseinandersetzungen zwischen israelitischem (sic) Militär und Palästinensern gezeigt werden ...» Der aggressive Ton des Schreibens, die Abwehr der Mahnung aus nationaler Emotion bestimmen den Tenor des Briefes, dessen entscheidender Satz lautet: «Wenn wirklich die Zustände in der BRD so sind, wie Sie diese schildern, dann ist zu fragen, warum sind Sie und mit Ihnen 90 000 Juden in die BRD gekommen, und wieso sind Sie noch hier??»

Auf diese Art machte man früher linke Kritiker an bundesrepublikanischen Zuständen zu Außenseitern und empfahl Ihnen, doch «in die Zone» zu gehen, wenn es ihnen hier nicht passe. Die Stigmatisierung der Juden als Fremde, ihre Ausgrenzung, ist die Botschaft, die vermittelt wird. Juden sind, so lautet die Mitteilung aus Hamburg im Klartext, nicht Bürger, sondern allenfalls Gäste ähnlich den negativ konnotierten Asylbewerbern – und sie haben sich entsprechend zu verhalten.

Das Recht, als Bürger, als Angehöriger einer Minderheit, die volles Bürgerrecht im Staat hat, Kritik an Zuständen in Staat und Gesellschaft zu üben, wird den Juden in Briefen wie diesen abgesprochen.

Bei vielen Botschaften an den Zentralrat der Juden drängt sich die Vermutung auf, die Autoren hätten auf einen Anlass gewartet, der ihnen die Möglichkeit bot, sich empört zu Wort zu melden. Die Anlässe – Pressemitteilungen, Medienauftritte, Berichterstattung über Veranstaltungen – werden in den Briefen genannt, die Empörung wirkt oft aufgesetzt, die Beweisführung verwickelt und auf gängigen Klischees basierend, das Urteil über «die Juden» steht vor jeder Argumentation bereits fest.

Die Äußerung Paul Spiegels am 9. November 2000, als er nach dem Brandanschlag auf die Düsseldorfer Synagoge auf die gerade aktuelle Leitkulturdiskussion anspielend fragte, ob es zur deutschen Leitkultur gehöre, Fremde zu jagen, Synagogen anzuzünden, Obdachlose zu töten, wurde von vielen aufgegriffen und häufig als überzogene Reaktion des neu gewählten Zentralratspräsidenten gewertet.

Weil er erfahren hat, «dass die Bundesrepublik Deutschland schon vor einigen Jahren u. a. mit Israel ein zwischenstaatliches Abkommen über soziale Sicherheit abgeschlossen hat», nach dem Familienangehörige von in Deutschland lebenden Bürgern Israels in deutschen Krankenkassen mitversichert sind, möchte ein Briefschreiber (28. 1. 2003) vom Zentralrat wissen: «[w]ie hoch ist überhaupt der Prozentsatz der Juden, die einer geregelten Arbeit nachgehen und nicht unserem Staat auf der Tasche liegen?» Dem Vorverständnis des Schreibers nach werden ungerechtfertigt finanzielle Leistungen erbracht. Aufschlussreich ist ein Satz, der dem Brief den Charakter des Pamphlets gibt, das auf eine rhetorische Frage gar keine Antwort verlangt: «Ich möchte gern von Ihnen erfahren, wie viele Millionen EURO jährlich von unseren Krankenkassen nach Israel fließen, aber ich gehe davon aus, dass Sie sich vor einer Antwort drücken und mein Schreiben unbeantwortet lassen.»

Er werde seinen Bekanntenkreis informieren, Fernsehanstalten anschreiben und fragen, «weshalb dieser Sachverhalt von den Medien tabuisiert wird. Hat man Angst, dass ein Aufschrei durch die Bevölkerung geht oder bestimmt Herr Friedman auch schon, worüber berichtet werden darf.» Zum Topos der Tabuisierung beliebiger Themen durch mächtige Instanzen im Bunde mit «den Juden» oder durch diese selbst kommt die ebenfalls verbreitete Vermutung, jüdische Drahtzieher könnten über die Berichterstattung in den Medien nach Belieben verfügen.

Auch die folgende Reaktion ist typisch für die Argumentation aus einem festgefügten Weltbild, die nur den Anlass für das Statement, die Zurechtweisung braucht. Im Brief (31.12. 2000) wird angekündigt, aufgrund der Äußerung Paul Spiegels werde der Schreiber von nun an den Begriff «deutsche Leitkultur» kompromisslos verteidigen. Davor war «die unglückliche ‹Leitkultur›-Schöpfung der CDU» für ihn umstritten, jetzt aber, wegen der polemisch-rhetorischen Distanzierung Spiegels, ist er Anhänger der Idee geworden. Das entbehrt der Logik, da es ja ein ziemlich zweifelhaftes Motiv ist, etwas nur deshalb gut zu heißen, weil jemand (dessen Position an sich unerwünscht ist) es ablehnt. Das tatsächliche Motiv, das auch den Anlass als Vorwand enthüllt, wird in der Zurechtweisung deutlich: «Ihre Äußerung ist so unerhört und so unerhört denunziatorisch und beleidigend, auch wenn sie in Frageform erfolgte, dass jedenfalls mit Leuten Ihres Schlages jegliche zivilisierte Diskussion ausscheidet.»

Die Wut über die Juden als Zweck des Briefes wird aus der dreimal variierten Redefigur ersichtlich, ob der Zentralrat seine Aufgabe darin sehe, Antisemitismus zu erzeugen oder zu fördern, ob Antisemitismus für das Selbstverständnis als Person oder Organisation notwendig sei, damit man sich über ihn beklagen könne. Dies hat, ebenso wie die hingeworfene Frage, ob es jüdischer Leitkultur entspräche «täglich ein Blutbad unter Palästinensern zu veranstalten» mit dem Ausgangspunkt, dem aus der Berichterstattung entnommenen Zitat der Rede Paul Spiegels (oder gar den sie verursachenden Vorfällen), nichts mehr zu tun. Es wurde, das macht die Diktion des Briefes klar, ein Anlass benötigt, um einen groben Brief schreiben zu können.

Ein Rundschreiben an den Bundestagspräsidenten, den Bundeskanzler, die Parteien SPD und Bündnis 90/Die Grünen, den

Verkehrsminister und den Zentralrat der Juden (2. 2. 2003) ist eine Art Rundumschlag gegen die «Verschwendung von Steuermitteln für die Juden und für den Bau von Transrapidstrecken in Deutschland und im Ausland». Sozialneid («Man muss Jude sein, denn für Juden ist immer Geld da») und vielerlei Beschwerden über mangelnde Infrastruktur, zu wenig Hochwasserentschädigung, Ladenöffnung bis 20.00 Uhr, Säumigkeit der Eisenbahn beim Streckenausbau führten die Feder. Als schuldige Verursacher allen Ungemachs und des Versagens der Politiker (die mit Judenfunktionären buhlen und sich bejubeln lassen) werden die Juden ausgemacht: «Da soll ein Mahnmal für Holocaust-Opfer gebaut werden, obwohl das jüdische Israel und der jüdische Weltverband von der Adenauer-Regierung mehrere Milliarden D-Mark kassiert haben. Nur durch die deutschen Milliarden-Zahlungen konnte das jüdische Israel seine Existenz sichern und die Vertreibung und Ermordung der arabischen Mitbürger in Palästina fortsetzen. Um ihr Wohlwollen zu demonstrieren, bekommt der Zentralrat Zuschüsse zur freien Verfügung. Mit diesen Mitteln werden Belehrungskampagnen finanziert, mit denen die angeblich unbelehrbaren Deutschen zu demonstrativem Wohlverhalten und Schuldbekenntnissen aufgefordert werden.»

Aufklärung über die tatsächliche Höhe der seinerzeit unter Adenauer vereinbarten Wiedergutmachung und ihrer Verwendung[9] wäre vermutlich wirkungslos, da «den Juden» im Weltbild des Mannes, der sich mit seinem Briefkopf unter dem Logo «immer am Ball» als Fußballfreund ausweist, ein fester Platz zugewiesen ist, nämlich die Rolle der zu Unrecht begünstigten, habgierigen und friedensunfähigen Juden. Sie dienen – und damit ist der Brief typisch für eine verbreitete Mentalität zu kurz Gekommener – als Erklärung für Fehlverhalten der Politiker wie für Fehlentwicklungen (oder was als solche empfunden wird) überhaupt.

Eine Diplom-Sozialpädagogin aus Köln bietet in ihrem Brief (26. 2. 2001) ein handfestes Motiv für ihre Abneigung gegen Juden. Sie hatte eine Fernsehsendung gesehen, Paul Spiegel im Gespräch mit Günter Gaus, und was der Zentralrats-Präsident gesagt hatte, gefiel ihr. «Aber dann fiel mir auf einmal ein, dass Sie als Jude geschächtetes Fleisch essen, und da waren Sie mir direkt unsympathisch.» Die Sozialpädagogin ist stark im Tierschutz engagiert, möglicherweise mit größerer Hingabe als Sachkenntnis. Sie argumentiert gegen das Schlachten von Tieren durch Ausbluten (eine Methode, die nicht nur von strenggläubigen Juden praktiziert wird, und die in Deutschland nicht verboten ist) und sie hat damit eine Begründung für die Ausgrenzung von Juden: «Wir Tierschützer können dagegen protestieren soviel wir wollen, es nützt gar nichts. Ich hörte schon folgendes sagen: ‹Obwohl Schächten in Deutschland verboten ist, dürfen Juden es trotzdem tun. Die haben ja jetzt hier das Sagen. Und wer will denn denen schon etwas verbieten?!›»[10]

Damit ist das persönliche Engagement durch Mutmaßung und Hörensagen über die Macht und den Einfluss der Juden zur pauschalen und sich selbst rechtfertigenden Verdächtigung der Minderheit erweitert worden: «Dass dadurch die Menschen gegen Juden aufgebracht werden, liegt doch auf der Hand. Schon der Vegetarier Hitler spielte das Schächten als Trumpf gegen die Juden aus.» Mit der Rückverlängerung zum Vegetarier Hitler ist der Argumentationskreis geschlossen: Die Juden sind aufgrund ihrer Rituale selbst an ihrer Ausgrenzung schuld.

Seltener sind in Zuschriften an den Zentralrat Argumente, die den Arsenalen des religiösen Antijudaismus entstammen, wie der Gottesmordvorwurf, der im Januar 2003 erhoben wird: «Nachdem Gott sein Volk durch die Propheten zu Recht bringen wollte und nichts genützt hat, sandte er damals seinen Sohn auf diese Erde. Was haben Sie mit ihm gemacht, umgebracht. Damit haben Sie sich zu erklärten Feinden Gottes gemacht. Diese schwere Sünde hat Sie bis jetzt verfolgt.» Die Feststellung wird unmittelbar verknüpft mit der Behauptung, «die Liebe zum Geld und Ihre grenzenlose Habgier» sei von den Deutschen nicht akzeptiert worden. «Oder glauben Sie, dass Deutsche ohne jeden Grund einen Antisemitismus haben.» Überzeugungen wie die vom großen jüdischen Einfluss auf die Wirtschaft, der fehlenden Anpassungsbereitschaft wegen des jüdischen Auserwähltheitsgefühls, ihres niederträchtigen Charakters und ihres Bedürfnisses, Unfrieden zu stiften, charakterisieren die Juden generell im Weltbild dieses Briefschreibers, der damit für viele steht.

Die Briefe an die Repräsentanz der Juden in Deutschland zeigen Ressentiments, die tief wurzeln; in den meisten Texten werden stereotype Vorstellungen über kollektive Eigenschaften, Absichten und daraus resultierende Handlungen artikuliert und Vermutungen als Tatbestände vorgebracht. Das durchgängig Irrationale der Argumentation, die oft zur Psychose gesteigerte Paranoia erbitterter Bürger, die aus unbestimmter Angst «den Juden» Schuld zuweisen oder sie für irgendwelchen Ärger stellvertretend in Anspruch nehmen, ist ebenso charakteristisch wie die Verteidigung von Werten – von der Deutungshoheit über die nationale Geschichte bis zum Tierschutz – gegen eine dadurch ausgegrenzte Minderheit. Und konstitutiv in den Mutmaßungen über die Juden ist die Aggression, mit der sie vorgetragen werden.

Traditionen der Judenfeindschaft.
Das religiöse Ressentiment

Die Vorbehalte gegen Juden werden, das zeigt die Betrachtung der Argumente, mit denen jede Debatte mit und über Juden geführt wird, durch Stereotype vermittelt. Ein Kanon verfestigter Vorstellungen über «die Juden» ist seit Jahrhunderten überliefert. Die Stereotype der Mehrheit, mit denen sie sich das Wesen der Minderheit erklärt, sich abgrenzt, ihre Vorbehalte definiert und in Schuldzuweisungen umsetzt, haben zunächst religiöse Wurzeln. Der Gegensatz zwischen Christen und Juden, die Definition der kulturellen und sozialen Unterschiede folgte der theologischen Auseinandersetzung zwischen Altem und Neuem Testament, symbolisiert im Bild der Antinomie von Ecclesia und Synagoga. Zum Verständnis moderner Judenfeindschaft ist die Kenntnis der Traditionen des Vorbehalts unerlässlich. Zur Empörung über die bei israelischen Militäraktionen getöteten palästinensischen Kinder gehört mindestens unterbewusst die Assoziation des Bethlehemitischen Kindermords des Herodes. Aber auch andere religiöse Ressentiments, die in Deutschland lange Zeit keine Rolle mehr spielten, sind, sozusagen als lebensfähige Keime, erhalten geblieben und machen sich wieder bemerkbar.

Ein Wesenselement des christlichen Mittelalters war die Diskriminierung und Segregation der Juden, die sich immer wieder zu Verfolgung und Massakern steigerte. Der religiös motivierte Judenhass reichte in die christliche Antike zurück, er wurzelte theologisch in Identitätsproblemen des jungen Christentums, das sich als «wahres Israel» gegenüber den Juden verstand, die die Erlösung durch den Messias Jesus ablehnten. Der Vorwurf des Christusmordes war Ausdruck des christlichen Bewusstseins, Empfänger der biblischen Verheißungen zu sein, wogegen die Juden als Verweigerer des göttlichen Heilsplanes als gottlos, amoralisch, verbrecherisch wahrgenommen und mit Heiden, Ketzern und Häretikern auf die gleiche Stufe gestellt wurden.

Die in theologischen Disputen und Schriften ausgetragene Auseinandersetzung hatte Folgen im Alltag. Seit dem 4. Jahrhundert sind Ausschreitungen der christlichen Bevölkerung gegenüber Juden in vielen Orten des Römischen Reiches belegt. Oft waren Diener der Kirche die Anstifter. Mönche und Bischöfe riefen zum Kampf gegen die Juden. Seit dem 6. Jahrhundert stand die zwangsweise Bekehrung der Juden im Vordergrund; in Nordafrika und Südfrankreich ebenso wie im Oströmischen Reich endeten die Massaker mit Zwangstaufen.

In die religiösen Gründe der Ablehnung des Judentums mischten sich von Anfang an soziale und ökonomische Motive, im ausgehenden Mittelalter und in der frühen Neuzeit kamen weitere Formen der Abneigung hinzu, die schon auf die späteren rassistischen Ressentiments verwiesen, wie sie im 19. Jahrhundert entwickelt und begründet wurden. Die Juden wurden allmählich als ethnische und soziale Gruppe verstanden und nicht mehr ausschließlich über ihre Religion definiert. Freilich hatte auch diese Wahrnehmung, die Juden als das Volk des Antichrist, des Satans, diskriminierte, ihren Ursprung im Religiösen. Fernab der Höhen der Theologie sah die Volksfrömmigkeit in den Juden genetisch besondere Wesen, mit Schwänzen und übermenschlichen Eigenschaften ausgestattet wie Hexen und Zauberer.

Die Vorbehalte gegen Juden waren, seit sich das Christentum im 3./4. Jahrhundert als Staatsreligion im Römischen Reich durchgesetzt hatte, zunächst auch im Mittelalter ausschließlich religiöser Natur: Der Glaube bestimmte die ganze menschliche Existenz; so hatten religiöse Differenzen entsprechend einschneidende Bedeutung. Die Verweigerung der Taufe, das Festhalten am eigenen Ritus, das Unverständnis der Juden für die Idee der Erlösung durch Christus machte die Juden in christlichen Augen zu «Verstockten». Aus dem religiösen Dissens zwischen Minderheit und Mehrheit folgte die Forderung nach äußerer Trennung (erhoben sowohl durch Kirchenlehrer wie durch Rabbiner) zwischen den Anhängern des Alten Testaments, die sich als erwähltes Volk verstanden, und denen, die, erlöst durch Jesus Christus, an die Überwindung des Alten Testaments glaubten und als christliche Gemeinschaft die Mehrheit bildeten. Nach christlicher Lehrmeinung galten die

Juden als «Gottesmörder» (Abt Hieronymus von Bethlehem 347–420), in frühchristlichem Eifer schrieb auch Bischof Johannes Chrysostomos von Antiochia, die Synagoge sei eine «Sammelstätte der Christusmörder» und damit war eine der dauerhaftesten Stereotypen der Judenfeindschaft etabliert.

Die religiösen Vorschriften, vor allem die strenge Sabbatruhe und die rituellen Speisegesetze zwangen die Juden auch in sozialer und ökonomischer Hinsicht in die Rolle von Außenseitern der mittelalterlichen Gesellschaft. Vom Warenaustausch (mit Ausnahme ländlichen Kleinhandels) und der Produktion aufgrund der christlich definierten Standes- und Zunftordnung des Wirtschaftslebens ausgeschlossen, waren Juden auf den Geldhandel beschränkt, da Zinsnehmen als Wucher galt und Christen verboten war. Die Pfandleihe wurde dadurch jüdisches Monopol, geschützt von Königen und Fürsten, erkauft durch hohe Abgaben seitens der Juden. Trotz ihrer eigenen Ausbeutung waren immer nur die jüdischen Geldverleiher dem Haß ihrer Schuldner ausgesetzt und nicht diejenigen, die dieses Finanzsystem duldeten, ermöglichten und für sich gebrauchten.

Am Ende des 11. Jahrhunderts verdichteten sich religiöse Gegensätze und soziale Ressentiments und entluden sich in Gewaltakten gegen die jüdische Minderheit in Europa. Der erste Kreuzzug (1096) – seiner Intention nach ein Krieg gegen «Ungläubige» zur Befreiung des Heiligen Landes – wurde von fanatisierten Christen, die als Angehörige der Unterschichten – verarmte Bauern, Abenteurer und Mittellose – aus Sozialneid handelten, zunächst gegen Juden in ganz Mitteleuropa geführt, etwa in den Städten des Rheinlandes. Von den Kreuzfahrern bedrängt, standen die Juden vor der Wahl, getötet zu werden oder den christlichen Glauben durch den Empfang der Taufe als richtiges Bekenntnis anzuerkennen. Die Verfolgung der Juden endete mit dem Moment der geglückten Mission, da ausschließlich religiöse Ressentiments die Verfolgung motiviert hatten. Die meisten Juden wählten jedoch statt der Taufe den Tod.

Die Gewaltaktionen hatten, wie auch bei den späteren Kreuzzügen, die alle judenfeindlich waren, den Charakter von Pogromen (der Begriff gehört in spätere Zeiten, er wurde im

19. Jahrhundert dem Russischen entnommen), das heißt die Gewalt richtete sich nicht gegen einzelne, sondern gegen alle Angehörigen der Minderheit und, die religiös-christliche Motivation sprengend, gehörten Plünderungen, Diebstahl und Raub untrennbar zum gewalttätigen Geschehen. Ein jüdischer Chronist beschreibt im 12. Jahrhundert die Intentionen des Wütens von Kreuzfahrern auf dem Weg ins Heilige Land, wo sie an den «Ismaeliten» und den Muslimen Rache für die Inbesitznahme Jerusalems nehmen wollen. Die Absicht ließ sich mit dem Gottesmord-Vorwurf an die Juden verbinden. Theologisch seit Jahrhunderten fundiert, in unzähligen Darstellungen ikonographisch in Bildern von Synagoga und Ecclesia mit Attributen und Gefolge bei der Passion eingeübt, sind Rache und Bekehrung die zentralen Motive für christliche Gewalt gegen die Juden gewesen: «Als sie nun auf ihrem Zuge durch die Städte kamen, in denen Juden wohnten, sprachen sie untereinander: ‹Sehet, wir ziehen den weiten Weg, um die Grabstätte (Jesu) aufzusuchen und uns an den Ismaeliten zu rächen, und siehe, hier wohnen unter uns die Juden, deren Väter ihn unverschuldet umgebracht und gekreuzigt haben! So lasset zuerst an ihnen uns Rache nehmen und sie austilgen unter den Völkern, daß der Name Israel nicht mehr erwähnt werde; oder sie sollen unseresgleichen werden und zu unserem Glauben sich bekennen.›»[1]

Zur Begründung der aggressiven Judenfeindschaft wurden seit dem 13. Jahrhundert Legenden und Erzählungen verbreitet, die, um die Verstocktheit gegenüber der christlichen Heilslehre und die Bösartigkeit der Juden gegenüber den Christen zu beweisen, Ritualmorde und Hostienfrevel zum Gegenstand hatten. In der bis in die Antike zurückreichenden Tradition tauchte erstmals 1144 in der Gestalt des William von Norwich das Opfer eines angeblich von Juden begangenen Ritualmordes auf. Der Legende nach begehen Juden alljährlich aus Haß auf Christus und die Christen unter Anleitung ihrer Rabbiner in der – religiös-emotional besonders sensiblen Passionswoche Christi – in ritueller Form einen Mord an einem unschuldigen christlichen Knaben, um das Leiden Jesu zu verhöhnen. Nach dem Laterankonzil von 1215, in dem die Transsubstantiationslehre zum Dogma erhoben wurde, kam als zweites Motiv die

Blutlegende hinzu, nach der die Juden ihren Opfern zur Bereitung von Mazzen oder zu medizinischen bzw. magischen Zwecken Blut entziehen. Die Unhaltbarkeit solcher Anschuldigungen ergibt sich schon aus den rituellen Geboten der jüdischen Lehre, nach der jede Art des Genusses von Blut als unrein sanktioniert ist. Das haben auch Kirchenlehrer und Päpste immer wieder konstatiert, und Kaiser und Könige haben die Juden gegen die Blutbeschuldigungen verteidigt, jedoch ohne Erfolg. Die Blutlegenden waren, von Predigern oder fanatisierten Bettelmönchen im Missionseifer verbreitet, bis ins 20. Jahrhundert wirksam als Anlass zur Verfolgung der Juden, weil sie mit längst geprägten Bildern von Juden arbeiten, die, im Unterbewussten von Generation zu Generation tradiert, rationaler Aufklärung widerstehen und mühelos zu beschwören sind.

Die Ritualmordbeschuldigung verbreitete sich von England aus nach Frankreich und Spanien, an den Rhein und an den Bodensee, in den Alpenraum und nach Franken, und schließlich im 16. Jahrhundert auch nach Polen. Die Opfer wurden teils nur mit kirchlicher Duldung, teils amtlich approbiert, Gegenstand der Verehrung als Märtyrer wie Little Hugh of Lincoln (1255), Werner von Bacharach (1287), Simon von Trient (1475) oder Niño de la Guardia (1490) mit vielfältigen Folgekulten und Wallfahrten.

Die judenfeindlichen Anschuldigungen wurden in zahllosen Chroniken, Geschichten, Liedern, theatralischen Darstellungen, Predigtsammlungen überliefert, und der Kult der angeblichen Märtyrer war bis weit in das 20. Jahrhundert amtskirchlich geduldet. Wie gefährlich die Ritualmord- und Blutlegenden für die Juden waren und wie lange sich damit Ausschreitungen stimulieren ließen, zeigt der Pogrom von Kielce in Polen, bei dem noch 1946 die Vermutung, ein verschwundenes Kind sei von Juden getötet worden, Anlass zu tagelangem Aufruhr und zum Mord an mindestens 42 Juden, die den Holocaust überlebt hatten, bieten konnte.[2]

Die Legende vom Ritualmord war vom Mittelalter bis in die Neuzeit unendliche Male Anlass zur Verfolgung von Juden, sie ist der wohl grauenhafteste Ausdruck von Hass gegen die Minderheit aus religiösem Grund. Niemals beruhte die Anschuldigung auf Realität: Die den Juden zur Last gelegten «Fakten» waren immer nur Fiktionen, die, freilich unter Folter gestanden, zu «Strafprozessen ohne Straftat» (Rainer Erb) mit drakonischen Strafen führten und individuelle Verfolgung Einzelner, kollektive Vertreibung oder pogromatische Gewaltexzesse zur Folge hatten.[3] Die Motive der Ritualmordlegende und anderer Blutbeschuldigungen gegen Juden liegen im Religiösen. Ausgehend von Westeuropa – nach England, das mit William von Norwich 1144 den ersten Fall überliefert, waren Frankreich und Spanien zunächst die Schauplätze von Ritualmordlegenden – verbreitete sich der Wahn im 13. und 14. Jahrhundert epidemisch nach Osten, über das Rheinland nach Franken, Bayern, Thüringen, über Savoyen in die Schweiz, noch später nach Polen und in die Sprengel der orthodoxen Christenheit.

Im 13. Jahrhundert war die Legende vollkommen ausgebildet. Den Juden wurde vorgeworfen, sie raubten (oder kauften) Christenkinder, meist Knaben, um an ihnen als Opfer die Passion Christi zu parodieren und ihr Blut für religiöse, rituelle, magische oder andere Zwecke zu gewinnen. Zum atavistischen Kern der Legende gehören die Mythen von Menschenopfern und von Menschenfressern, die weit in die Antike zurückreichen.

Die Ursprünge der Ritualmordlegende liegen aber nicht, wie lange vermutet wurde, im Bereich der von Aberglauben durchsetzten Volksfrömmigkeit des Mittelalters. Die Urheber und Propagandisten des Wahns waren vielmehr Kleriker, also Theologen und Angehörige der höheren Geistlichkeit. Erstaunlich ist die Dichte der Ritualmordbeschuldigungen; sie gehörten zum Repertoire aggressiver Judenfeindschaft und begegnen im Laufe der Zeit wohl allen jüdischen Gemeinden in Europa. Ebenso erstaunlich ist die Dauer der Wirksamkeit dieser antijüdischen Wahnvorstellung, die im 19. Jahrhundert namentlich in Osteuropa eine Renaissance erlebte.

Die Tragödie folgte, bei allen lokalen und regionalen Varianten, stets dem gleichen Szenario. Simon Dubnow gibt in seiner *Weltgeschichte des jüdischen Volkes* ein typisches Beispiel. Er beschreibt die Ereignisse in Troyes im Jahr 1288: «Am Karfreitag, den 26. März, der mit dem vorletzten Tage des jüdischen Passah zusammenfiel, brach der wohl durch die Passionspredigten aufgestachelte christliche Mob in das Haus des reichen und gelehrten Juden Isaak Chatelin ein, in der Absicht, den Tod des Erlösers zu rächen. Wie aus Andeutungen in den anläßlich der Katastrophe verfaßten Elegien zu entnehmen ist, hatten Hetzer in heimtückischer Weise die Leiche eines Christen im Hause des Chatelin versteckt, um sodann die erregte Menge zur Aufdeckung des jüdischen Verbrechens dorthin zu führen. Das Haus wurde bis auf die Mauern ausgeplündert, während sein Eigentümer mitsamt seiner ganzen Familie und noch acht Gemeindemitgliedern verhaftet und der dominikanischen Inquisition überliefert wurde.»[4] Konstitutiv für die Legende ist die Inszenierung des Tatorts wie der Indizien und ebenso die Verquickung religiöser und ökonomischer Motive. Die Vergeltung für den Kreuzestod Christi, wahnhaft immer wieder reinszeniert, geht einher mit der Lust, sich jüdischen Eigentums zu bemächtigen. Topographisch war der «Tatort» stets die jüdische Gemeinde und zu den Attributen der Beschuldigung gehört regelmäßig die Verstrickung jüdischer Eliten.

Zur religiös inspirierten mittelalterlichen Vergeltungsbarbarei kam dann ein weiteres christliches Motiv, nämlich das Bedürfnis nach lokalen Heiligen, nach Märtyrern, die unschuldig wegen ihres Glaubens Qualen erduldet und den Tod erlitten hatten. Dieses Bedürfnis konnte, da die Christen wie in ihrer Frühzeit ja nicht mehr verfolgt wurden, nur durch die fiktiven jüdischen Kindermorde gestillt werden. Der Fall des Simon von Trient, der zur Osterzeit 1475 in der Nähe jüdischer Behausungen tot aufgefunden wurde, war im Verlauf und in seinen Wirkungen exemplarisch. Vorangegangen waren Hetztiraden eines Franziskaners gegen die Juden. Er hatte den Hörern seiner Predigt eine jüdische Untat zu Ostern prophezeit. Von kirchlichen und weltlichen Behörden wurde das Ereignis – der Fund der Kinderleiche – gierig aufgenommen, unter Leitung des Bischofs Johannes Hinderbach wurden Juden als «Täter» angeklagt und exzessiv gefoltert. Eine päpstliche Untersuchungskommission versuchte nach einiger Zeit vergeblich, dem Treiben Einhalt zu gebieten.

Trotz aller Zweifel an einem Ritualmord wurde der Tridentiner Fall berühmt, war Anlass für zahllose Nachfolgeereignisse, und ein Drucker wurde gar in die Stadt Trient geholt, um durch eine Märtyrerlegende die angebliche Geschichte des von

Juden ermordeten Simon zu verbreiten. Der zwei Jahre dauernde Prozess förderte – natürlich – keine Beweise zutage, aber alle erhofften Wirkungen stellten sich ein: Wallfahrer kamen in die Stadt und belebten die Wirtschaft, in der Schedelschen Weltchronik von 1493 ist die Begebenheit mit grausigen Details in Wort und Bild beschrieben. Der Vatikan konnte sich dem Sog des neuen Märtyrerkults schließlich nicht mehr entziehen. 1584 ließ Papst Gregor XIII. den Simon von Trient ins Martyrologium aufnehmen und 1782 erhob ihn die Ritenkongregation zum Zweiten Diözesanpatron von Trient. Er blieb es bis 1965, als Rom die Seligsprechung des angeblichen Ritualmordopfers Simon zurücknahm und seinen Kult aufhob.[5]

So eindeutig die Forschung zu dem Ergebnis kam, dass es nie einen von Juden verübten Ritualmord gegeben und im Detail die Urheber und Propagandisten der einzelnen Legenden mit ihren Motiven vorgeführt hat, vom britischen Kleriker Thomas von Monmouth, der im 12. Jahrhundert die Legende des William zu Norwich stilisierte, bis zur Geschichte des angeblich 1462 von Juden gemordeten Andreas aus Rinn in Tirol, die um 1620 von Hippolyt Guarinoni, Arzt am Damenstift in Hall bei Innsbruck, ersonnen wurde, so zäh halten sich die Mystifikationen. Das Anderl von Rinn, dessen Verehrung eine fanatische Gemeinde von Anhängern gegen offizielles kirchliches Gebot bis zum heutigen Tag betreibt, mit Devotionalien und einer Wallfahrt im Juli jeden Jahres, ist wohl das beste Beispiel für den Triumph des Wahnes über die Vernunft. Noch 1954 war diese Ritualmordlegende Gegenstand eines Volksschauspiels im theaterfreudigen Inntal gewesen. Der damalige Bischof von Innsbruck stellte sich hinter die frommen Darstellungen mit der klassischen Argumentation, die, am Kern der Sache vorbei, in allgemeinen Vermutungen das Motto, irgendetwas Böses müsse auf jeden Fall mit den Juden verbunden sein, in den Mittelpunkt stellt: «Was nun die Ritualmorde, rein historisch gesehen, betrifft, so sind die Historiker hierüber verschiedener Ansicht ... Im Gesamtzusammenhang der Dinge ist auf alle Fälle zu beachten, daß es immerhin die Juden waren, die unseren Herrn Jesus Christus gekreuzigt haben. Weil sie also zur NS-Zeit zu Unrecht verfolgt wurden, können sie sich jetzt nicht plötzlich gerieren, als ob sie in der Geschichte überhaupt nie ein Unrecht getan hätten.»[6]

Das Muster ist geläufig und wird bei allen möglichen Gelegenheiten angewandt, die die Wirkung des Vorurteils demonstrieren. Denn es beantwortet die Korrektur des Irrtums, den Appell an die Vernunft mit vager Vermutung, die in eine Schuldzuweisung an die Juden mündet. So wird der beschuldigten Minderheit keine Chance gelassen.

Die Reaktion des einstigen Tiroler Bischofs (dessen Nachfolger dem Anderl-Kult die kirchliche Duldung entzog) trägt auch zur Erklärung der Langlebigkeit des Phänomens der Ritualmord-Legende bei. Hatten einst Priester, Mönche und Gottesgelehrte, um die Frömmigkeit des Volkes zu fördern, das Gerücht installiert und mit demagogischen und juristischen Mitteln durchgesetzt, so gewannen die schaurigen Mythen von den durch Juden unschuldig ermordeten Kindern Eigenleben und wurden bald Bestandteile volkskultureller Überlieferung, die auch bei denen präsent blieb, deren Glaubenseifer nicht ausgeprägt, deren Frömmigkeit erloschen war. Als Ressentiment mit scheinbar historischem Kern blieben die Geschichten als archaisches Wissen verfügbar und, schlimmer noch, als Keime täglichen Judenhasses fruchtbar, nicht nur wie im katholischen Rheinland oder im katholischen Franken, wo Ritualmord-Gerüchte noch im 19. Jahrhundert mehrfach die Ursache für Ausschreitungen waren.

Auch der Rassenantisemitismus, der sich naturwissenschaftlich aufgeklärt gab und die Traditionen des christlichen Antijudaismus als Argument verschmähte, benutzte, wenn es geboten schien, die Legende. Das berüchtigte Exempel dafür sind die Sondernummern des «Stürmer», in denen der gesamte Fundus christlicher Ritualmordlegenden in den Rassenantisemitismus integriert wurde. Der «Stürmer» nahm die religiöse Überlieferung in Wort und Bild von Simon von Trient bis Andreas von Rinn in Anspruch, um den «Beweis» für den Mythos jüdischer Mordlust an Christen zu erbringen.[7]

Zur Wirkung des Mythos vom Ritualmord im Unbewussten gehört wohl auch die Metapher unschuldig gemordeter Kinder. Seit der Tat des Herodes ist sie Bestandteil der christlichen Glaubenswelt im Kanon des messianischen Erlösungsgedankens. Eine moderne Form der Metapher mit völlig anderem Kontext, gespeist aus der mitleidigen Erregung über das Schicksal zu Tode gekommener unschuldiger Kinder ist die Reduzierung des Nahost-Konfliktes auf die kindlichen palästinensischen Opfer, wie sie exemplarisch ein Mensch pflegt, der es sich zur Gewohnheit gemacht hat, täglich zur immer gleichen Zeit bei der Botschaft des Staates Israel anzurufen, um hasserfüllt zu fragen, wie viele Kinder die israelische Armee an diesem Tag schon ermordet habe.

Das hat mit der Ausstrahlung der vermeintlichen Ritualmord-Opfer als Volksheilige nur wenig zu tun, aber es sind Mystifikationen der Feindschaft, die in einer langen Tradition stehen.

Ein anderer Vorwurf aus christlicher Wurzel bestand seit dem 12. Jahrhundert in der Unterstellung des jüdischen Hostienfrevels, dem die Anschuldigung zugrunde liegt, das Volk der «Gottesmörder» ritualisiere den antichristlichen Affekt durch die Wiederholung der Leiden, die einst Jesus zugefügt wurden, am Leib Christi in Gestalt der geweihten Hostie. Im reziproken Verhältnis zu den Hostienwundern, die sich nach vielfältiger Überlieferung ereigneten – die von Juden mit Messern, Dornen, Nägeln gemarterten Hostien sollen zu bluten begonnen haben, oder wunderbare Erscheinungen hätten sich gezeigt –, wurden die Juden dämonisiert als Anhänger des Satans, als Verkörperungen des Antichrist. Bei der bis in die Neuzeit wirkenden negativen Typisierung waren die Juden den Ketzern, Hexen, später den Freimaurern und Jakobinern als Feinde des Christentums gleichgestellt. Die Hostienfrevellegenden zeitigten einerseits Wallfahrten (wie in Niederbayern die «Deggendorfer Gnad», die bis 1992 begangen wurde) und eine reiche Erbauungsliteratur, die das religiös motivierte feindselige Judenbild tradierte, andererseits waren sie immer wieder Anlass zu Massakern an Juden.

Eine angebliche Hostienschändung löste am 20. April 1298 in Röttingen im hohenlohischen mittleren Taubertal die blutige Verfolgung von Juden aus, die sich in den folgenden Wochen und Monaten in ganz Franken und darüber hinaus ausbreitete. Nach dem Anführer der «Judenschläger», einem Metzger namens Rintfleisch, erhielt der Aufruhr seinen Namen. Der Heerhaufen des «Königs Rintfleisch» rekrutierte sich aus Bauern und Angehörigen der städtischen Unterschichten. Ein Kruzifix aus der Röttinger Pfarrkirche wurde vorangetragen, der niedere Klerus schürte den Hass auf die Juden, die nur in Ausnahmefällen, wie in Regensburg und Augsburg, Hilfe durch die weltliche Obrigkeit oder christliche Bürger fanden. In Würzburg, Rothenburg, Nürnberg und vielen anderen fränkischen Städten verloren im Frühjahr 1298 etwa 5000 Juden das Leben als Folge von christlichem Hass. Agierte Mordlust und Raubgier als gottgefälliges Tun dauerten im 14. Jahrhundert an. Dem «Rintfleischaufruhr» folgte die «Armlederbewegung», die ihren Namen von einem gebräuchlichen Armschutz ableitete oder auch von ihrem Anführer, dem namenlosen «König Armleder». Drei Jahre lang, ab 1336, wüteten wieder im fränkischen Raum, dann ausgreifend auf ganz Südwestdeutschland, ins Rheinland, in das Elsaß, nach Österreich, Bayern, Böhmen und Mähren, bewaffnete Horden. Sie ermordeten 6000 Juden.[8]

Den klerikalen Judenbildern folgten nicht weniger gefährliche säkularisierte Zuschreibungen von Übeln an die Juden als deren Verursacher. Die Pestepidemie in Europa Mitte des 14. Jahrhunderts bot Anlass zu der Spekulation, die Juden hätten die Brunnen vergiftet. Die jüdische Minderheit war dabei an die Stelle anderer Stigmatisierter getreten, denen bei früheren Katastrophen die Schuld zugemessen wurde, etwa den Aussätzigen (so in Südfrankreich 1321) oder Muslimen als Ungläubigen. Auch aus ökonomischen Gründen (der Beseitigung von Gläubigern) wurde die Pest zum Verfolgungsgrund, obwohl Papst Clemens VI. in einer Bulle die Beschuldigung der Juden zurückwies. Erstmals auf einen weltlichen Vorwurf hin kam es 1358–1360 zu mehreren Pogromen, bei denen die meisten jüdischen Gemeinden zerstört wurden.

Bei der nun folgenden Marginalisierung der Juden durch weltliche Obrigkeiten, durch Städte und Fürsten als den Territorialherren in Mitteleuropa, hatte die Kirche Schrittmacherdienste geleistet: Das Laterankonzil 1215 hatte die Segregation von Juden und Christen beschlossen. Die «Ungläubigen» sollten durch eine eigene Tracht erkennbar sein (gelber Fleck, Judenhut) und von den Christen abgesondert leben. Das war der

Beginn der Ghettoisierung in den Städten und der Regelung der beschränkten Teilnahme der Juden am öffentlichen Leben durch eine Unzahl von diskriminierenden Vorschriften.

Lion Feuchtwanger hat in seinem Roman «Jud Süß» die Situation der Juden im deutschen Raum im späten Mittelalter eindringlich beschrieben: «Im vierzehnten Jahrhundert waren sie hier in mehr als dreihundertfünfzig Gemeinden erschlagen, ertränkt, verbrannt, gerädert, erdrosselt, lebendig begraben worden. Die Überlebenden waren zumeist nach Polen ausgewandert. Seitdem saßen sie spärlich im Römischen Reich. Auf sechshundert Deutsche kam *ein* Jude. Unter raffinierten Plackereien des Volkes und der Behörden lebten sie eng, kümmerlich, dunkel, hingegeben jeder Willkür. Untersagt war ihnen Handwerk und freier Beruf, die Vorschriften der Ämter drängten sie in verwickelten und verwinkelten Schacher und Wucher. Beschränkten sie im Einkauf der Lebensmittel, ließen sie den Bart nicht scheren, steckten sie in eine lächerliche, erniedrigende Tracht. Pferchten sie in engen Raum, verrammelten die Tore ihres Ghettos, sperrten sie zu, Abend um Abend, bewachten Ein- und Ausgang. Dicht zusammengepreßt saßen sie; sie mehrten sich, aber man gönnte ihnen nicht weiteren Raum.»[9]

Im 13. Jahrhundert wandelte sich das Kreditsystem. Die christlichen Zinsrestriktionen wurden gelockert, dadurch wurden Juden im Geldgeschäft zu Konkurrenten, bei denen gegen hohen Zins nur noch borgte, wer sonst nirgendwo Kredit bekam. Als antijüdische Stereotype verfestigte sich nun das Bild des jüdischen Wucherers, und die jüdischen Minderheiten in den Städten waren insgesamt, ihrer bisherigen ökonomischen Funktion weithin ledig, auch sozial dämonisiert und standen wie andere Randgruppen der Gesellschaft unter ständigem Verfolgungsdruck. Dem Beispiel der Territorialherren in Westeuropa (England 1290, Frankreich 1306, Spanien 1492) folgend, wurden Juden seit der Mitte des 14. Jahrhunderts mit unterschiedlichen Begründungen aus den Städten vertrieben, und zwar meist auf Betreiben der Bürger. Religiöse, soziale und wirtschaftliche Gründe bildeten ein Geflecht von Animositäten gegen die Juden, die mit Ausnahme von Prag und Frankfurt am Main am Ende des Mittelalters aus den Städten Mitteleuropas verschwunden waren. Sie lebten, soweit sie nicht nach Osten abgewandert waren, als Dorfjuden kümmerlich von Kleinhandel mit Altwaren oder als Hausierer.

Mit den aus christlicher Wurzel stammenden tradierten Feindbildstereotypen von Wucherern, Christenfeinden, Brunnenvergiftern, Ritualmördern und mit den in Christenaugen rätselhaften und suspekten religiösen Bräuchen und vermeintlich daraus abgeleiteten Eigenschaften (Geiz, Rachedurst, Raffgier, Hochmut, Feigheit, Arglist, Lügenhaftigkeit usw.) waren die Juden als Angehörige einer randständigen Minderheit ohne eigene Schuld stigmatisiert, ähnlich wie Ketzer, Magier, Hexen. Sie erschienen als Gegenstand von Argwohn und Abscheu, aber schließlich auch als Objekte missionarischen Strebens. Wenn sie – was die Regel war – den Lockungen der christlichen Taufe widerstanden, wurden sie umso ärger Opfer christlicher Wut, wie das Beispiel Martin Luthers zeigt. Dessen bösartige antijüdische Predigten, etwa seine Schrift von 1543 «Von den Juden und ihren Lügen», spiegeln enttäuschten Bekehrungseifer. An die Stelle der mittelalterlichen Zwangstaufen (die nach kanonischem Recht unzulässig und von der Amtskirche unerwünscht waren) trat in der frühen Neuzeit die Judenmission mit den in Luthers Reaktion sichtbaren und weitreichend wirkenden verheerenden Folgen beim Misslingen der frommen Absicht.

Der Reformator versammelte in seinem Traktat «Von den Juden und ihren Lügen» (1543) alle Anschuldigungen der Zeit gegen die Minderheit, die sich zu Stereotypen festigten und das Weltbild vieler Generationen prägten: den Vorwurf des Brunnenvergiftens, des Kinderstehlens, des Blutfrevels aus Feindschaft gegen die Christenheit. «Ich hab viel Historien gelesen und gehort von den Jüden, so mit diesem urteil Christi stimmen. Nemlich, wie sie die Brunnen vergifftet, heimlich gemordet, Kinder gestolen, wie droben gemeldet. Item, das ein Jüde dem andern uber feld einen Topff vol bluts, auch durch einen Christen, zugeschickt, Item, ein Fass wein, da das ausgetruncken, ein todter Jüde im Fasse gefunden, Und der gleichen viel. Und das Kinder stelen hat sie offt (wie droben gesagt) verbrennet und verricht. Ich weis wol, das sie solches und alles leugnen. Es stimmet aber alles mit dem urteil Christi, das sie gifftige, bittere, rachgirige, hemische Schlangen, meuchel mörder und Teufels Kinder sind, die heimlich stechen und schaden thun, weil sie es öffentlich nicht vermögen. Darumb ich gerne wolte, sie weren, da keine Christen sind. Der Türcke und ander Heiden leiden solchs nicht von jenen, das wir Christen von den gifftigen Schlangen und jungen Teufeln leiden, Sie thuns auch niemand, denn uns Christen. Das ists, das ich droben gesagt habe, das ein Christ, nehest dem Teufel keinen gifftigern, bittern feind habe, denn einen Jüden, So wir doch niemand so viel guts thun, noch so viel von jemand leiden, als eben von solchen bösen Teufels Kindern und Schlangen gezichte.»[10]

Luthers Judenhass war kein Sonderfall. Das Pamphlet des Reformators war die zweifellos berüchtigtste Schrift ihrer Art, sie war von langer Wirkung, über den Nationalsozialismus hinaus. Das katholische Pendant ist zwei Jahre älter und hat Luther sicherlich beeinflusst, der aber begreiflicherweise das Vorbild nicht nannte. Es handelt sich um die 1541 erschienene Schrift des Ingolstädter Theologieprofessors Johannes Eck mit dem ausschweifenden Titel «Ains Judenbüechleins verlegung darin ain Christ ganzer Christenheit zu schmach will es geschehe den Juden unrecht in bezichtigung der Christen kinder mordt. Hierin findst auch vil histori was übels und büeberey die Juden in allen teütschen land und andern künigreichen gestift haben». Der katholische Gelehrte reagierte damit auf eine anonyme, wohl von Andreas Osiander, dem in Nürnberg und Königsberg wirkenden lutherischen Theologen stammende Schrift, in der die Juden gegen die Ritualmordlegende verteidigt wurden.

Johannes Eck trug zusammen, was an angeblich dokumentierten Fällen von jüdischem Hostienfrevel, von Giftanschlägen und Ritualmorden bekannt war, bot es wortgewaltig dar, beschuldigte die vermeintlichen Urheber mit theologischen Argumenten und erklärte die Freveltaten aus jüdisch-religiöser Tradition. Damit nicht genug, polemisierte Eck mit zeitgenössischen ökonomischen und sozialen Vorwürfen unter dem Stichwort «Wucher» und schrieb das Menetekel der jüdischen Weltherrschaft an die Wand. Der Ingolstädter Gegenreformator war damit einer der Ahnherren der Parole von der «jüdischen Weltverschwörung». Ecks umständlicher Traktat gehört

mit seiner drastischen Sprache zum Extremsten, was in der
Zeit der Glaubensspaltung und des Humanismus an judenfeindlichen Äußerungen gedruckt wurde. Die Schrift bildete im
Traditionsstrang des christlichen Ressentiments einen Beitrag
zum Nährboden des «modernen Antisemitismus», der rassistisch argumentiert.

Ecks wortgewaltiges Pamphlet[11] blieb (obwohl es allenfalls
eine zweite Auflage erlebte und von den Zeitgenossen wenig
beachtet wurde) so wirkungsmächtig über die Jahrhunderte,
dass sich noch der «Stürmer», das Blatt Julius Streichers, damit
munitionierte. In der «Ritualmord-Nummer» von 1934 dient
Dr. Eck als einer der Experten, aus dessen Buch Episoden
(«Der Foltertod des Knaben von Langendentzlingen» – «Das
Geständnis des Juden Emanuel von Genua») nacherzählt werden. Christliche Überlieferung war hier unmittelbar in den
Dienst nationalsozialistischer rassenantisemitischer Agitation
genommen.[12]

Im Mittelalter war die Rechtsstellung der Juden als *servi ca-
merae regis* (königliche Kammerknechte) definiert – urkund-
lich ist dies 1179 erstmals belegt –, das heißt, die Juden waren
abgabenpflichtig und genossen dafür ein Minimum an Schutz
vor Verfolgungen. Mit der Ausbildung der Landesherrschaft
ging das Judenregal auf die Territorialfürsten über. In der Neuzeit waren dann diejenigen Juden, die für den Landesherrn von
Interesse waren, als «Schutzjuden» privilegiert; das heißt, gegen beträchtliche Zahlungen bekamen Kapitalkräftige die Er-
laubnis, sich anzusiedeln und vielfach traten jüdische Entrepre-
neure in der Zeit des Absolutismus in fürstliche Dienste, um
als Hoffaktoren kostspielige Unternehmungen des Fürsten zu
finanzieren, wie der Berliner Münzmeister Lippold, der vom
Brandenburgischen Kurfürsten Joachim II. 1540 eingestellt
worden war. Insgesamt hatte Joachim 42 000 Taler von Juden
als Ansiedlungsgebühren kassiert, die Jahressteuern noch nicht
gerechnet. Nach Joachims Tod 1571 wurde der Hoffaktor Lippold der Veruntreuung von Geldern bezichtigt und beschul-
digt, er habe auch den Kurfürsten vergiftet und dessen Geliebte
verführt – unhaltbare Vorwürfe, die nach einem Gerichtsverfahren jedoch mit der Hinrichtung Lippolds endeten. Nach
Ausschreitungen gegen die Berliner Juden und Plünderungen

wurden sie wieder des Landes verwiesen, dazu mussten sie noch Abzugsgelder als Kontribution bezahlen.

Der literarisch berühmteste Fall eines Hoffaktors (und zugleich die Willkür, der die Juden unterworfen waren, eindringlich illustrierend) ist die Geschichte des Joseph Oppenheimer, der als «Jud Süß» in Diensten des württembergischen Herzogs Karl Alexander stand, die Finanzen des Landes verwaltete und nach dem Tod seines Auftraggebers 1738 öffentlich hingerichtet wurde. Er war zum Sündenbock erklärt worden, als schuldig an der Zerrüttung der Staatsfinanzen – die durch den verschwenderischen Lebensstil des Landesherrn verursacht waren – und dem Verfall landständischer Rechte unter Herzog Karl Alexander.[13]

Die Emanzipation der Juden, also ihre Befreiung aus den sozialen und rechtlichen Einschränkungen, war in Deutschland und Österreich kein revolutionärer Akt wie in Frankreich 1791, sondern Ergebnis einer langwierigen Debatte, die sich vom Beginn des 19. Jahrhunderts bis Ende der 60er-Jahre hinzog.[14] Als Gegenbewegung zur rechtlichen Gleichstellung der Juden kam es 1819 zu pogromartigen Ausschreitungen wie im Mittelalter. Beginnend in Würzburg breiteten sich die «Hep-Hep-Verfolgungen» über ganz Deutschland bis nach Dänemark aus. Gefördert durch soziale Krisen, aber eindeutig als Abwehr des Integrationsanspruchs durch die Mehrheitsgesellschaft zu verstehen, fanden an vielen Orten aggressive Auseinandersetzungen mit der jüdischen Minderheit statt. Judenfeindschaft war wohl auch, wie häufig bei älteren Konflikten zwischen der Mehrheit und der Minderheit, eine Form von sozialem Protest, bei dem Aggressionen verschoben und gegen Juden gerichtet wurden, aber die Stoßrichtung der Aggression ging um den Status und das Recht der Juden.

Die Hep-Hep-Krawalle, die ihren Namen vom Hetzgeschrei der Verfolger haben,[15] sind lange Zeit von den Historikern vor allem als Form des sozialen Protestes, als Auflehnung sich ökonomisch bedrängt fühlender Handwerker und Bauern gegen die Veränderungen von Produktions- und Lebensverhältnissen dargestellt worden. Die Krawalle waren aber in erster Linie Manifestationen genuiner Judenfeindschaft. Das geht auch aus der zeitgenössischen Presseberichterstattung hervor. Im Frankfurter Journal war am 7. August 1819 zu lesen: «Wir haben zwei schreckenvolle Tage erlebt: Schon lange herrschte hier eine dumpfe Unzufriedenheit über die bedeutende Vermehrung der hiesigen Juden, von welchen in der Vorzeit gar keine hier geduldet waren, die endlich, wie der Ausbruch eines Vulkans in eine volle Empörung gegen dieselben ausbrach. Grosse Volksmassen stürmten am 3. die Häuser der hiesigen Juden; rissen unter wildem Geschrei ihre Aushängeschilder herunter, zertrümmerten solche, warfen Thüren, Fenster und Läden ein, und da sich mehrere der Juden zur Wehre setzten, so wurden sie durch Prügel sehr misshandelt. ... Diese Schreckensscene erneuerte sich gestern aufs neue und was von Wohnungen, Läden und Schildern übrig blieb, wurde heute zertrümmert. Nun flüchteten die Juden in Schaaren zur Stadt hinaus, was einen erschütternden Anblick gewährte, indem man sich von dem Heulen und Wehklagen derselben, auf ihrer Flucht, kaum einen Begriff machen kann. Das ausgerückte Militair stellte endlich die Ruhe wieder her; jedoch büssten auch von diesem Einige ihr Leben ein. Noch heute sieht man keinen Juden in hiesiger Stadt. Wenn solche Vorfallenheiten das Herz jedes Menschenfreundes mit Schmerz erfüllt, so ist es auf der anderen Seite leider nur zu wahr, dass die Juden in Deutschland in jeder Hinsicht besser daran sind, als die Christen: Sie arbeiten nicht, und wollen nicht arbeiten, bemächtigen sich alles Handels, und da sie sich über jede Beschimpfung und Erniedrigung hinaussetzen, so gelingt es ihnen durchaus, ihre Waaren zu Spottpreisen an den Mann zu bringen, während der ehrliebende christliche Kaufmann oft nahrungslos in seinem Gewölbe sitzt ... Der christliche Handwerker, der kümmerlich im Schweiss seines Angesichts sein nothdürftiges Brod erwirbt, muss mit grossen Kosten seine Knaben bis zu Konfirmation erziehen, dann erst muß er sie zu irgend einem Geschäfte auf 3 auch 4 – bei der Handlung auf 6 – Jahre, zur Lehre geben, und sie während dieser Zeit auf seine Kosten unterhalten. Ist diese beendigt dann müssen solche die Wanderjahre und nach ihrer Zurückkunft die Muthjahre aushalten; dann erst können sie zum Meister werden – und das öfters mit schweren Kosten – gelangen. Ganz anders verhält es sich mit den Juden: im 15. und 14. Jahre nimmt schon der Wechsler seine Söhne mit sich auf den Handel, unterrichtet sie, und von diesem Zeitpunkt an, müssen sie auf die leichteste Art von der Welt, sich schon ernähren; so dass wenn der christliche Handwerker nach vielen Mühseligkeiten erst im 30. Jahre zur Selbstständigkeit gelangen kann, der Jude sich bis dahin öfters schon grosse Summen erworben hat. Solche Sachen müssen endlich dem christlichen Volke die Augen öffnen! Das sind Wahrheiten, die nicht zu widerlegen sind. Man spricht immer von moralischen Verbesserungen der Juden und schreibt grosse Abhandlungen darüber. Ich sage aber mit wenigen Worten: die Juden, als Juden, sind nicht zu bessern; bei ihren Religionsgrundsätzen, werden sie, trotz der Aufklärung, die sich hin und wieder unter ihnen verbreitet, dennoch bleiben, was sie bisher waren und sind. Nur Ein Mittel haben christliche Regierungen zu ergreifen, die Juden für kommende Geschlechter nützlicher zu machen; das nämlich: ihnen den Uebertritt zu den christlichen Religionen so viel wie möglich zu erleichtern, ja ihn bei Betreibung jeder Art bürgerlichen Gewerbes zur unerlässlichen Bedingung zu machen.»[16]

Die Tradition christlich motivierter Abneigung gegen Juden bildete einerseits den Wurzelgrund für den «modernen Antisemitismus» des 19. Jahrhunderts, der sich als Rassenlehre mit seiner behaupteten wissenschaftlichen Beweisbarkeit brüstete. Aber der religiöse Antijudaismus lebt als eigene Unterströmung weiter und hat als Welterklärungsmodell Unaufgeklärter auch im 21. Jahrhundert Wirkungen als allgemeiner Vorbehalt wie im Gottesmordvorwurf bis hin zu der obskuren Ritualmordlegende. Das Erbe christlicher Judenfeindschaft besteht aber vor allem anderen im Ressentiment, das nicht artikuliert, jedoch als eine Art «unbewusster Gewissheit» über Generationen tradiert wird.

Antisemitismus als rassistischer Vorbehalt. Das gesellschaftliche Ressentiment

Die Konstruktion der «Judenfrage»

Zwang- und wahnhafte Vorstellungen über Juden gab es immer. Aus dem religiösen Bereich wurden sie ins soziale Leben übertragen und bekamen ein Eigenleben. Im 19. Jahrhundert wurden Gerüchte und Verdächtigungen planmäßig als «Beweise» konstruiert und in Umlauf gesetzt. Die Geburt des «modernen Antisemitismus» vollzog sich vor allem in Deutschland. Der Höhepunkt judenfeindlicher Ideologieproduktion, die zugleich als heftiger Widerstand gegen die Modernisierung von Staat und Gesellschaft zu verstehen ist und «die Juden» als Inkarnation alles Bedrohlichen und zur Erklärung aller Weltübel instrumentalisierte, lag im letzten Drittel des 19. Jahrhunderts. Die Wirkung erfolgte später. Mit den akademisch oder pöbelhaft, demagogisch oder wissenschaftlich auftretenden Schmähschriften der Inkubationszeit der neuen, rassistisch argumentierenden Judenfeindschaft war der Grund gelegt für die Agitation der Antisemiten nach dem Ersten Weltkrieg, die nach dem Aufstieg der NSDAP im Völkermord endete.

Die «Judenfrage» war seit der Mitte des 19. Jahrhunderts ein feststehender Begriff, der (ursprünglich nur als sozialer Terminus gebraucht) zur Chiffre wurde, die einerseits politisches, kulturelles, ökonomisches Unbehagen zusammenfasste und andererseits Existenz- und Überfremdungsängste artikulierte. Durch die neue Lehre vom Rassenantisemitismus wurde der «Judenfrage» eine Richtung gewiesen.[1] Erst einmal zum Gegenstand öffentlicher Erörterung gemacht, drängte die «Judenfrage» nach einer «Lösung». Das scheinbare Problem basierte auf der Überzeugung von der konstitutionellen Andersartigkeit der Juden als Rasse.

Das unterschied die Feindschaft gegen Juden ab Mitte des

19. Jahrhunderts von den älteren Ressentiments gegen die Minderheit, dem religiös motivierten Antijudaismus, dessen Ziel die Bekehrung, die Taufe, die «sittliche Verbesserung» der Juden gewesen war. Alle älteren Judenverfolgungen im christlichen Europa waren religiös begründet und endeten oft mit der Bereitschaft der Juden, Christen zu werden. Natürlich waren seit dem Mittelalter bei der Abneigung gegen die Juden auch immer andere Gründe mit im Spiel, wenn Juden das Ziel von Pogromen, Vertreibungen, Plünderung, Beraubung waren, und zwar Sozialneid und wirtschaftliche Faktoren, die in traditionellen Stereotypen Ausdruck fanden wie dem aus der Geldleihe gegen Zinsen resultierenden Vorwurf des Wuchers.

In der Zeit der Aufklärung wurde mit der von Gotthold Ephraim Lessing und Moses Mendelssohn propagierten Idee der Toleranz gegenüber Juden der Weg zur Emanzipation bereitet, die als «bürgerliche Verbesserung der Juden» gedacht war. Der Schriftsteller und Beamte in preußischen Diensten Christian Conrad Wilhelm von Dohm fasste 1781 das Programm der aufklärerischen Judenemanzipation zur Überwindung der jahrhundertelangen Ausgrenzung durch Gesetze und Regeln in die Worte: «Diese der Menschlichkeit und der Politik gleich widersprechenden Grundsätze, welche das Gepräge der finstern Jahrhunderte, in denen sie entstanden, noch so merklich bezeichnet, sind der Aufklärung unsrer Zeiten unwürdig, und verdienen schon längst nicht mehr befolgt zu werden.»[2]

Die Emanzipation der Juden, also ihre Befreiung aus den sozialen und rechtlichen Schranken, war in Deutschland und Österreich kein revolutionärer Akt wie 1791 in Frankreich, sondern Ergebnis einer langwierigen Debatte, die sich vom Beginn des 19. Jahrhunderts bis Ende der 1860er-Jahre hinzog. Als Bewegung gegen die rechtliche Gleichstellung der Juden und gefördert von gesellschaftlichen Krisen, kam es 1819 zu pogromartigen Ausschreitungen.[3] Die «Hep-Hep-Verfolgungen» begannen in Würzburg und strahlten über ganz Deutschland bis nach Dänemark aus. Sie zeigten zugleich, dass Judenfeindschaft eine Form von sozialem Protest war, bei dem Aggressionen verschoben und gegen Juden gerichtet wurden.

Ein neues Moment unterschied jetzt die alte, religiös motivierte Judenfeindschaft vom rassisch begründeten Judenhass:

Der religiöse Vorbehalt war mit der Taufe beendet gewesen, der «rassisch» begründete Makel war jedoch nicht kurierbar. «Lösung» der «Judenfrage» im neuen Sinne bedeutete deshalb nur noch Vertreibung oder Vernichtung. Der Nationalsozialismus hat folgerichtig Jahrzehnte später daraus die «Endlösung» gemacht.

Im 19. Jahrhundert war zu den traditionellen Motiven der Judenfeindschaft ein weiterer Anlass gekommen: Die Forderung nach Emanzipation. Als bürgerliche Gleichberechtigung, unter dem Druck der Französischen Revolution propagiert, war sie 1870/71 in Deutschland erreicht. Die Forderung nach Rücknahme der Gleichstellung der Juden folgte, von vielen Interessenten vorgetragen, freilich unmittelbar der spät errungenen Emanzipation der Minderheit.[4]

Die Ideologie des Rassenantisemitismus

Judenfeindschaft erhielt im 19. Jahrhundert also eine neue Dimension in Gestalt des rassistisch und sozialdarwinistisch argumentierenden «modernen Antisemitismus», der sich als Resultat angeblicher wissenschaftlicher Erkenntnis produzierte. Zu den Vätern gehörten Joseph Arthur Graf Gobineau mit seinem voluminösen Essay «Die Ungleichheit der Menschenrassen» (erschienen 1853 und 1855 in vier Bänden), der zwar nicht ausdrücklich gegen die Juden gerichtet war, aber instrumentalisiert wurde als Eckpfeiler einer Rassentheorie, die den modernen Antisemitismus scheinbar wissenschaftlich unterfütterte.

Gobineau, Diplomat, erzkonservativ, Dilettant in Wissenschaft und Künsten, befreundet mit Richard Wagner, war in seiner Heimat wenig geschätzt. Sein Werk über die Rassen machte nur in Deutschland Furore. Gobineaus Geschichtsphilosophie mit der Theorie über starke und schwache Rassen, über den Wert des Authentischen und das Problem der Dekadenz, über den Einfluss von Rassenmischungen und die Verachtung des Mittelmäßigen hat indirekt, nicht zuletzt über Houston Stewart Chamberlain und den Bayreuther Kreis um Richard Wagner, befruchtend auf eine Rassenlehre gewirkt, deren Tendenz zur Glorifizierung des Herrenmenschentums unübersehbar war.

Die Übereinstimmung der antisemitischen Theoretiker bestand darin, dass jede «Rasseneigenschaft» der Juden negativ definiert war. Den Unterschied zur älteren Judenfeindschaft bildete die Überzeugung, dass Rasseneigenschaften anders als religiöse Bekenntnisse unveränderbar waren. Die Taufe konnte nach Überzeugung der Antisemiten den Makel des Judeseins nicht mehr aufheben. In der Diskussion über die «Judenfrage» spielte die Metaphorik, die die Juden als Schmarotzer und Parasiten im «Gastland» gegenüber dem «Wirtsvolk» definierte, zunehmend eine Rolle, ungeachtet der Tatsache, dass die antiemanzipatorische Judenfeindschaft auch und vor allem eine Bewegung gegen die Modernisierung der Gesellschaft und gegen den politischen Liberalismus war. Der «Übergang vom religiösen Haß zur rassischen Ablehnung» war indessen nicht abrupt, die Traditionen des religiösen Antijudaismus blieben wirkungsmächtig und verstärkten die neuen pseudo-rationalen Argumente des Rassenantisemitismus.

Zur Überzeugung, es gebe minderwertige und höherwertige Rassen, es existiere eine ethnische Hierarchie der Menschheit, gekrönt vom modernen germanischen Helden, gehörte die Vorstellung des Kampfes Minderwertiger gegen Höherwertige. Sozialdarwinismus wurde ein wichtiges Schlagwort im ausgehenden 19. Jahrhundert.[5] Dahinter verbarg sich die Übertragung der von Charles Darwin beobachteten Entwicklungsgesetze des tierischen und pflanzlichen Lebens auf die menschliche Gesellschaft. Als gesellschaftliche Evolutionstheorie beeinflusste der Sozialdarwinismus das Denken in Kategorien der Auslese und Anpassung und trassierte die Wege zur Gewissheit von der Überlegenheit der Herrenrasse. In den Kolonien wurde das Dominanzgefühl gegenüber Eingeborenen, die man als Angehörige niederer Rasse versklavte und verachtete, auch gelebt. Als «Recht des Stärkeren» wurde ein politisches Postulat daraus, das fester Bestandteil rechtsextremer rassistischer Ideologie bis zum heutigen Tag ist.

In Deutschland wurden die Mode gewordenen Rassetheorien fast ausschließlich als Auseinandersetzung mit der jüdischen Minderheit begriffen und agiert. Dabei spielten soziale und wirtschaftliche Motive eine beträchtliche Rolle. «Überfremdung» und «Verjudung» sind die Stichworte der Auseinandersetzung in diesem Zusammenhang. Intellektueller Höhepunkt der Auseinandersetzung war der Berliner Antisemitismusstreit,[6] ausgelöst durch einen Artikel Heinrich von Treitschkes in den «Preußischen Jahrbüchern» im November 1879. Der angesehene Historiker hatte sich gegen die von ihm befürchtete Masseneinwanderung osteuropäischer Juden ausgesprochen; den deutschen Juden warf er mangelnden Assimilationswillen vor. Obwohl er nicht für die Rücknahme der Emanzipation plädierte, war Treitschke in der Argumentation und durch die Verwendung ausgrenzender judenfeindlicher Stereotype (er gebrauchte einmal den Ausdruck «deutschredende Orientalen») ins Lager der Antisemiten geraten.

Der angesehene Historiker hatte mit seinem Aufsatz nicht nur eine heftige kulturpolitische Debatte erregt, er prägte darin auch das Schlagwort, das noch Jahrzehnte nach seinem Tod Judenfeindschaft in eine Formel brachte: «Bis in die Kreise der höchsten Bildung hinauf, unter Männern, die jeden Gedanken kirchlicher Unduldsamkeit oder nationalen Hochmuths mit Abscheu von sich weisen würden, ertönt es heute wie aus einem Munde: die Juden sind unser Unglück!»[7] Auch angesichts der Wirkung, die Treitschkes kulturpessimistische Ausführungen hatten, ist die Diskussion, ob er selbst ein Antisemit war, ziemlich müßig, denn er machte zumindest die grassierende antisemitische Agitation, wie sie von drittrangigen Publizisten und eifernden Kleingeistern entfacht worden war, gesellschafts- und diskussionsfähig.

Im Zuge der Debatte verhärteten sich naturgemäß die Fronten um Treitschke, der für sich in Anspruch nahm, ursprünglich nur die restlose Assimilation der Juden gefordert zu haben. Der Historiker konstatierte am Ende des Streits, «daß das Judentum in Deutschland sein Stammesbewußtsein so herausfordernd zur Schau trägt wie in keinem anderen großen Staate», und er kam zu dem Schluss, der für Judenfeinde allezeit am nächstliegenden ist, dass nämlich die Juden an den Ressentiments gegen die Minderheit die eigentliche Schuld trügen: «Es liegt allein in den Händen der bürgerlichen Gesellschaft, und namentlich der Juden selbst; die vorhandene, nicht mehr abzuleugnende Verstimmung allmählich zu beseitigen. Die Erlebnisse der jüngsten Monate berechtigen aber leider keineswegs zu der Vermuthung, daß die deutschen Juden bereit seien, sich mit ihren christlichen Mitbürgern ehrlich zu versöhnen. Viele von ihnen haben jedes noch so maßvolle, mahnende Wort, das ihnen zugerufen ward, mit wüthenden Schmähreden beantwortet; sie haben das Judenthum der ausländischen Presse gegen ihre deutschen Landleute in's Feld gerufen; sie haben offenbaren Terrorismus geübt – denn wie anders sollen wir es nennen, wenn man versuchte, einen ehrenwerthen Breslauer Gymnasiallehrer seines Amtes zu entsetzen, lediglich weil er eine den Juden unbequeme, aber durchaus gesetzliche Petition unterschrieben hatte?»[8]

Ein Topos der Judenfeindschaft, nämlich die Überzeugung, die Juden seien durch ihr Verhalten, durch ihre Art die Ursache der Ressentiments der Mehrheitsgesellschaft, durchzieht Treitschkes Argumentation. Die Schuld der Juden am antisemitischen Diskurs ist auch nach dem Holocaust noch ein Versatzstück bei der Begründung der Abneigung gegen Juden. Jürgen Möllemann hat das im Jahre 2002 vorgeführt und zahlreiche Teilnehmer an der sich anschließenden Debatte haben in Leserbriefen und auf andere Weise dokumentiert, dass die Schuldzuweisung funktioniert und sie haben die Einsicht ignoriert, dass Judenfeindschaft in der Mehrheitsgesellschaft nach den Mechanismen der Ausgrenzung von Minderheiten ohne Zutun der Minderheit entsteht und wirkt.

Julius Streicher, der 1923 das Hetzblatt «Der Stürmer» gründete und damit dem denunziatorischen Radau-Antisemitismus ein neues Forum gab, berief sich gerne auf den Professor Heinrich von Treitschke und schmückte allwöchentlich sein Blatt mit der Fußleiste «Die Juden sind unser Unglück».

Die Pressekampagnen in der konservativen Kreuzzeitung, aber auch in katholischen Blättern – gemeinsamer Feind war der politische Liberalismus –, vertieften seit 1874/75, zur Zeit des Gründerkrachs, die judenfeindlichen Ressentiments. Im Februar 1879 war Wilhelm Marrs politisches Pamphlet «Der Sieg des Judenthums über das Germanenthum» erschienen, im Herbst 1879 wurde es schon in der 12. Auflage verkauft. Die Rezeption antisemitischer Literatur stand im Zenit.

Mit der Metapher der goldenen Ratten und roten Mäuse verunglimpfte Marr in einem Pamphlet die Arbeiterbewegung im gleichen Atemzug wie die Juden. Sein Fazit: «Von zwei Seiten wird also die Zerstörung der Gesellschaft betrieben: von Seiten der goldenen und rothen Internationale. Dort vom Standpunkt des krassesten Individualismus aus, hier vom mehr oder weniger bewußten kommunistischen Standpunkt. Das Judenthum hat die Führerschaft der goldenen Internationale übernommen und zwar mit solcher Virtuosität, daß auch der nicht jüdische Großkapitalismus von Jahr zu Jahr mehr vom jüdischen aufgesogen wird. Die ‹liberale› Gesetzgebung hat uns dem Kapitalismus gegenüber nahezu wehrlos gemacht und die Gesellschaft bietet das Bild dar, wo die großen Fische die kleinen fressen und alle ‹Justiz› den kleinen Fischen nicht helfen kann! Einen Stillstand gibt es nicht. Ein Volk von gebornen Kaufleuten unter uns, die Juden, hat eine Aristokratie, die des Geldes, geschaffen, welche alles zermalmt von oben her, aber, zugleich auch eine kaufmännische Pöbelherrschaft, welche durch Schacher und Wucher von unten herauf die Gesellschaft zerfrißt und zersetzt. Zwischen der semitischen Oligarchie und der dito Ochlokratie wird die Gesellschaft zerrieben wie Korn zwischen zwei Mühlsteinen.»[9]

Die Verbindung von «Kommunismus» und Judentum erwies sich als ebenso langlebig wie die Ratten-Assoziation. Man findet beides im nationalsozialistischen Vokabular, und die Ungeziefer-Metaphorik schließlich aufs äußerste strapaziert in dem antisemitischen Propagandafilm «Der ewige Jude», der im November 1940 Premiere hatte. Mit Stereotypen und infamen Bildern stimmte die nationalsozialistische Inszenierung antisemitischer Vorurteile das Publikum auf die mörderische «Endlösung» der «Judenfrage» ein.

Den Weg bereitet hatten Autoren wie Otto Glagau (1834–1892), der im weit verbreiteten auflagenstarken Wochenblatt «Die Gartenlaube» die Juden als Verursacher der Wirtschaftskrise des Gründerkrachs von 1873 denunzierte («90 % der Gründer und Makler sind Juden» behauptete er) und in polemischen Artikeln die Juden zu Sündenböcken für jedes aktuelle Ungemach stempelte. In der Attitüde des zu Unrecht Angegriffenen rechnete Glagau mit den «Gründern» ab, wobei er den Liberalismus ebenso wie das Judentum als Hauptfeinde des deutschen Volkes diffamierte: «Nicht länger dürfen falsche Toleranz und Sentimentalität, leidige Schwäche und Furcht uns Christen abhalten, gegen die Auswüchse, Ausschreitungen und Anmaßungen der Judenschaft vorzugehen. Nicht länger dürfen wir's dulden, daß die Juden sich überall in den Vordergrund, an die Spitze drängen, überall die Führung, das große Wort an sich reißen. Sie schieben uns Christen stets beiseite, sie drücken uns an die Wand, sie benehmen uns die Luft und den Atem. Sie führen tatsächlich die Herrschaft über uns, sie besitzen eine gefährliche Übermacht, und sie üben einen höchst unheilvollen Einfluß. Seit vielen Jahrhunderten ist es wieder zum ersten Mal, daß ein fremder, an Zahl so kleiner Stamm die große eigentliche Nation beherrscht. Die ganze Weltgeschichte kennt kein zweites Beispiel, daß ein heimatloses Volk, eine physisch wie psychisch entschieden degenerierte Rasse, bloß durch List und Schlauheit, durch Wucher und Schacher über den Erdkreis gebietet.»[10]

Der Autor der Schmähschrift vom Sieg des Judentums über das Germanentum, Wilhelm Marr (1819–1904), bei dem sich der Begriff «Antisemitismus» wahrscheinlich zum ersten Mal findet, war als Propagandist der neuen Lehre von der Judenfeindschaft eine zeittypische Erscheinung. Mehr von Karrieretrieb und Geltungsdrang als von Überzeugungen geleitet, hatte der 1819 geborene gelernte Kaufmann mehrere ideologische Wandlungen durchgemacht. Vom liberal-demokratischen Publizisten, der öffentliche Missstände anprangerte, tendierte er zum Kommunismus, betätigte sich als Anarchist in der Schweiz, gab in Hamburg ein satirisches Blatt heraus, agitierte erst als revolutionärer Republikaner, ab 1849 aber für Preußens Hegemonie. Nach Misserfolgen als Kaufmann in Costa Rica war er seit den 60er-Jahren wieder publizistisch und politisch in Deutschland aktiv, als Berufsagitator gründete er 1879 eine Partei, die «Antisemiten-Liga», deren Organ die «Deutsche Wacht» er 1880/81 redigierte.

Die Wirkung seiner Schrift «Der Sieg des Judenthums über das Germanenthum» beruhte einerseits auf dem Anspruch, kulturkritischer Essay zu sein, andererseits auf dem Gestus wissenschaftlicher Beweisführung, vor allem aber auf der Attitüde, als «Bülletin einer verlorenen Schlacht den Sieg des Feindes ohne irgend welche Beschönigung der geschlagenen Armee zu verkünden».[11] Als Grundelement judenfeindlicher Propaganda ist – neben der charakteristischen Mischung von Aggression und Larmoyanz – die Technik von Unterstellung und Zurückweisung bei Marr zu finden, die bis zum heutigen Tag im antisemitischen Diskurs Anwendung findet. Zur Feststellung, Judenfeindschaft habe rationale Ursachen, sie sei Reflex auf Eigenschaften und Verhaltensweisen «der Juden» (Marr bringt es auf die Formel «Scheu der Juden vor wirklicher Arbeit» und ihre «gesetzlich vorgeschriebene Feindschaft gegen alle Nichtjuden»)[12] kommt die «Beweisführung», dass Juden Machtpositionen in Politik, Kultur, Wirtschaft und Gesellschaft erobert hätten, um Einfluss geltend zu machen. Das Ziel der Juden, «die Zersetzung des germanischen Staates zu Gunsten der jüdischen Interessen», werde überall konsequent verfolgt.[13] Mit der Emanzipation sei «das Judentum» in wesentliche Bereiche des öffentlichen Lebens – Vereine, Presse, Theater, Kunst – wie eine Sturmflut hineingeströmt und diktiere die öffentliche Meinung. Vermutlich ebenso von Wilhelm Marr in die Debatte eingeführt wie der Begriff «Antisemitismus» wurde der Topos, Juden seien sakrosankt: «Von dem Augenblicke der Emanzipation an ward für uns Germanen das Judenthum als ein zu berühren verbotenes Objekt erklärt.»[14] Die angebliche Tabuisierung jeder Kritik an Juden wurde nach 1945 Bestandteil eines unaufgeklärten Gefühls politischer Korrektheit, das zuletzt von Jürgen Möllemann mit seiner Behauptung, Israel-Kritik bzw. Kritik an der israelischen Politik gegenüber den Palästinensern sei verboten, erfolgreich bedient wurde. Mit der Behauptung, es existiere ein Tabu, konnte er sich als Tabubrecher installieren.

Mit dem Anspruch, sich verteidigen zu müssen, wurde in Schriften wie dem anonymen Traktat «Der Mauscheljude» Antisemitismus popularisiert. Mit der Versicherung, es gehe nicht gegen die Juden generell, sondern lediglich gegen eine besondere Spezies, vor der die christlich-deutsche Bevölkerung geschützt werden müsse, werden angebliche Rasse-Eigenarten wie Wucher oder Abneigung gegen körperliche Arbeit angeprangert und mit Zitaten deutscher Geistesgrößen belegt. Zur

Technik der Agitation gehört die Gleichsetzung des «Mauscheljuden» mit dem «Durchschnittsjuden», Intention ist die Ausgrenzung der Juden durch Verweigerung der Emanzipation unter Schuldzuweisung an die Minderheit. Im allgemeinen Volksbewusstsein, so wird argumentiert, sei «sonnenklar, daß überhaupt alle in Deutschland lebenden Semiten dennoch keine Deutsche, sondern eben nur Semiten resp. Juden sind. Sollten sie Deutsche sein, wie wir deutschen Christen Deutsche sind, so müßten sie zuvor in dem deutschen Volksstamme aufgehen. Das wollen sie aber nicht, dagegen wehren sie sich von jeher mit Händen und Füßen. Daß sie zum neuen deutschen Reiche gehören, macht sie eben so wenig zu Deutschen, wie etwa die Polen dadurch Deutsche geworden sind, dass sie an die deutsche Reichskasse steuern.»[15]

Auf schlichtem Unterhaltungsniveau fand antisemitische Propaganda in Bilderbogen und Kleinschriften statt. Ein Wochenblatt mit dem Titel «Die Wahrheit» rühmte sich in den 80er-Jahren des 19. Jahrhunderts, als «einziges christliches und antisemitisches Witzblatt», seiner Bedeutung mit dem Werbetext: «Es ist Tatsache, daß kein Blatt einen solchen Einfluß auf die christliche und antisemitische Bewegung unserer Zeit gehabt hat, als die ‹Wahrheit› und bitten wir deshalb dringend um recht zahlreiche Abonnements.»[16]

Treitschkes Parteinahme in der «Judenfrage» hatte im November 1879 eine Diskussion entfacht, die große Publizität fand. In Berliner Tageszeitungen erschien im November 1880 eine von 75 Persönlichkeiten des öffentlichen Lebens – unter ihnen der Althistoriker Theodor Mommsen – unterzeichnete «Erklärung», die judenfeindliche Bestrebungen verurteilte und sich besonders gegen die «Antisemitenpetition» richtete, die ein Leipziger Professor zusammen mit Friedrich Nietzsches Schwager Bernhard Förster initiert hatte. 250 000 Unterschriften sollten den Reichskanzler dazu bewegen, die Einwanderung von Juden zu verbieten und Juden von öffentlichen Ämtern auszuschließen. Zwei Tage lang war diese Petition im Preußischen Parlament Gegenstand des Streits zwischen der Fortschrittspartei einerseits sowie Konservativen und dem katholischen Zentrum andererseits. In der «Erklärung» hieß es, «in unerwarteter und tief beschämender Weise wird jetzt an verschiedenen Orten, zumal den größten Städten des Reichs, der Racenhass und der Fanatismus des Mittelalters wieder ins Leben gerufen und gegen unsere jüdischen Mitbürger gerichtet.»[17]

Mit dem Vorstoß Treitschkes drohte der Antisemitismus die Berliner Universität zu erobern. Dieser Gefahr stellten sich im Sinne der «Erklärung» Juden und Nichtjuden entgegen, unter ihnen bekannte Rabbiner, die nationalliberalen Politiker Ludwig Bamberger und Heinrich Bernhard Oppenheim, vor allem aber die Historiker Harry Bresslau aus Berlin und Heinrich Graetz aus Breslau. Der Höhepunkt der Debatte war erreicht, als Theodor Mommsen in den Streit eingriff und Ende 1880 seine Schrift «Auch ein Wort über unser Judenthum» veröffentlichte, in der er scharf gegen Treitschke Stellung bezog und sich dagegen verwahrte, dass Juden rechtlich als «Mitbürger zweiter Klasse betrachtet, gleichsam als besserungsfähige Strafcompagnie» gestellt sein dürften.

Adolf Stoecker:
Die christlich-soziale Variante der Judenfeindschaft

Treitschke, der sich unschuldig verfolgt glaubte, war an der Berliner Universität bald moralisch isoliert, aber es gab noch andere Foren, auf denen Antisemitismus bzw. die Forderung, die Emanzipation rückgängig zu machen, als Antwort auf Probleme der Zeit propagiert wurde. Der Berliner Hofprediger Adolf Stoecker (1835–1909), der sich seit 1878 als Gründer einer «Christlich-Sozialen Arbeiterpartei» um die Heranführung von Arbeitern und Handwerkern an die bestehende Staatsordnung bemühte und hoffte, sie der Sozialdemokratie zu entfremden, instrumentalisierte «die Judenfrage» und hielt unter dem Druck seiner mittelständischen Anhänger am 19. September 1879 die erste von mehreren judenfeindlichen Reden, in denen er die antisemitischen Erwartungen seiner Zuhörer bediente, die ökonomischen und sozialen Wünsche und Ängste der von existentiellen Sorgen geplagten Kleinbürger aufgriff und mit Schuldzuweisungen an «die Juden» Erklärungen und Lösungen für aktuelle Probleme anbot.

Der Theologe Stoecker vermischte in seinen Reden und Predigten völkische mit sozialen und religiösen Argumenten gegen die Juden. Im September 1879 hielt er einen Vortrag unter dem Motto «Unsere Forderungen an das moderne Judentum»: «Die Frage ist nur: Was soll geschehen? Wir meinen, Juden und Christen müssen daran arbeiten, daß sie in das rechte Verhältnis zu einander kommen. Einen andern Weg giebt es nicht. Schon beginnt hier und da ein Haß gegen die Juden aufzulodern, der dem Evangelium widerstrebt. Fährt das moderne Judentum wie bisher fort, die Kapitalskraft wie die Macht der Presse zum Ruin der Nation zu verwenden, so ist eine Katastrophe zuletzt unausbleiblich. Israel muß den Anspruch auf geben, der Herr Deutschlands werden zu wollen. Es entsage der Anmaßung, daß das Judentum die Religion der Zukunft sein werde, da dasselbe doch so ganz die der Vergangenheit ist. Möchten thörichte Christen nicht fortfahren, das Volk in seinem Dünkel zu bestärken. Die jüdische Orthodoxie mit ihrer Beschneidung ist verlebt, das Reformjudentum ist gar keine jüdische Religion. Wenn Israel dies erkannt hat, wird es seine vorgebliche Mission hübsch beiseite lassen und aufhören, den Völkern, die ihm Gast- und Bürgerrecht gewähren, das Christentum rauben zu wollen. Die jüdische Presse muß toleranter werden, das ist die erste Bedingung besserer Verhältnisse. Die sozialen Uebelstände, welche das Judentum mit sich bringt, müssen auf dem Wege einer weisen Gesetzgebung geheilt werden. Es wird nicht leicht sein, dem jüdischen Kapital den nötigen Zaum anzulegen. Nur eine organische Gesetzgebung vermag dies zu erreichen. Beseitigung des Hypothekenwesens im Grundbesitz, der unverkäuflich und unverschuldbar gemacht werden muß; eine Aenderung des Kreditsystems, welche den Geschäftsmann von der Willkür des großen Kapitals befreit; Aenderung des Börsen- und Aktienwesens; Wiedereinführung der konfessionellen Statistik, damit das Mißverhältnis zwischen jüdischem Vermögen und christlicher Arbeit festgestellt werden kann; Einschränkung der Anstellung jüdischer Richter auf die Verhältniszahl der Bevölkerung; Entfernung der jüdischen Lehrer aus unsern Volksschulen, zu dem allen Kräftigung des christlich-germanischen Geistes; das sind die Mittel, um dem Ueberwuchern des Judentums im germanischen Leben, diesem schlimmsten Wucher, entgegenzutreten. Entweder dies gelingt uns, dann mag der Segen wieder über Deutschland kommen, oder der Krebsschaden, an dem wir leiden, frißt weiter; dann ist unsre Zukunft bedroht, und der deutsche Geist verjudet, das deutsche Wirtschaftsleben verarmt. Rückkehr zu mehr germanischem Rechts- und Wirtschaftsleben, Umkehr zu christlichem Glauben: so wird unsre Losung lauten. Dann thue jeder seine Pflicht, und Gott wird helfen.»[18]

Die *topoi* der Ausgrenzung, die Unterstellungen und die Ressentiments, die in den aktuellen Briefen an den Zentralrat der Juden oder an die Israelische Botschaft erscheinen, finden sich auch schon im Vortrag des Pfarrers Stoecker: die vermeintliche Kapitalkraft der Juden und ihr Missbrauch, der jüdische Einfluss auf die Presse, der Vorwurf der Anmaßung, Deutschland dominieren zu wollen, die angebliche Wuchermentalität. Zwei Jahre später, im Mai 1881, sagte der polemisch hochbegabte Berliner Hof- und Domprediger in seinem Vortrag «Prinzipien, Thatsachen und Ziele in der Judenfrage»: «Israel hat in der That einen nationalen Charakter beibehalten; kein Volk der Erde hält so sehr an seinen Rasseneigentümlichkeiten fest. Die Juden sind noch heute eine Nation für sich. Und dies Volk, das seine Eigentümlichkeiten am zähesten festhält, sollen wir nicht als ein fremdes Volkstum ansehen, nur weil die Juden unter uns deutsch sprechen? Sie sprechen ja auch hebräisch, haben neben der unsrigen noch eine ganz andre Zeitrechnung; deutlicher kann nichts dafür sprechen, daß sie ihr nationales Bewußtsein festhalten wollen.»[19]

Das waren für Stoecker Argumente gegen die Emanzipation. In der konservativen Kreuzzeitung faßte Stoecker seine Abneigung zusammen: «Spätere Geschlechter, welche die jüdische Fremdherrschaft abgeschüttelt haben, werden sich die berechtigte Frage vorlegen, wie es zugehen konnte, daß ein großes Volk in großer Zeit unter einer starken Regierung so willig dies schmachvolle Joch auf seinem Nacken duldete. Die Antwort wird nicht leicht zu geben sein; sie ist auch nicht einfach. Zuerst war es ein undeutscher, widerchristlicher, weltbürgerlicher Liberalismus, der die Juden, weil sie keine Deutsche, keine Christen, sondern Kosmopoliten waren, auf den Schild hob. Unklares Mitleid mit den jüdischen Schicksalen früherer Jahrhunderte gab der nationalen Gedankenlosigkeit den Schein von edler Humanität. Die Juden, gute Geschäftsleute wie immer, wußten beides zu ihrem Nutzen zu verwerten. Und indem sie sich mit sicherem Griff der Pulsadern des geschäftlichen und geistigen Verkehrs, des mobilen Geldes und der Presse bemächtigten, setzten sie sich, ehe das übrige Volk den Zusammenhang der Dinge ahnte, in den Besitz der öffentlichen Gewalt ... Unvermerkt ward aus der jüdischen Macht im öffentlichen Leben ein Terrorismus, der die Persönlichkeit bedrohte. Wer die Presse besitzt, die Preßfreiheit ohne Ehrgefühl handhabt, vor Geldstrafen sich nicht zu fürchten braucht, kann durch Beleidigung und Verfolgung, Schmähungen und Verdächtigungen auch starke Geister in Schach halten. Die Judenpresse hat das grobe und feine Revolvertum zur Virtuosität ausgebildet und übt es mit kaltblütigster Berechnung.[20]

Die populistische Stoecker-Partei hatte, trotz des volkstribunenhaften Prestiges des Hofpredigers, keinen dauerhaften Erfolg. Das Konzept, die Arbeitermassen mit Thron und Altar durch klerikal-judenfeindliche Agitation zu versöhnen, erwies sich als nicht tragfähig, wohl aber hinterließ die Politisierung des Christentums mit antisemitischen Parolen durch Stoecker deutliche Spuren im Kleinbürgertum und in der evangelischen Kirche bis weit in das 20. Jahrhundert hinein.[21]

Einübung von Judenfeindschaft durch Propaganda

Im Gefolge des Antisemitismusstreits erschienen auf bescheidenerem intellektuellen Niveau Schriften wie 1887 «Die Judenfrage als Frage der Racenschädlichkeit für Existenz, Sitte und Cultur der Völker» aus der Feder des Privatgelehrten Karl Eugen Dühring (1833–1921), der als Nationalökonom und Philosoph vor allem durch die Zurückweisung bekannt geworden ist, die er durch Friedrich Engels erfuhr («Herrn Eugen Dührings Umwälzung der Wissenschaft», 1878). Dühring war, wie andere der damals führenden Antisemiten, ein paranoider Einzelgänger, dessen Abneigung gegen Sozialdemokratie, Juden und Liberale zu Wahnideen gesteigert waren. Als Theoretiker des modernen Antisemitismus erlangte er überragende Bedeutung, er propagierte die verschwörungstheoretische Vorstellung von einer jüdischen Weltmacht und plädierte für die rigorose Ausgrenzung der Juden durch Nichtzulassung zum öffentlichen Dienst, für ihre Entfernung aus Justiz, Presse und öffentlichem Leben, und wollte überdies «Mischehen» verbieten – Maßnahmen, die fünf Jahrzehnte später von den Nationalsozialisten bald nach ihrem Machterhalt durchgeführt wurden.

Auch Dühring erklärte «die Judenfrage» zur sozialen Frage und als Problem «von erster Ordnung, denn sie ist nicht blos eine Lebensfrage des aufstrebenden Arbeiterthums, sondern eine Existenzfrage der modernen Völker».[22] Otto Glagau («Die soziale Frage ist einfach die Judenfrage»)[23] oder Adolf Stoecker hinter sich lassend, formulierte Dühring radikale Vorschläge zur «Lösung der Judenfrage» nach dem Motto, die «Verjudung der Völker und aller Verhältnisse ist die Tatsache, Entjudung die Aufgabe». Die Idee der Toleranz tat er als banalen und kurzsichtigen Einwand ab, wenn er unter Verweis auf die angeblich nicht zu ändernde Nomadennatur der Juden erklärte, es gebe «gegen sie auch nur eine einzige Politik, nämlich die der äußerlichen Einschränkung, Einpferchung und Abschließung».[24] Sein Hass steigerte sich schließlich zur Tirade, die zur Tötung und Ausrottung der Juden aufrief.

Theodor Fritsch (1852–1933), gelernter Ingenieur und Inhaber eines mühlentechnischen Büros mit einem angeschlossenen Fachverlag, war ein anderer Vorkämpfer des rassistisch und pseudowissenschaftlich argumentierenden Antisemitismus. 1887 veröffentlichte er unter dem Pseudonym Thomas Frey einen «Catechismus für Antisemiten», der später unter seinem richtigen Namen mit dem Titel «Handbuch der Judenfrage» erschien und 1944 die 49. Auflage erreichte.

Der Antisemiten-Katechismus fasste als handliches Kompendium die landläufigen Vorurteile, Stereotype und Klischees zusammen, mit denen Stimmung gegen Juden gemacht wurde. In der «Zusammenstellung des wichtigsten Materials zum Verständnis der Judenfrage», die durch die gedruckte Form scheinbare Beweiskraft erhielt, ist das «jüdische Sünden-Register» in Kurzform und damit zur Wirkung gebracht: «Die Juden bilden unter dem Deckmantel der ‹Religion› in Wahrheit eine politische, sociale und geschäftliche Genossenschaft, die, im heimlichen Einverständnis unter sich, auf die Ausbeutung und Unterjochung der nichtjüdischen Völker hinarbeitet ... Die Juden aller Länder und aller Sprachen sind in diesem Ziele einig und arbeiten einander zu diesem Zwecke in die Hände. Deshalb ist es dem Juden auch unmöglich, in dem Lande, wo er sich zufällig aufhält, irgend einen ehrlichen Antheil an dem Schicksal seiner nichtjüdischen Landes-Genossen zu nehmen. Kurz: er kann niemals ehrlichen Patriotismus hegen; er fühlt sich immer und überall nur als Mitglied der ‹auserwählten› Nation Juda, und wenn er den Deutschen, Franzosen oder Engländer zu spielen sucht, so ist das meist nur wolberechnete Heuchelei. In seiner Sonder-Gemeinschaft sieht das Judenthum alle Nichtjuden als seine Feinde an, die es mit List und Verrath zu bekämpfen hat. Durch seine besonderen Sitten-Gesetze (Talmud und Schulchan aruch) betrachtet sich der Jude als außerhalb aller übrigen Gesetzes-Vorschriften stehend und hält sich berechtigt, alle Landesgesetze zu übertreten – aber immer auf eine solche Art, daß ihm dieser Mißbrauch nicht nachgewiesen werden kann.»[25]

Gute einhundert Jahre früher hatte der Aufklärer Dohm schon besser gewusst, dass die jüdische Religion keine Regeln oder Gebote dieser Art enthält: «Soviel bis itzt von der jüdischen Religion bekannt geworden, enthält sie solche schädliche Grundsätze nicht; nur der Pöbel, der sich selbst für erlaubt hält, einen Juden zu hintergehen, giebt ihm schuld, daß er nach seinem Gesetz fremde Glaubensgenossen betrügen dürfe, und nur verfolgende Priester haben Märchen von den Vorurtheilen der Juden gesammelt, die nur ihre eigne beweisen.»[26] Andeutungen über jüdisches Selbstverständnis, das auf religiöse Forderungen gestützte Feindschaft gegen Nichtjuden vorschreibt (weshalb die Religion lediglich Ausdruck «rassischen» Andersseins ist), sind freilich so zählebig wie wirkungsvoll über den Kulminationspunkt im NS-Staat hinaus. Abstruse Vorstellungen über vermeintliche jüdische Religionsgebote, die etwa Betrug oder Hass gegen Nichtjuden vorschreiben sollen, herrschen bis zum heutigen Tag in vielen Köpfen und werden bei passender Gelegenheit – nicht nur in Versammlungen rechtsextremer Organisationen – artikuliert.

In seinem Mühlenverlag publizierte Theodor Fritsch neben Fachzeitschriften («Der deutsche Müller») antisemitische Pamphlete und Flugblätter in riesiger Zahl. Unter seinem Pseudonym Thomas Frey erschien etwa um 1892 «Das ABC der sozialen Frage», in dem die «Judenfrage» leicht fasslich erklärt wurde: «Die Juden sind nicht bloß durch ihre Religion von uns verschieden, sondern sie bilden zugleich eine besondere Nationalität und eine besondere Rasse. Sie stehen durch diese drei Eigenschaften (Religion, Nationalität und Rasse) in einem Gegensatze zu allen Völkern der Welt; sie nehmen diesen gegenüber eine Sonderstellung ein. Dieser Sonderstellung sind sich die Juden recht wol bewußt, denn sie findet in ihren Gesetzbüchern (Mosaisches Gesetz und Talmud) ihren klaren Ausdruck, indem die Juden als das ‹auserwählte Volk› bezeichnet werden und sich dadurch eine Stellung über allen andern Völkern anmaßen. Die Juden beanspruchen deshalb allen anderen Völkern gegenüber Vorrechte. Sie halten sich für berechtigt, andere Völker zu beherrschen, sich deren Besitz anzueignen, sie zu unterjochen und sich dienstbar zu machen. Es heißt deshalb in den jüdischen Schriften: ‹Dir sollen alle Völker dienen› und ‹Du wirst alle Völker aufzehren, die ich in deine Hand geben werde›.»[27]

Das Heftchen (es kostete 10 Pfennige, bei Abnahme von 100 Stück ermäßigte sich der Preis auf die Hälfte) gehörte in eine Serie «Kleine Aufklärungs-Schriften», in der auch eine «Kurze Geschichte des Judenthums» erhältlich war, ebenso eine «Kurze Geschichte der antisemitischen Bewegung» oder «Urtheile berühmter Männer über das Judenthum» oder die Broschüre «Allerlei von den Juden». Im Angebot hatte der Verlag Theodor Fritsch auch «25 verschiedene Flugblätter über das Judenthum: seine Uebermacht in Handel, Presse und Literatur, seinen zersetzenden Einfluß auf Religion und Sittlichkeit, seine Verbindung mit der Sozialdemokratie usw.»[28] Ab 1902 veröffentlichte Fritsch die «Hammerblätter für deutschen Sinn» als Organ des «wissenschaftlichen» Antisemitismus und als Zentrum der judenfeindlichen rechtsradikalen Sekte «Deutscher Hammerbund», die nach dem Ersten Weltkrieg in die Deutschvölkische Freiheitspartei mündete. Theodor Fritsch war damit einer der wirkungsmächtigsten Protagonisten des modernen Antisemitismus.

Antisemitismus im Bildungsbürgertum

Houston Stewart Chamberlain (1855–1927), auch er ein schriftstellernder Privatgelehrter mit umfassenden naturwissenschaftlichen Interessen, gebürtiger Engländer und naturalisierter Deutscher, durch psychosoziale Auffälligkeiten an einer akademischen oder militärischen Karriere gehindert, wurde durch seine 1899 veröffentlichte kulturhistorische Schrift «Die Grundlagen des 19. Jahrhunderts» berühmt. Das Buch, ein umfangreiches Konvolut rassistischer germanozentrischer Ideen, wurde von der Wissenschaft abgelehnt, faszinierte aber das gebildete Bürgertum und machte auf Kaiser Wilhelm II. großen Eindruck und etwas später auch auf Adolf Hitler.

Chamberlains Buch wurde in Gymnasien gelesen und galt als philosophisch bedeutend. Im folgenden Beispiel ist die ganze Rassenphilosophie mit ihren Konsequenzen nachvollziehbar: «Als ob die gesamte Geschichte nicht da wäre, um uns zu zeigen, wie Persönlichkeit und Rasse auf das Engste zusammenhängen, wie die Art der Persönlichkeit durch die Art ihrer Rasse bestimmt wird und die Macht der Persönlichkeit an gewisse Bedingungen ihres Blutes geknüpft ist! Und als ob die wissenschaftliche Tier- und Pflanzenzüchtung uns nicht ein ungeheuer reiches und zuverlässiges Material böte, an dem wir sowohl die Bedingungen wie auch die Bedeutung von ‹Rasse› kennenlernen! Entstehen die sogenannten (und mit Recht so genannten) ‹edlen› Tierrassen, die Zugpferde vom Limousin, die amerikanischen Traber, die irischen Renner, die unbedingt zuverlässigen Jagdhunde durch Zufall und Promiskuität (geschlechtliches Durcheinander)? Entstehen sie, indem man den Tieren Rechtsgleichheit gewährt, ihnen das selbe Futter vorwirft und über sie die nämliche Rute schwingt? Nein, sie entstehen durch geschlechtliche Zuchtwahl und durch strenge Reinhaltung der Rasse. Und zwar bieten uns die Pferde, namentlich aber die Hunde jede Gelegenheit zu der Beobachtung, daß die geistigen Gaben Hand in Hand mit den physischen gehen; im besonderen gilt dies von den moralischen Anlagen: ein Bastardhund ist nicht selten sehr klug, jedoch niemals zuverlässig, sittlich ist er stets ein Lump. Andauernde Promiskuität unter zwei hervorragenden Tierrassen führt ausnahmslos zur Vernichtung der hervorragenden Merkmale von beiden! Warum sollte die Menschheit eine Ausnahme bilden? ... In Wahrheit sind die Menschenrassen, trotz des breiten, gemeinsamen Untergrundes, von einander in Bezug auf Charakter, auf Anlagen und vor Allem in Bezug auf den Grad der einzelnen Befähigungen so verschieden wie Windhund, Bulldogge, Pudel und Neufundländer.»[29]

Die Autoren solcher Texte waren, wie Chamberlain, ohne Zweifel Wirrköpfe, vom Publikum wurden sie aber ernst genommen. In neurotischer Fixierung auf den Gegensatz zwischen der «jüdischen» und der «arischen» Rasse arbeitete Chamberlain mit griffigen und gern aufgenommenen Stereotypen, wenn er z. B. den Juden verinnerlichte Religiosität absprach und einen übergroßen Einfluss der Juden in der modernen Welt phantasierte. Nicht weniger verhängnisvoll war der Einfluss seines von ihm verehrten und bewunderten Schwiegervaters Richard Wagner (1813–1883), dessen Renommee als Komponist, Musikdramatiker und Schriftsteller seine antisemitischen Überzeugungen transportierte, wie sie in dem ebenso wirkungsvollen wie irrationalen Aufsatz «Das Judentum in der Musik» (1850) zum Ausdruck gekommen waren. In der mitleidheischenden Haltung des von Juden Verfolgten hatte Wagner in seinem Aufsatz, den er knapp zwei Jahrzehnte später noch einmal in erweiterter Form als selbständiges Traktat mit größerem Erfolg publizierte, krude Judenfeindschaft artikuliert.

Die Emanzipationsdebatte sah Richard Wagner als liberale Verirrung: «Bei allem Reden und Schreiben für Judenemanzipation fühlten wir uns bei wirklicher, tätiger Berührung mit Juden von diesen stets unwillkürlich abgestoßen. Hier treffen wir denn auf den Punkt, der unsrem Vorhaben uns näherbringt: wir haben uns das unwillkürlich Abstoßende, welches die Persönlichkeit und das Wesen der Juden für uns hat, zu erklären, um diese instinktmäßige Abneigung zu rechtfertigen, von welcher wir doch deutlich erkennen, daß sie stärker und überwiegender ist, als unser bewußter Eifer, dieser Abneigung uns zu entledigen. Noch jetzt belügen wir uns in dieser Beziehung nur absichtlich, wenn wir es für verpönt und unsittlich halten zu müssen glauben, unsren natürlichen Widerwillen gegen jüdisches Wesen öffentlich kundzugeben.»[30]

Die Schrift war argumentativ von äußerster Schlichtheit, sie ermunterte zur emotionalen Ablehnung des Jüdischen, wozu die gängigen Stereotype eingesetzt wurden. Wagners Pamphlet diente in erster Linie der Diffamierung jüdischer Konkurrenten des Bayreuther Meisters, es vermittelte aber eine Grundüberzeugung des Antisemitismus, dass die künstlerischer Kreativität unfähigen Juden dominierenden Einfluss auf bestimmten Gebieten ausübten: «Der Jude, der an sich unfähig ist, weder durch seine äußere Erscheinung, noch durch seine Sprache, am allerwenigsten aber durch seinen Gesang, sich uns künstlerisch kundzugeben, hat nichtsdestoweniger es vermocht, in der verbreitetsten der modernen Kunstarten, der Musik, zur Beherrschung des öffentlichen Geschmackes zu gelangen.»[31] Die Faszination des Antisemiten Wagner und seines Bayreuther Kreises beschränkte sich nicht auf die gebildeten Zeitgenossen, sondern reichte, wie wiederum das Beispiel Hitlers zeigt, der Wagners Musik im Dritten Reich zu kultischen Ehren erhob, weit ins 20. Jahrhundert.

Organisierte Judenfeindschaft

Die Geschichte des politisch organisierten Antisemitismus, die 1879 mit Wilhelm Marrs Antisemiten-Liga, die 600 Mitglieder gehabt haben soll, und Stoeckers Christlich-Sozialer Partei beginnt, ist die Geschichte von Sekten und Spaltungen und besteht aus einem programmatischen Durcheinander konservativer, antikapitalistischer, sozialaktivistischer Ideologiefragmente, propagiert von antiliberalen und antidemokratischen untereinander konkurrierenden Demagogen. Im September 1882 waren bei einem «Ersten Antijüdischen Kongress» in Dresden 300–400 Antisemiten versammelt, die sich freilich auf kein gemeinsames Programm verständigen konnten. An weiteren Antisemiten-Kongressen im folgenden Jahr und 1886 nahmen Delegierte aus Deutschland, Österreich-Ungarn, Russland, Frankreich und Serbien teil. Organisatorische Zusammenschlüsse von Judenfeinden wie die «Allgemeine Vereini-

gung zur Bekämpfung des Judentums» von 1883 und der
«Deutsche Antisemitenbund» 1884 hatten eher marginale Bedeutung, die Mitgliederzahl des Antisemitenbunds ging von
975 im Jahre 1885 auf 221 fünf Jahre später zurück.[32] Nicht
nur wegen der Zwietracht in den eigenen Reihen waren auch
Parteien mit den Programmen der Judenfeindschaft – politisches Ziel blieb immer die Rücknahme der Emanzipation – wenig erfolgreich. Die 1880 gegründete «Soziale Reichspartei»
von Ernst Henrici konkurrierte mit dem auf Max Liebermann
von Sonnenberg und Bernhard Förster zurückgehenden extrem
konservativen «Deutschen Volksverein», der «Deutschen Reformpartei» oder der «Deutschen Antisemitischen Vereinigung».

Dr. Ernst Henrici (1854–1915), von Beruf Lehrer, kam aus
dem linksliberalen Lager, er vertrat eine sozialreformerische
Richtung des Antisemitismus und fand als Agitator Beifall bei
öffentlichen Reden, die als Traktate gedruckt wurden, in denen
er «die Judenfrage» thematisierte, um Ausnahmegesetze zu
propagieren. In einer Rede am 13. Januar 1880 sagte er: «Die
Juden stehen in der Kultur so tief unter uns, daß wir unsere eigene Kultur vernichteten, wenn wir ihnen gleiche politische
Rechte zugeständen. Was ich fordere, ist nichts als Nothwehr;
ist doch die Nothwehr dem bedrängten Individuum gestattet,
warum soll sich nicht auch ein ganzes Volk wehren dürfen.
(Bravo.) Darum verlange ich Racengesetze gegen die Juden. Ich
bin darauf gefaßt, daß meine Worte bewitzelt und bespöttelt
werden; aber zu spät werden die Juden einst einsehen, daß sie
im frevelhaften Uebermuth das unabänderliche Urtheil der Geschichte zum Spott gemacht haben. Das wird sich rächen. Man
glaubt vielfach, daß strenge Wuchergesetze, Börsensteuer
u. s. w. Abhülfe verschaffen können. Sie sind zweifellos nöthig,
denn sie treffen, wie sich's gebührt, gleichzeitig den demoralisirten Deutschen. Aber damit sind wir nicht geschützt gegen
die verworfene jüdische Race mit ihrer schmutzigen Moral und
ihrem Geist, oder richtiger, Geistlosigkeit. Vergessen wir nur
nicht, daß die Juden eine politische Körperschaft sind, die unter dem Deckmantel der Religion immer mehr Einfluß auf die
große Politik gewinnt ... Hindern können wir die politischen
Umtriebe der Juden schon dadurch einigermaßen, daß wir

ihren Kultus unter das Vereinsgesetz stellen. Der weitere Angriff muß auf drei Gebieten erfolgen:
1. gesellschaftlich – da wird es, wenn wir zusammenhalten, nicht schwer werden, sie kalt zu stellen;
2. wirthschaftlich – da gilt es vor Allem, die Macht des Großkapitals zu brechen und die Arbeit, den einzig reellen Werth, vor der Ausbeutung durch das Großkapital zu schützen;
3. politisch – die Juden dürfen nicht den geringsten Antheil an öffentlichen Aemtern haben, vom Parlament und der Armee [müssen sie] ausgeschlossen werden.»[33]

In Dresden existierte seit 1881 die «Deutsche Reformpartei». In Kassel wurde 1886 die Deutsche Antisemitische Vereinigung ins Leben gerufen, Protagonist war der Bibliothekar Otto Böckel (1859–1923). Er hatte Jura und Nationalökonomie studiert, sich mit Philologie beschäftigt und trieb vor allem volkskundliche Studien, sammelte Volkslieder und Beschreibungen bäuerlichen Lebens. Von 1887 bis 1903 saß Böckel für die Deutsche Reformpartei im Reichstag, er war Herausgeber der völkischen Zeitschriften «Reichsherold», «Volksrecht», «Volkskämpfer» und betätigte sich maßgeblich im «deutschen Volks-Bund», der ab 1900 versuchte, «national gesinnte Männer» gegen die «erdrückende Übermacht des Judentums» zusammenzuschließen. In seinen «Ansprachen an das deutsche Volk», die als Druckschriften hohe Auflagen erreichten, suchte Böckel mit reichlich gebotenem Zitatenschatz die internationale Macht des Judentums, die «Unterwerfung der nichtjüdischen Wirtsvölker» zu beweisen: «Die Emancipation war eine Täuschung. Die irre geführten Völker nahmen als selbstverständlich an, daß das dankbare Israel nicht nur die Rechte, sondern auch die neuen Pflichten getreu erfüllen werde. Das Letztere ist nicht geschehen. Die Juden haben sich nicht auf alle Berufe verteilt, sondern sind nach wie vor den Geschäften treu geblieben, die sie vor der Emancipation betrieben. Sie meiden die Arbeit, suchen dafür desto eifriger leichten und reichen Gewinn.»[34]

Der Nachweis der starken Vermehrung der Juden und die Steigerung ihrer Macht und ihres Einflusses lag Böckel besonders am Herzen: «Die Juden haben sich besonders stark auch durch Einwanderung vermehrt. Bekanntlich sitzen sie in großer Zahl in Polen, Litauen, Weiß- und Rotrußland, in Podolien und der Ukraine. Dort wohnt beinahe die Hälfte aller europäischen Juden. Hier befindet sich die große *Vagina judaeorum,* aus welcher die übrigen Juden Europas Auffrischung und neuen Zuwachs erhalten. Stets in Bewegung, strömen diese polnischen Juden nach Rumänien, Oesterreich und Deutschland ein. ‹Es ist ohne Zweifel Thatsache, daß ein schrittweises Vorrücken der Juden von Osten nach Westen stattfindet›, schreibt ein englische Blatt für Judenmission.»

Böckels Fazit seiner Überfremdungsängste lautete: «So rückt die dunkle Masse der in Fanatismus und Schmutz verkommenen polnischen Juden unaufhaltsam von Osten nach Westen vor, eine Gefahr für unsere deutsche Kultur ... Mit der steigenden Volkszahl und der Zunahme des Reichtums wuchs der Drang der Juden nach der Herrschaft über die nichtjüdischen Wirtsvölker.»³⁵ In seinem früheren Traktat «Die Quintessenz der Judenfrage» hatte Böckel als Stichwortgeber verbreitete Ressentiments über die Macht der Juden in der Presse, in der Literatur, an der Börse, ihre Rolle gegenüber deutschem Handwerk, Kaufmanns- und Bauernstand artikuliert: «Prüfen wir nun, in welcher Weise der Jude das deutsche Volk in seiner Entwickelung bedroht. Da ist zunächst der Landjude. Wäre es den Juden Ernst mit der Emanzipation, so müßten die Landjuden, gerade wie es unser Bauer thut, hinter dem Pflug gehen, säen, mit der Sense die Felder mähen, den Dreschflegel führen u. s. w. Ist dem nun so? Jeder, der einmal auf dem Lande gelebt hat, wird mit ‹nein› antworten müssen. Die Landjuden sind fast alle Handelsleute; hinter dem Pfluge sieht man sie nicht. Warum nun nicht? Einfach, weil dem Juden der Ackerbau zu sauer und zu wenig einträglich ist; der Jude will nun einmal nicht arbeiten, wie es der deutsche Bauer thut. Wir haben das in recht drastischer Weise an den jüdischen Ackerbaukolonien in Rußland und Palästina erlebt. Namentlich im gelobten Lande sind die mit großen Opfern gegründeten jüdischen Ackerbaukolonien vollständig verkracht. Der Vorsteher der jüdischen Ackerbauschule zu Jaffa in Palästina hat sich ausdrücklich gegen den Plan, Juden in Palästina anzusiedeln ausgesprochen, da seine jahrelangen Versuche, Juden an den Ackerbau zu gewöhnen, meist vollständig gescheitert sind. Der Landjude zieht es vor, statt von seiner Hände Arbeit mühsam zu leben, von dem Ertrage des Bauern, den dieser im Schweiße des Angesichtes sich erarbeitet, mitzuleben; das ist viel bequemer und müheloser. Darin liegt aber gerade die Gefahr für unser deutsches Volk, daß der ehrliche, arbeitende Bauernstand fortwährend von einer Rasse fremder Schacherer ausgebeutet und auf Schritt und Tritt beobachtet wird. Der deutsche Bauer ist ehrlich und arbeitsam, der Jude verschmitzt und faul.»[36]

Dass das jahrhundertelange Verbot, Land zu erwerben, die Juden in Mitteleuropa von der Landwirtschaft ausgeschlossen hatte, sollte nicht in das Bewusstsein des Publikums der antisemitischen Agitatoren dringen, weil die traditionellen Stereotype von der Abneigung der Juden gegen jede körperliche Arbeit wirksam bleiben sollten. Auch die nationalsozialistische Propaganda hat mit Folgen bis in die Gegenwart den behaupteten genetischen Gegensatz zwischen dem biederen, tüchtigen, schwer rackernden deutschen Bauern und dem gewinnsüchtigen, faulen, verschlagenen Juden ohne Unterlass instrumentalisiert.

Auf dem Antisemitentag in Bochum einigten sich Anfang Juni 1889 die verschiedenen judenfeindlichen Strömungen (mit Ausnahme Adolf Stoeckers) auf gemeinsame Grundsätze und Forderungen, aber schon über die Bezeichnung des Zusammenschlusses entzweiten sich die Antisemiten wieder. Es gab nun eine «Antisemitische Deutschsoziale Partei» und eine «Deutschsoziale Partei» und ab Juli 1890 die von Böckel in Erfurt gegründete «Antisemitische Volkspartei», die ab 1893 «Deutsche Reformpartei» hieß. Im Reichstag errangen Vertreter antisemitischer Gruppierungen 1890 fünf und 1893 sechzehn Mandate. Ernst Henrici war zusammen mit dem Reichstagsabgeordneten Wilhelm Pickenbach 1894 Gründer des «Deutschen Antisemitenbunds».

Das größte Aufsehen im Parlament erregte der Demagoge Hermann Ahlwardt (1846–1914), der als Parteiloser im Reichstag saß und sich als Radau-Antisemit besonders hervortat. Durch hemmungslosen Populismus war Ahlwardt, den man «den stärksten Demagogen vor Hitler in Deutschland» genannt hatte, vorübergehend erfolgreich. Wegen Verleumdung und Erpressung gerichtsnotorisch und vielfach bestraft, als Volksschulrektor nach Unterschlagungen entlassen, verbreitete Ahlwardt als Verfasser zahlreicher Pamphlete in den 80er-Jahren des 19. Jahrhunderts rastlos und wirkungsvoll antisemitische Propaganda. 1892 in den Reichstag gewählt, hielt er am 6. März 1895 eine Rede im Parlament, in der er (keineswegs ernst genommen, das Protokoll verzeichnet häufig «Heiterkeit, Zurufe, Unruhe, stürmische Heiterkeit») vergeblich für die Annahme eines Gesetzentwurfs plädierte, der den Zuzug von Juden nach Deutschland unterbinden sollte.

Ahlwardts Rede enthält alle zeitgenössischen ausgrenzenden Vorurteile gegen Juden: «Wenn man nun an unzähligen Beispielen bestimmte Rasseneigenthümlichkeiten feststellen kann und diese derart sind, daß ein gemeinsames Zusammenleben nicht möglich ist, nun, dann glaube ich, da wir hier doch eingeboren sind, den Boden urbar gemacht und gegen alle Feinde vertheidigt haben, daß es unsere Pflicht ist, gegen die Juden, die eben ganz anderer Natur sind, Stellung zu nehmen. Meine Herren, wir Germanen stehen auf dem Kulturboden der Arbeit; jeder von uns will schaffen für Andere und verlangt dafür, daß andere für ihn schaffen ... Die Juden stehen nicht auf dem Kulturboden der Arbeit, sie wollen nicht selbst Werthe schaffen, sondern sich ohne Arbeit die Werthe aneignen, die Andere geschaffen haben; das ist der Kardinalunterschied, der uns leitet bei allen unseren Erwägungen ... Die Juden sind 700, 800 Jahre bei uns – sind die etwa auch Deutsche geworden? Haben die sich auf den Kulturboden der Arbeit gestellt? Sie haben nicht daran gedacht, sondern, wenn sie kamen, fingen sie an, zu schwindeln, und haben geschwindelt, solange sie in Deutschland waren ... Hier liegt eben der nationale Unterschied: der Deutsche ist vertrauensselig von Hause aus, in seinem Herzen wohnt Treue und Vertrauen. Der Jude erwirbt sich dieses Vertrauen, und dann übt er im gegebenen Moment Verrath, dann wird der Deutsche ruiniert und arm gemacht.»[37] Ahlwardt verknüpfte die damals wie heute geläufigen *topoi* der Judenfeindschaft, auf der konstitutiven Fremdheit der Minderheit beharrend, zu einem Gewebe aus Überfremdungsängsten, das den Hintergrund bildete für die Forderung nach Ausgrenzung und Abwehr.

Der organisierte Antisemitismus stagnierte nach den Erfolgen in den 80er- und 90er-Jahren des 19. Jahrhunderts und geriet in eine Krise. Im Kaiserreich hatte er zwar keinen politischen Einfluss erringen können, zum kulturellen Klima der Zeit hatte die neue Form der Judenfeindschaft aber einen kaum zu unterschätzenden Beitrag geleistet und seine Agitation und Publizistik, die in die öffentliche Diskussion eingeführten Schlagworte und Postulate bildeten Keime, die schlummernd in der Erde lagen und nur auf günstige Bedingungen zu ihrer Entfaltung warteten.

Die langanhaltende Wirkung des «modernen Antisemitismus»

Die «Endverbraucher» erreichte die judenfeindliche Propaganda in Gestalt schlichter Flugschriften, die unter dem Titel «Judenbagasche» oder «Judensünden» in populärer Verkürzung und Zuspitzung Presseberichte über angeblich wegen Betrugs bestrafte jüdische Händler und Zitate deutscher Dichter mit Lebensweisheiten in bunter Mischung offerierten. Vertraut wurde auf die Beweiskraft von Zeitungsnachrichten wie auf das Licht der Erkenntnis von Geistesriesen nach dem Motto «eine scharfe Waffe – wie in jedem Geisterkampf, so besonders in dem unserigen – bilden die Aussprüche unserer Dichter, der gottbegnadeten Beobachter und Zeichner von Welt und Menschen. Deshalb haben sich verdienstvolle antisemitische Schriftsteller schon lange bemüht, solche Aussprüche zu sammeln und sie als Waffen zuzurichten.» Als Arsenal dienten Theodor Fritschs Antisemitenkatechismus und ähnliche Literatur. Für 10 Pfennige etwa war die Schrift «Juden-Sünden» zu erwerben, sie wurde in der Umgebung von Ratgebern für alle Lebenslagen («Leicht ausführbare Kartenkunststücke», «Geheimnisse der Ehe», «Über die Frauen» und schlüpfriger Unterhaltung «Flucht aus dem Nonnenkloster», «Die Beichte der Fürstin», so lauten die Titel in der Serie) angeboten.[38]

Im Ersten Weltkrieg wurden die antijüdischen Vorbehalte in Deutschland neu aufgeladen. Ungeachtet der Tatsache, dass das deutsche Judentum die Kriegsbegeisterung des Sommers 1914 ungeteilt mitmachte und dass die Zahl der jüdischen Freiwilligen – gemessen am jüdischen Bevölkerungsanteil –

überdimensional groß war, machte das Gerücht von der «jüdischen Drückebergerei» die Runde. Als zweites antisemitisches Stereotyp war die Überzeugung landläufig, dass Juden als die «geborenen Wucherer und Spekulanten» sich als Kriegsgewinnler an der Not des Vaterlandes bereicherten. In zahlreichen Publikationen wurden diese Klischees verbreitet, so etwa in einem Flugblatt, das im Sommer 1918 kursierte, auf dem die jüdischen Soldaten lasen, wovon ihre nichtjüdischen Kameraden und Vorgesetzten trotz der vielen Tapferkeitsauszeichnungen (30 000) und Beförderungen (19 000) und trotz der 12 000 jüdischen Kriegstoten bei insgesamt 100 000 jüdischen Soldaten überzeugt waren: «Überall grinst ihr Gesicht, nur im Schützengraben nicht.»

Nachdem sich seit Ende 1915 die antijüdischen Eingaben und Denunziationen häuften, in denen behauptet wurde, jüdische Wehrpflichtige seien in großer Zahl vom Kriegsdienst befreit und die Juden im Militärdienst seien vor allem in der Etappe zu finden, befahl der preußische Kriegsminister am 11. Oktober 1916 eine statistische Erhebung über die Dienstverhältnisse der deutschen Juden im Kriege. War diese Anordnung zur «Judenzählung» an sich schon eine antisemitische Ungeheuerlichkeit, so macht die Tatsache, dass die Ergebnisse nicht veröffentlicht wurden, die Angelegenheit vollends zum Skandal.[39] Wenn die «Judenzählung», wie behauptet wurde, amtlich die Unhaltbarkeit der Beschwerden beweisen sollte, so sanktionierte sie, weil das Resultat trotz jüdischer Forderungen geheim blieb, die antisemitischen Ressentiments mit lang anhaltender Wirkung, von der die NSDAP und andere Rechtsparteien die ganze Weimarer Republik hindurch profitieren konnten. Entgegen den Aufklärungskampagnen des «Reichsbunds jüdischer Frontkämpfer», der bis 1933 die Öffentlichkeit unermüdlich auf den tatsächlichen Einsatz der deutschen Juden im Weltkrieg aufmerksam machte, blieb eine große und zunehmend einflussreiche Zahl von Deutschen davon überzeugt, «die Juden» seien Drückeberger und hätten den Krieg vor allem zu unsauberen Geschäften benutzt. Auch wegen dieser Folgewirkungen konnte die Judenzählung im Heer als «die größte Ungeheuerlichkeit» bezeichnet werden, «deren sich eine Behörde je schuldig gemacht hat».[40]

Nach dem Ersten Weltkrieg kamen Rassismus und antisemitische Propaganda zu neuer Blüte. Die Ängste deklassierter Kleinbürger und verletzter deutscher Nationalstolz machten «den Juden» zum Schuldigen. In den Werken zur Rassenkunde eines Hans F. K. Günther ging in den 20er-Jahren die Saat des 19. Jahrhunderts wieder auf und bereitete die Wege für politische Agitation. Am weitesten verbreitet waren Günthers «Rassenkunde des deutschen Volkes» (München 1922, 16. Auflage 1933), seine «Kleine Rassenkunde des deutschen Volkes» (München 1929) und die «Rassenkunde des jüdischen Volkes» (München 1930). Im Programm der völkischen und nationalistischen Parteien der Nachkriegszeit, vor allem der NSDAP ab 1920 und in der Deutschnationalen Volkspartei bildete Antisemitismus das ideologische Bindemittel, mit dem Existenzängste genährt und Erklärungsversuche für wirtschaftliche und soziale Probleme konkretisiert wurden, um republik- und demokratiefeindliche Anhänger zu gewinnen.

Ein früher Weggefährte Hitlers (der freilich schon vor 1933 in Ungnade fiel, als Gauleiter von Thüringen abgesetzt und als Sektierer aus der NSDAP ausgeschlossen wurde), der völkisch-radikale Schriftsteller Artur Dinter (1876–1948), hatte mit seinen populären antisemitischen Romanen, die das Verbot der «Rassenmischung» und den Ausschluss der Juden aus dem öffentlichen Leben propagierten, einen beträchtlichen Erfolg, der den Weg zu den «Nürnberger Gesetzen» von 1935 ebnen half. Von Dinters Buch «Die Sünde wider das Blut» (Leipzig 1918), dem ersten Band einer antisemitischen Trilogie, sind bis 1934 260 000 Exemplare verkauft worden. Das wahrhaft obskure Pamphlet «Protokolle der Weisen von Zion» begann seinen Siegeszug in Deutschland nach dem Ersten Weltkrieg. Die Fälschung, um die Jahrhundertwende in Russland aus französischen und deutschen literarischen Quellen zusammengebraut, verbreitete den Mythos einer jüdischen Weltverschwörung und gilt Antisemiten bis zum heutigen Tag als Dokument. Auch Hitler glaubte daran und zitierte die «Protokolle» der fiktiven jüdischen Geheimkonferenz, die angeblich die Weltherrschaft durch Betrug, List und Gewalt vorbereitete.

In seiner Bekenntnisschrift «Mein Kampf» zeigt Hitler, wie er die Lehren des Rassenantisemitismus verinnerlicht hatte:

«Wie sehr sie [die Juden] den nahenden Sieg schon vor Augen sehen, geht aus der furchtbaren Art hervor, die ihr Verkehr mit den Angehörigen der anderen Völker annimmt. Der schwarzhaarige Judenjunge lauert stundenlang, satanische Freude in seinem Gesicht, auf das ahnungslose Mädchen, das er mit seinem Blute schändet und damit seinem, des Mädchens, Volke raubt. Mit allen Mitteln versucht er die rassischen Grundlagen des zu unterjochenden Volkes zu verderben. So wie er selber planmäßig Frauen und Mädchen verdirbt, so schreckt er auch nicht davor zurück, selbst im größeren Umfange die Blutschranken für andere einzureißen.» Der Jude versuche planmäßig, «das Rassenniveau durch eine dauernde Vergiftung der einzelnen zu senken. Politisch aber beginnt er, den Gedanken der Demokratie abzulösen durch den der Diktatur des Proletariats. In der organisierten Masse des Marxismus hat er die Waffe gefunden, die ihn die Demokratie entbehren läßt und ihm an Stelle dessen gestattet, die Völker diktatorisch mit brutaler Faust zu unterjochen und zu regieren.»[41]

Die pathologischen Vorstellungen im Weltbild Hitlers, die in der bösartigen Karikatur des Juden, in Phantasien von der jüdischen Weltverschwörung gipfelten (und sie mit der von vielen als existenzbedrohend empfundenen Gefahr des Bolschewismus verknüpften), trafen, nachdem die vor dem Ersten Weltkrieg ausgebrachte Saat des Rassenantisemitismus zu sprießen begann, auf verbreitete Ängste im Publikum, die durch Propaganda geschürt wurden.

Im Programm der NSDAP waren seit 1920 Lehr- und Grundsätze des Antisemitismus fixiert, die schon in den Pamphleten und Traktaten des 19. Jahrhunderts publiziert worden waren:

– «Staatsbürger kann nur sein, wer Volksgenosse ist. Volksgenosse kann nur sein, wer deutschen Blutes ist, ohne Rücksicht auf Konfession. Kein Jude kann daher Volksgenosse sein.»
– «Wer nicht Staatsbürger ist, soll nur als Gast in Deutschland leben können und muß unter Fremdengesetzgebung stehen.»
– «Das Recht, über Führung und Gesetze des Staates zu bestimmen, darf nur dem Staatsbürger zustehen.»
– «Jede weitere Einwanderung Nichtdeutscher ist zu verhin-

dern. Wir fordern, daß alle Nichtdeutschen, die seit dem 2. August 1914 in Deutschland eingewandert sind, sofort zum Verlassen des Reiches gezwungen werden.»

Mit dem Machterhalt der NSDAP wurde der moderne Antisemitismus, der auf den zweifelhaften Erkenntnissen einer unwissenschaftlichen «Rassenlehre» basierte, 1933 Staatsdoktrin. Durch legislatorische Akte wie das «Gesetz zur Wiederherstellung des Berufsbeamtentums» (1933) und vor allem die Nürnberger Gesetze von 1935 wurde die rassistische Ideologie in die Tat umgesetzt.

Zu fragen bleibt, wie radikal die Postulate der bildungsbürgerlichen Rassisten des 19. Jahrhunderts im Vergleich zu denen der pöbelhaften Nationalsozialisten waren. Tatsächlich, das zeigt die Analyse der älteren Texte, waren die Vernichtungsphantasien im 19. Jahrhundert schon vorhanden, allerdings verborgen unter abstrakten Formulierungen: «Unschädlichmachung», «Entjudung», «Entfernung», «Ausmerzung» sind Begriffe aus der antisemitischen Literatur des 19. Jahrhunderts. Dühring, einer der Ideengeber Hitlers, schreibt: «Die Judenhaftigkeit läßt sich aber nicht anders als mit den Juden beseitigen.»[42] Ein Vertreter des Sozialdarwinismus empfahl schon 1875 «Die Schmarotzer ausrotten, oder doch ihr Wuchern verhindern», um das dumpfe Dunkel zu verscheuchen, «in welchem der Schmarotzer gedeiht und in welchem der germanische Volksgeist verkümmert».[43] Die Nationalsozialisten nahmen die Anregungen der frühen antisemitischen Ideologen auf, sie setzten die von Antisemiten im 19. Jahrhundert aufgestellten Postulate der Diskriminierung und Ausgrenzung in Taten um und gingen dabei bis zur letzten Konsequenz, dem Völkermord an den Juden Europas.

So lächerlich die Argumente und «Beweise» der Antisemiten dem aufgeklärten Leser erscheinen, so wirkungsvoll und nachhaltig waren die Pamphlete und Traktate der Judenfeindschaft. Viele der Stereotype und Vorurteile finden sich, als tradierte Gewissheit und längst nicht mehr hinterfragte Überzeugung, auch noch im aktuellen Alltagsdiskurs. Gerade die judenfeindliche Ideologie hat den Untergang des NS-Staats überdauert; auch wenn die Argumente des Rassenantisemitismus' keine oder nur noch geringe Überzeugungskraft im deutschen Publikum haben, so ist das Feindbild vom geschäftstüchtigen, rachsüchtigen, übermächtigen Einfluss in Politik, Kultur und Wirtschaft anstrebenden Juden in vielen Facetten unverändert wirksam.

Zur Einübung des Genozids, der in der nationalsozialistischen Terminologie in logischer Fortentwicklung des Begriffs als «Endlösung der Judenfrage» bezeichnet wurde, gab Reichspropagandaminister Goebbels Filme in Auftrag, die Stimmung machen und Bereitschaft zur Hinnahme des Genozids im Publikum erzeugen sollten. Der Spielfilm «Jud Süß», prominent besetzt unter der Regie von Veit Harlan, vermittelte die Stereotype der Judenfeindschaft in ihrer rassistischen Spielart, die sich Ende des 19. Jahrhunderts zur Ideologie des modernen Antisemitismus verfestigt hatte. Der Film wurde am 5. September 1940 in Venedig uraufgeführt und kam drei Wochen später in die deutschen Kinos. Goebbels war begeistert: «Ein ganz großer, genialer Wurf. Ein antisemitischer Film, wie wir ihn uns nur wünschen können.»[44] Und Heinrich Himmler, der Herr über SS und Polizei, hielt das Werk Veit Harlans für geeignet, die mit der Judenverfolgung Betrauten damit für ihre Tätigkeit ideologisch aufzurüsten. Er verfügte, die gesamte SS und Polizei müsse den Film zu sehen bekommen.[45]

Fast zeitgleich, die Premiere fand am 28. November 1940 statt, erschien «Der ewige Jude» in den Lichtspieltheatern. Der Reichsfilmintendant, SS-Hauptsturmführer Dr. Fritz Hippler, hatte den Film zu verantworten, der als Dokumentarfilm auftrat, aber Authentizität nur vortäuschte durch die Montage von Sequenzen, die im Ghetto Lodz eigens gedreht worden waren, mit Ausschnitten aus Spielfilmen, mit Trickaufnahmen und raffinierten Überblendungen, die das Konstrukt des «Juden» als Inkarnation des Bösen im rassischen wie im moralischen Sinne vorführen sollte. Der Propagandafilm mit dem Anspruch, Wirklichkeit abzubilden, arbeitete mit eingängigen Vergleichen. Eine Karte zeigt die Ausbreitung der Wanderratten aus Asien über Europa; überblendet wird die Animation erst auf einen Käfig voll Ratten und dann auf das übervölkerte Ghetto der Juden mit seinen Elendsgestalten im Schmutz. Es sei jüdische Eigenart und jüdisches Verlangen, in solchen Umständen zu leben, unterstellt der Kommentar und legt als einzig mögliche Reaktion des Zuschauers Abscheu und Abwehr nahe.

Das Genre des Kompilationsfilms, bei dem suggestive Montage und demagogischer Kommentar zusammenwirken, vermittelte als einzige Botschaft die Ideologie der rassistisch begründeten Judenfeindschaft, gesteigert zu Vernichtungsphantasien. «Diese Juden wollen nicht arbeiten, sondern schachern. Hier sind sie in ihrem Element. Es ist nicht so, wie Uneingeweihte entschuldigend annehmen, daß die Juden zum Handel gezwungen sind, weil man ihnen andere Tätigkeiten und Berufe versperrte. Das Gegenteil ist wahr: Sie drängen sich zum Handel, weil er ihrem Charakter und ihrer natürlichen Veranlagung entspricht ... Sie tragen die jahrtausendealten Züge des ewigen Schmarotzertums im Gesicht, die Züge des Ewigen Juden, der sich durch den Lauf der Zeiten und weltweiten Wanderungen stets gleich geblieben ist ... Eine verblüffende Parallele zu dieser jüdischen Wanderung durch die ganze Welt bieten uns die Massenwanderungen eines ebenso ruhelosen Tieres – der Ratte. Die Ratten begleiten als Schmarotzer den Menschen von seinen Anfängen an. Ihre Heimat ist Asien. Von dort aus wandern sie in riesigen Scharen über Rußland und die Balkanländer nach Europa. Mitte des 18. Jh. sind sie schon über ganz Europa verbreitet. Gegen Ende des 19. Jh. nehmen sie mit dem wachsenden Schiffsverkehr auch von Amerika Besitz und ebenso von Afrika und dem Fernen Osten. Wo die Ratten auch auftauchen, tragen sie Vernichtung ins Land, zerstören sie menschliche Güter und Nahrungsmittel. Auf diese Weise verbreiten sie Krankheiten, Pest, Lepra, Typhus, Cholera, Ruhr usw. Sie sind hinterlistig, feige und grausam und treten meist in großen Scharen auf. Sie stellen unter den Tieren das Element der heimtückischen und unterirdischen Zerstörung dar; nicht anders als die Juden unter den Menschen. Das Parasitenvolk der Juden stellt einen großen Teil des internationalen Verbrechertums.»[46]

Die unmittelbare Wirkung des Films war beträchtlich. In einer Besprechung in der Wochenzeitung «Das Reich», die als Goebbels' Renommierblatt galt und sich um Seriosität als im Ausland zitierfähiges Blatt mühte, war zu lesen, dass die Botschaft des Filmes verstanden worden war: «Die fremde Rasse drang in das Gefüge des deutschen Wirtschaftskörpers ein und gelangte zu Einfluß und Macht ... Mit dem gleichen Augenblick aber, wo die aus den orientalischen Bezirken des alten Römischen Reiches stammenden Juden ans Licht drangen, brach der uralte Haß der sozial Deklassierten, die Rachelust einer Unterwelt, die das Sendungsbewußtsein des ‹auserwählten› Volkes in talmudischen Nihilismus verkehrt hatte, auf und überflutete die brüchig gewordene Welt des alten Deutschen Reiches der Mitte. Damals beginnt der Jude sich im Gehäuse des Reiches einzunisten. Er lebt seine Machtgier, die Jahrhunderte niedergehalten war, aus und nimmt Rache für mehr als ein Jahrtausend des Fluches.»[47] Autor der Filmkritik war Karl Korn, der später noch Karriere bei der Frankfurter Allgemeinen Zeitung machen sollte.

Die manipulierten Bilder des Films – keineswegs nur die Schächt-Szene – sind in das kollektive Gedächtnis von Generationen eingegangen, sie sind abrufbar, wenn die pejorativen Metaphern des Judentums – Schmarotzer, Parasiten, Feiglinge, Verräter, Wucherer, Betrüger usw. – benötigt werden, und sie drängen sich auch denen auf als Gerücht und Sensation, die den Film nie gesehen haben.

Der «moderne Antisemitismus», die pseudowissenschaftlich begründete Judenfeindschaft der Rassetheoretiker und völkischen Ideologen, hat, ohne damals größere Wirkung zu zeigen, das 19. Jahrhundert überdauert und ist mit dem Nationalsozialismus im Völkermord kulminiert. Die Stereotype, die damals geprägt wurden, sind nachhaltig: Wir begegnen ihnen im Alltagsdiskurs über «die Juden» auch in der Gegenwart auf Schritt und Tritt.

Die Brückenfunktion der Judenfeindschaft zwischen der Mitte der Gesellschaft und dem Rechtsextremismus

Der Hass gegen Juden ist Bestandteil rechtsextremer Ideologie. Diese Erkenntnis gehört nach der Herrschaft des Nationalsozialismus längst zu den Grundlagen jeder historischen Bildung, sie verleitet aber auch zu der Annahme, Antisemitismus komme nur im rechtsextremen Spektrum vor und die Vorbehalte gegen Juden, denen man in der alltäglichen Lebenswelt begegnet (und die in der Regel nicht als aktionsheischendes Bekenntnis der Abneigung, sondern als Gewissheit über «die Juden» vorgetragen werden), seien strukturell etwas anderes als die Vernichtungswünsche von Nationalsozialisten und ihren Epigonen. Deshalb hat die Propaganda rechtsextremer Antisemiten, die mit Klischees Legenden über Juden erzeugen, am Leben halten und verbreiten, Wirkungen bis in die demokratische Mitte der Gesellschaft hinein.

Die traditionellen Vorurteile gegen Juden, die Vorbehalte, mit denen die Nationalsozialisten Propaganda gegen die Minderheit machten, in schließlich vernichtender Absicht, sind mit dem Untergang des Nationalsozialismus keineswegs verschwunden. Weder sind die gängigen Ressentiments überwunden, weil sie als Teil der NS-Ideologie der Verachtung anheim fielen, noch hat das aufklärerische Bemühen der Demokratisierung der Erkenntnis zum Durchbruch verholfen, dass die stereotypen Vorwürfe gegen die Juden Konstrukte sind, die Funktionen für die Mehrheitsgesellschaft haben, die sich durch Ausgrenzung von Minderheiten und Schuldzuweisung an die Ausgeschlossenen stabilisiert und immer wieder selbst bestätigt.

In einem System von Zugehörigkeit (zur Mehrheit) und Ausschluss (der Minderheit) sind solche irrationalen Vorstellungen schwer zu überwinden, nach denen Juden mehr an Geldgeschäften als an «ehrlicher Arbeit» interessiert seien, sie als

Angehörige einer bestimmten «Rasse» Fremde seien und bleiben müssten, sie sich angeblich zwar gegen Nichtjuden abschlössen, aber die Herrschaft über die Welt erlangen wollten und dazu internationale Verschwörung betrieben, sie seltsamen religiösen Ritualen anhingen und daraus abgeleitet einer eigenen und für Nichtjuden gefährlichen Moral lebten usw. Diese Vorstellungen sind, wie die Meinungsumfragen immer wieder zeigen, als Bestandteil des Weltbildes bei ziemlich vielen Menschen vorhanden, die sich, ohne damit im Alltag weiter aufzufallen, als Träger von latent judenfeindlichen Ansichten darstellen.

Mehrheitlich erreichen solche Ansichten nicht die öffentliche Sphäre. Der latente Antisemitismus wird, schon weil die Träger Scheu haben, sich auf politisch nicht korrekte Weise zu exponieren, in der Regel nur im privaten Gespräch, in der Verständigung über Codes, als nonverbales Einverständnis artikuliert. Aber immer wieder erregen auch Bemerkungen und Feststellungen Aufsehen, die öffentlich in vermeintlich tiefer Unschuld oder aus scheinbar bestem Wissen, in der Regel wohl auch ohne beleidigende Absicht, getan werden. Sie sind immerhin Indikatoren für verbreitete latente Ressentiments gegen Juden.

Anders verhält es sich, wenngleich die Grenzen fließend sind, mit manifestiertem Antisemitismus, der vor allem in der Form von Propagandadelikten ein wesentliches Element der rechtsradikalen Szene bildet und immer wieder die Gerichte beschäftigt. Als Muster der öffentlichen judenfeindlichen Rede sind in Deutschland immer wieder Sentenzen zu vernehmen, die von Politikern oder anderen Personen des öffentlichen Lebens in der Textsorte des Wutausbruchs, der hingedonnerten Phrase, als Sprechblase oder als scherzhaft gemeinte rhetorische Wendung Vorurteile, Ressentiments gegen Juden artikulierten und tiefsitzende Feindbilder im Publikum stimulierten. Beispiele aus den letzten zehn Jahren sollen Formen und Inhalte aktueller Ressentiments gegen Juden vor Augen führen.

Im Herbst 1994 erhielt der damalige Vorsitzende des Zentralrats der Juden in Deutschland, Ignatz Bubis, von einem Münchener Mieterverein einen Brief, in dem er gebeten wurde, auf die Kreditgewährung an einen jüdischen Immobilienbesitzer einzuwirken, und zwar bei Banken, «die maßgeblich von Juden beeinflußt sind». Dem Immobilienbesitzer hatte der Mieterverein vorgeworfen, Wuchermieten zu fordern und Umwandlungsspekulationen zu betreiben. Drei verbreitete antisemitische Stereotype wurden in diesem Zusammenhang artikuliert: der Jude als Wucherer, als Spekulant und Beherrscher des Finanzkapitals.

Ignatz Bubis verweigerte sich dem Ansinnen des Mietervereins mit dem Bemerken, der Zentralrat der Juden mische sich ebenso wenig in die Geschäfte von jüdischen Bürgern ein, wie dies etwa das Zentralkomitee der deutschen Katholiken bei katholischen Bürgern tue, und er verwies die Mietervereinigung auf die gesetzlichen Möglichkeiten gegen den Immobilienbesitzer, die im Falle ungesetzlichen Handelns ohne Rücksicht auf die Religionszugehörigkeit anzuwenden seien.

Den Vorwurf des subtilen Antisemitismus, den sich der Vorsitzende des Mietervereins bei der Gelegenheit gefallen lassen musste, konnte dieser nicht verstehen. Man habe Bubis doch lediglich um Hilfe gebeten gegen den Wohnungseigentümer, denn wäre der Mann «ein deutscher Staatsbürger», dann hätte der Verband dessen üble Geschäfte längst an die Öffentlichkeit gebracht. Da er aber Jude sei, würde «eine öffentliche Anprangerung seines Geschäftsgebarens die leider zunehmenden antisemitischen Stimmungen verstärken».[1]

Zu seiner Verteidigung bediente sich der Mietervereinsvorsitzende schließlich eines weiteren Stereotyps – der Jude als Fremder – und zog sich zurück auf das Tabu der öffentlichen Erwähnung jüdischer Abkunft oder Religionszugehörigkeit, das sich viele auferlegt haben aus Ängstlichkeit und Unsicherheit über die Rolle der Juden im öffentlichen Diskurs in Deutschland nach Auschwitz. Die geäußerten Vorurteile – der Jude als Fremder, der Jude als Wucherer – aus dem Repertoire des Antisemitismus waren allenfalls dadurch aktualisiert, dass sie nicht öffentlich geäußert wurden, vielmehr auf der Ebene der Intervention beim Zentralrat bleiben sollten.

Ein anderes Stereotyp begegnet uns in einer Form, die durch aktuelle Emotionen neu aufgeladen ist und häufig im Alltagsgespräch vorkommt: Der Vorwurf der parasitären Existenz der Juden gehörte bereits zum Instrumentarium des Rassenantisemitismus im ausgehenden 19. Jahrhundert und wurde von der nationalsozialistischen Propaganda mit vergröbertem Vokabular – Schmarotzer, Trichinen, Bazillen usw. – zum absoluten Feindbild ausgebaut. Das Vorurteil, die Juden seien, da zur werteschaffenden Arbeit aus rassischen Gründen nicht disponiert und wegen ihrer aus den Rasseeigenschaften resultierenden minderen Moral auch nicht motiviert, wurde nach 1945 aus naheliegenden Gründen in dieser ursprünglichen Form nicht mehr öffentlich artikuliert, es lebte in tieferen Bewußtseinsschichten jedoch fort und konnte daher argumentativ neu aufgeladen werden. An die Stelle des früher unterstellten genetisch bedingten Triebs «zum Handel» (damit war konnotiert: Betrug, Wucher, unlauteres Geschäft) statt «zur Arbeit» trat die Vermutung, die Juden bereicherten sich unzulässig mit Entschädigungszahlungen und Wiedergutmachungsleistungen aufgrund der nationalsozialistischen Verfolgung. Die Höhe der Zahlungen, über die zumeist keine genauen Vorstellungen existieren – Entschädigung für KZ-Haft, Renten für Gesundheitsschäden, Rückerstattung von Vermögensverlusten, Ausgleich für die Zerstörung beruflicher Existenz – erscheinen den Kritikern pauschal als exorbitant und wohl auch nicht gerechtfertigt, die dadurch den Deutschen aufgebürdete Last als unendlich und kaum tragbar, und daraus folgt neue Abneigung gegen die Juden.

Einen signifikanten Beleg für die von Rechtsradikalen offen geäußerte, auf konservativ-bürgerlicher Seite weithin geteilte, aber so nicht ausgesprochene Unterstellung, die Juden benutzten den Holocaust zur Erpressung und Ausbeutung, lieferte im Herbst 1992 ein Exponent des konservativen Lagers, Pater Basilius Streithofen. Der Dominikaner, Leiter des Instituts für Gesellschaftswissenschaften im Kloster Walberberg und als streitbarer Publizist in der politischen Szene bekannt, erklärte in einem Vortrag zum Thema «Gesellschaft – Kapital – Moral» (Veranstalter war die Emsländische Volksbank Meppen): «Die Juden und Polen sind die größten Ausbeuter des deutschen Steuerzahlers.»

Gegen den Geistlichen wurde Anzeige wegen Volksverhetzung erstattet. Auf die Beschuldigung erklärte er zunächst, die Bemerkung sei ihm «so rausgerutscht». In Zeitungsinterviews bekundete er dann, er stehe zu seiner Äußerung, «daß die Juden die deutschen Steuerzahler ausbeuteten». Im Rahmen eines anderen Vortrags (auf der Mitgliederversammlung des Geflügelzüchterverbandes Weser/Ems in Bakum, Landkreis Vechta) sagte der Pater im Februar 1993, die Juden und Polen seien eine Last für den Steuerzahler, und einen Monat später beantwortete er vor dem CDU-Kreisverband Ramsbach-Baumbach in einer Diskussion die Frage nach seinen inzwischen publik gewordenen Äußerungen in den Worten der lokal zuständigen «Rheinzeitung» wie folgt: «Der Holocaust und der Überfall auf Polen seien zwar Verbrechen gewesen. Es sei aber nicht einzusehen, daß ‹die Urenkel und Ururenkel› der Verantwortlichen immer noch Entschädigungen für diese Verbrechen zahlen müßten und auf diese Weise ‹immer noch bestraft würden›. Wörtlich erklärte Streithofen: ‹Die Juden sind die stärksten Ausbeuter des deutschen Steuerzahlers.› ‹Irgendwann ist Schluß›, meinte der Pater.»[2]

Juristisch war der Tatbestand der Volksverhetzung nicht erfüllt, und auch Beleidigung wollte der ermittelnde Staatsanwalt nicht gelten lassen. Gestützt auf die Einlassungen des Beschuldigten, «Juden- und Ausländerfeindlichkeit seien ihm persönlichkeitsfremd», stellte die Staatsanwaltschaft das Ermittlungsverfahren ein mit der Begründung, es gehe nicht darum, wie die Äußerungen des Beschuldigten im moralischen Sinne zu bewerten seien. Eine strafbare Volksverhetzung setze unter anderem voraus, dass sich die Äußerungen des Beschuldigten gegen «Teile der Bevölkerung» wendeten. Der Gesetzgeber meine aber nur den inländischen Teil der Bevölkerung. Eine strafbare Beleidigung komme nur als Beleidigung einer Personenmehrheit unter einer «Kollektivbezeichnung» in Betracht. Dieser Fall sei ebenfalls nicht gegeben. Das war im Mai 1993.

Auf Beschwerde des Landesverbandes der Jüdischen Gemeinden von Niedersachsen wurden die Ermittlungen im Juli 1993 wieder aufgenommen, im Frühjahr 1994 wurde das Verfahren, jetzt gegen Zahlung einer Geldbuße zugunsten einer karitativen Einrichtung, endgültig eingestellt. Der Ordensgeistliche, der ganz offensichtlich als Vortragsredner im provinziellen Rahmen gerne seiner demagogischen Begabung die Zügel schießen lässt, an Vorurteile appelliert und Emotionen im Publikum freisetzt, die er nicht kontrollieren kann, zeigte sich zunächst überhaupt nicht einsichtig, produzierte sich vielmehr in Interviews als zu Unrecht Verfolgter, erkannte schließlich den Trend und traf sich medienwirksam mit dem Vorsitzenden des Zentralrats der Juden in Deutschland zum versöhnlichen Gespräch.[3]

Zu lernen ist aus dem Fall Streithofen nicht nur, dass es an öffentlicher Sensibilität fehlt, wenn eindeutige Äußerungen von Meinungsführern zu bewerten sind. Zu lernen ist aus der Affäre, die keineswegs als Provinzposse abzuhandeln ist, auch, dass antisemitische und mit ihnen engverwandte fremdenfeindliche Vorurteile nicht auf den rechten Rand der deutschen Gesellschaft beschränkt, sondern in der politischen Mitte verankert sind.

Wenn sich in der Publizistik deutschnationaler und rechtsextremer Observanz relativ wenig offene und justiziable antisemitische Äußerungen feststellen lassen, so liegt dies in erster Linie an der Vorsicht, die geübt wird, um nicht durch Tabubrüche entlarvt zu werden. Ausbrüche des Republikanerchefs Schönhuber gegen Ignatz Bubis, die nach dem Lübecker Synagogenbrand Aufsehen erregten,[4] bedeuten ein Abweichen von der in dieser Partei offiziell verfolgten Linie, keinen Antisemitismus zuzulassen. Diese Taktik diente jedoch mehr dazu, die rechtsextremen «Republikaner» gesellschaftsfähig zu machen, als dass sie die wahre Gesinnung der Mitglieder ausdrückte.

Für neonazistische Pamphlete gelten die Regeln, Antisemitismus zu meiden, um öffentliche Tabus nicht zu verletzen, natürlich nicht; dort wird hemmungslos judenfeindliche Propaganda gemacht, deren Wirkung freilich auf den begrenzten Kreis der Anhänger nationalsozialistischen Gedankenguts beschränkt bleibt.

Die «National-Zeitung», das auflagenstärkste Wochenblatt der rechtsextremen Szene, folgt eigenen Gesetzen. Hier wird wirkungsvoll unverhohlener, jedoch juristisch geschickt getarnter Antisemitismus propagiert. Die Technik ist so typisch wie infam, sie lässt sich verdeutlichen an vielen Beispielen, etwa an einem Artikel über Ignatz Bubis, in dem er in vereinnahmender Weise scheinbar positiv dargestellt wird. Der Text enthält keinerlei Angriffe, im Gegenteil wird Bubis durch Gegenüberstellungen mit einem «Typ wie der grauenhafte Morgenthau» oder dem «stalinistischen Deutschenfresser Ehrenburg» gegen andere prominente Juden abgegrenzt: «Bubis hat nun außer jüdischer Abstammung mit Morgenthau und Ehrenburg nichts gemein». Illustrationen und Bildunterschriften des Artikels fördern dagegen mit Hilfe von Zitaten und Assoziationen Ablehnung: «Bubis und Weizsäcker empfehlen den Deutschen die Indoktrination durch recht viele Holocaust-Schinken und außerdem die systematische und allumfassende Errichtung von Denkmalen zur Erinnerung an deutsche Untaten.»[5] Im Kasten findet sich als Faksimile der Bericht über einen Schieberprozess in Dresden aus dem Jahre 1952, in dem unter anderem Ignatz Bubis zu zwölf Jahren Zuchthaus verurteilt worden sein soll.

Mit dieser «Nachricht» war bereits die Ausgabe der «National-Zeitung» vom 2. September 1994 aufgemacht worden. Der Artikel nahm die Verleihung des Erich-Kästner-Preises an den Vorsitzenden des Zentralrats der Juden in Deutschland zum Anlass, um sich mit dessen Biographie zu beschäftigen. In Form des Zitats und der indirekten Rede werden Klischees wie das des «jüdischen Spekulanten» bedient: «Als Chef einer der größten Immobilienimperien der Bundesrepublik wurde er jedoch im Frankfurt der 70er-Jahre zum Feindbild von Linken und Grünen, die ihn als ‹jüdischen Spekulanten› angriffen.»[6] Juristisch ist eine solche Diffamierung ebenso wenig greifbar wie das in diesem Zusammenhang veröffentlichte Fassbinder-Zitat: «Er saugt uns aus, der Jud. Trinkt unser Blut und setzt uns ins Unrecht, weil er Jud ist und wir die Schuld tragen.»[7]

Mit der gleichen Technik wird weiter insinuiert, Ignatz Bubis sei als Häuptling einer «Bande von Spekulationsverbrechern» vom SED-Regime zu einer Zuchthausstrafe verurteilt worden, habe aber gleichzeitig auch als Werkzeug und Saufkumpan der sowjetischen Besatzer in der Nachkriegszeit agiert und müsse folglich als unglaubwürdiger Märchenerzähler gelten. Der Hinweis auf den übermächtigen politischen Einfluss des «Funktionärs» (mit dem nebenbei das Klischee von der jüdischen Dominanz in öffentlichen Angelegenheiten bedient wird) verfolgt mit dem konstruierten Zusammenhang die Absicht, die moralische Glaubwürdigkeit des Repräsentanten der deutschen Juden zu erschüttern.

Der Kontext des Blattes bietet in ostinater Wiederholung antisemitische Denkfiguren mit eindeutig diffamierender und hetzender Absicht. Strafrechtlich relevante Behauptungen werden stets als Referat, Zitat oder auf andere Weise formal distanziert (z. B. in Frageform) publiziert. Sie folgen Grundmustern, die mit antisemitischen Vorurteilen korrespondieren. Spekulationen über von Juden erschwindelte Wiedergutmachungszahlungen gehören ebenso dazu wie Berichte über Bordellbesitzer, die in der Frankfurter Szene agierten, bis sie sich der deutschen Justiz durch Flucht nach Israel entzogen. Hierbei wird der Eindruck erweckt, als seien jüdische Überlebende des nationalsozialistischen Völkermords im Rotlichtmilieu und in der Drogenszene tätig, um Rache für den Holocaust zu üben. Damit wird auch der antisemitischen Vorstellung von jüdischer Unversöhnlichkeit und alttestamentarischem Rachedurst entsprochen.[8]

Der Holocaust spielt im publizistischen Angebot der «National-Zeitung» eine erhebliche Rolle. Ohne sich explizit mit der Ideologie der «Revisionisten»[9] zu identifizieren, nimmt die mit den Bestrebungen der Leugner und Verharmloser des Völkermords sympathisierende Berichterstattung beträchtlichen Raum ein. Wie sehr die Relativierung des Holocaust Anliegen des Blattes ist, geht aus der ständigen Diskussion der Zahl der jüdischen Opfer hervor, ebenso aus der häufig gebrauchten Vokabel «Auschwitzlüge» oder «Lügen um Auschwitz» in Überschriften und an sonstiger markanter Stelle.[10] Als Hauptargument in der Zahlendiskussion werden Widersprüche bei den Angaben der Opferzahlen genutzt und vor allem die Irrtümer, die sich in Politikeräußerungen, auf Gedenktafeln, in Zeitungsartikeln usw. im Laufe der Jahre angesammelt haben. Unter penibler Vermeidung seriöser Quellen soll der Eindruck erweckt werden, die Opferzahlen seien viel zu hoch, und der mit Abscheu besprochene Film «Schindlers Liste» («Schindlers Liste – Schwindlers List») wird lediglich dazu genutzt, mit geheucheltem Biedersinn einige Überlebende aus der Opferbilanz zu subtrahieren.[11]

Der Relativierung des Völkermords dienen pejorative Wortspiele, die zu Assoziationen anregen, der inflationäre Gebrauch des Ausdrucks «Auschwitzlüge» und die usurpatorische Übernahme des Begriffs Holocaust für andere historische Sachverhalte («alliierter Bomben-Holocaust», «Holocaust der Kurden», «Atombomben-Holocaust in Hiroshima» usw.). Der Judenmord wird im Vergleich mit den Hexenverfolgungen, den britischen und französischen «Kolonialverbrechen», der Negersklaverei, der Ausrottung der Indianer marginalisiert und aufgerechnet. Von ‹jüdischen Massenmorden› und «Terror im Namen Israels» ist die Rede, und unaufhörlich wird vom deutschen Martyrium unter alliierten Luftangriffen, bei der Vertreibung aus den Ostgebieten, durch «die Umerziehung» und den angeblich schwer auf allen lastenden Druck der «Kollektivschuld» berichtet.

Die Juden sind durch die Art der Darstellung stets als Verursacher der deutschen Leiden konnotiert, die Verunglimpfung prominenter Juden (auch durch Wortspiele wie «bubisen») flankiert den Gesinnungsjournalismus der «National-Zeitung», und im Ergebnis wird ein geschlossenes antisemitisches Feindbild lebendig gehalten, das über den eigentlichen Leser- und Anhängerkreis des Blattes hinaus wirksam ist. Das eintönige Lied ist über die Jahre und Jahrzehnte ohne Variationen zu hören, lediglich neu instrumentiert durch aktuelle Anklagen, Denunziationen, «Enthüllungen» und durch neue Personen, die als Zielscheibe dienen oder als Kronzeugen vorgeführt werden. Statt Bubis sind es zehn Jahre später Paul Spiegel oder Michel Friedman, und als Künder der Wahrheit treten Norman Finkelstein oder Wladimir Schirinowski oder irgendwelche obskuren Gestalten auf den Plan, die in das Agitations-Konzept passen und nach Möglichkeit irgendwie prominent sind.

Ein Blick auf Schlagzeilen und Parolen zeigt das ewige dumpfe Einerlei der Ressentiments: «Wird Kritik an Juden strafbar? Neue Sondergesetze gegen ‹Antisemitismus›» (27. 6. 2003), «Noch mehr Juden nach Deutschland? Der Zustrom und die Pläne Israels» (11. 7. 2003), «Dachau – was stimmt? Sühnen ohne Ende» (25. 7. 2003), «Rottet Israel die Palästinenser aus?» (8. 8. 2003), «Sollen wir ewig büßen? Der wahre Sinn des Holocaust-Mahnmals» (22. 8. 2003), «Die Antisemitismus-Lüge. Wie Kritik an Israel unterdrückt werden soll» (12.12.2003), «Wie Bush die Welt betrügt. Jüdischer Kronzeuge enthüllt» (30.1.2004).

Mit einem Artikel im Oktober 2003 wird das Klischee unersättlicher jüdischer Geldgier zugleich mit der Beschwörung jüdischer Rachsucht und jüdischen Einflusses und alles durchdringenden Herrschaftsanspruchs (unter dem Druck Israels und der USA) bedient. Dazu entwirft die «National-Zeitung» ein Geschichtsbild jenseits der Realität. Nach zwei wunderbar idyllischen Gründerjahrzehnten, in denen der Patriotismus, verkörpert von Adenauer und Erhard, Heuss und Mende, die Bundesrepublik als deutschnationales Paradies aufbaute, als der Vorsitzende des Zentralrats der Juden nach Aussage des Herausgebers Frey «ein freundschaftliches Verhältnis» zur «National-Zeitung» pflegte, sei die Wende gekommen. Eine Mehrheit habe sich dem zunehmenden Druck «einer wie Pech und Schwefel zusammenhaltenden Allianz der USA und Israels» gebeugt. Unter anderem «kam es und kommt es zu immer neuen und weitergehenden Tributforderungen», deren Zunahme habe «der einstige Chef des Jüdischen und des Zionistischen Weltkongresses, der geniale Dr. Nahum Goldmann, zynisch damit kommentiert, nach den abgeschlossenen ‹letzten› Zahlungen seien nun eben ‹die letztesten› an der Reihe.»[12]

Die Methode der Diffamierung wird an einer anderen Minderheit, die scheinbar weniger unter dem Schutz der *political correctness* lebt und deshalb drastischer apostrophiert wird, vorgeführt, an Sinti und Roma. Unter dem Titel «Kommen die Zigeuner? Die Folgen der EU-Erweiterung» (10.10.2003) wird ein aus Osteuropa nach Deutschland strömendes Heer von Asozialen und Kriminellen – von rassistisch definierten Zigeunern – prophezeit. Die «Behörden, einschließlich der Polizei» seien «in der Bundesrepublik Deutschland angewiesen, die leider nicht seltenen Straftaten von Roma und Sinti zu verbrämen. Erwähnt wird in aller Regel die Staatsangehörigkeit der Täter, so dass der ahnungslose Leser den Eindruck gewinnt, es handele sich um Angehörige des rumänischen Volkes oder des ungarischen oder bulgarischen oder tschechischen oder slowakischen usw. ...»[13]

Solche unbeweisbaren Behauptungen und Unterstellungen sind nicht zuletzt ob ihrer intellektuellen Anspruchslosigkeit als Grundkurs zur Einübung von Hass gegen Minderheiten geeignet. Die National-Zeitung darf mit ihrer seit Jahrzehnten gebotenen Fülle von Proben einschlägiger Gesinnung den Anspruch erheben, das erste Kompendium auf dem Gebiet der Erzeugung und Pflege von Vorurteilen zu sein.

Das Publikum der «National-Zeitung» bildet sicherlich überwiegend die ältere Generation hochnationalistischen Spießertums. Die ausländerfeindlichen Phrasen, mit denen die Beteuerungen deutscher Größe und deutschen Leids einhergehen (sie kommen in der Glorifizierung des Zweiten Weltkriegs und der deutschen Wehrmacht und in der Klage über die Territorialverluste Deutschlands zum Ausdruck), dienen aber auch als Vehikel der Vermittlung antisemitischer Stereotype in die rechte Subkultur, einschließlich der jugendlichen Neonazi- und Skinhead-Szene.[14]

Der Fall Deckert ist die Parabel für die Wirkung antisemitischer Hetze über rechtsextreme Kreise hinaus. Günter Deckert, ehemaliger Studienrat, seit 1966 mit Unterbrechung Mitglied und 1991–1995 Vorsitzender der rechtsextremen Nationaldemokratischen Partei Deutschlands (NPD), hatte den amerikanischen Neonazi und Holocaustleugner Fred Leuchter zu einem Vortragsabend eingeladen, bei dem er dessen Ausführungen übersetzt und zustimmend kommentiert hatte. Er war dafür im November 1992 wegen Volksverhetzung in Tateinheit mit Aufstachelung zum Rassenhass, Beleidigung und Verunglimpfung des Andenkens Verstorbener (der Holocaust-Opfer) zu einem Jahr Gefängnis verurteilt worden. Der Bundesgerichtshof hob im März 1994 aus formalen Gründen das Urteil auf und verwies die Sache zu neuer Verhandlung an das Landgericht Mannheim zurück. Im Juni 1994 wurde das neue Urteil verkündet. Deckert erhielt zwar wieder ein Jahr Freiheitsstrafe (auf Bewährung), aber die Begründung des Urteils war ein Skandal.

Mit erheblicher Sympathie für dessen politischen Standort wurde Deckert bescheinigt, er sei «kein Antisemit im Sinne der nationalsozialistischen Rassenideologie», aufgrund «seiner betont nationalen Einstellung» nehme er jedoch «den Juden ihr ständiges Insistieren auf dem Holocaust und die von ihnen aufgrund desselben auch nach nahezu fünfzig Jahren nach Kriegsende immer noch erhobenen finanziellen, politischen und moralischen Forderungen Deutschland gegenüber bitter übel. Er ist der Auffassung, dass in den nationalsozialistischen Konzentrationslagern ein Massenmord an Juden jedenfalls mittels Vergasens nicht stattgefunden hat.» In der Urteilsbegründung war dann mehrfach von den Juden «als hassenswertem Parasitenvolk» die Rede – Formulierungen, die von den Richtern, nicht vom Angeklagten stammten –, und es fehlte nicht an einer warmherzigen Sozialprognose. Der Angeklagte habe einen guten Eindruck hinterlassen: Es handele sich bei Deckert «um eine charakterstarke, verantwortungsbewußte Persönlichkeit mit klaren Grundsätzen, seine politische Überzeugung, die ihm Herzenssache ist, verficht er mit großem Engagement und erheblichem Aufwand an Zeit und Energie».[15] Das Gericht war von der Aufrichtigkeit des Bekenntnisses zur Rechtstreue durch den Angeklagten überzeugt. Seine intellektuelle Ausstattung werde dem Angeklagten auch künftig helfen, strafrechtliche Verstrickungen zu vermeiden. «Bei all dem übersieht die Kammer nicht, daß von ihm auch in Zukunft weder eine Änderung seiner politischen Einstellung im Allgemeinen noch seiner Auffassung zum Holocaust im Besonderen zu erwarten ist.»

Das Gericht würdigte auch «das schwere Lebensschicksal des Angeklagten», der nach mehreren Disziplinarverfahren wegen rechtsradikaler Äußerungen aus dem Amt des Studienrats entfernt worden war. Schließlich hieß es in der Urteilsbegründung mit einiger Sympathie für den politischen Standort Deckerts: «Nicht außer Acht gelassen wurde auch die Tatsache, daß Deutschland auch heute noch, rund fünfzig Jahre nach Kriegsende, weitreichenden Ansprüchen politischer, moralischer und finanzieller Art aus der Judenverfolgung ausgesetzt ist, während die Massenverbrechen anderer Völker ungesühnt blieben, was, jedenfalls aus der politischen Sicht des Angeklagten, eine schwere Belastung des deutschen Volkes darstellt.»[16]

Der Mannheimer Richterspruch ging in die deutsche Justizgeschichte ein. Das Urteil wurde kassiert, der gesinnungsstarke

Richter Rainer Orlet, der die Urteilsbegründung verfasst hatte, geriet an den Rand einer Richteranklage, die der baden-württembergische Landtag erwog. Sie wäre die erste in der Geschichte der Bundesrepublik gewesen, und Anlass dazu hätten auch die Interviews geboten, die der Richter nach dem Urteil gab. Er hat schließlich, nachdem sich Schöffen geweigert hatten, mit ihm zusammen Recht zu sprechen, den Rückzug angetreten, sich von seinen Äußerungen distanziert und sich in den Ruhestand begeben.

Der freundlichen Sozialprognose hat der Angeklagte Deckert nicht entsprochen. Er stand in den Folgejahren noch oft vor Gericht, wurde wegen Volksverhetzung und Aufstachelung zum Rassenhass mehrfach verurteilt und musste die empfangenen Strafen auch absitzen. Die Empörung über das Urteil war zwar allgemein, sie wurde öffentlich von allen demokratischen Meinungsführern bis hinauf zum Bundeskanzler artikuliert, aber die Vorbehalte gegen Juden finden, dafür war die *causa* Deckert ein Lehrstück, in der deutschen Gesellschaft immer noch Resonanz und, wie die Reaktion der Mannheimer Richter beweist, keineswegs nur in rechtsextremen Kreisen.

Erster Exkurs.

Wissenschaft und Vorurteil:
Über Sigmund Freud und die Psychoanalyse

Vorurteile als strukturelle Merkmale der Betrachtung von Personen, Gruppen, Ereignissen, Entwicklungen bestimmen nicht nur die alltägliche Wahrnehmung und die darauf folgenden Reaktionen. Ressentiments erscheinen als elementares Ingredienz auch von Staatszeremonien, bei Kulturereignissen oder in wissenschaftlichen Abhandlungen. Das muss nicht ideologisch motivierte Absicht mit dem Ziel von Mythenproduktion sein, häufiger werden bei solchen Gelegenheiten tief liegende Denkfiguren wirksam, deren Natur sich erst durch die genaue Analyse erschließt. An einem Beispiel ressentimentgeleiteter wissenschaftlicher Prosa, die den Anspruch von Objektivität und theoretisch fundierter Erkenntnis erhebt, soll dies demonstriert werden.

1994 erschien ein Buch mit dem Titel «Ein Jahrhundert psychoanalytische Bewegung in Deutschland». Der Untertitel der Studie lautet «Die Psychotherapie unter dem Einfluß Freuds».[1] Die Autorin, Annemarie Dührssen, war hervorragend ausgewiesen als emeritierte Inhaberin des Lehrstuhls für Psychotherapie und psychosomatische Medizin im Klinikum Rudolf Virchow der Freien Universität Berlin. Sie war zugleich Leiterin des Instituts für psychogene Erkrankungen der AOK Berlin gewesen. Annemarie Dührssen hatte eine wichtige Fachzeitschrift mitbegründet, war mit einschlägigen Auszeichnungen bedacht worden und für ihre Verdienste um die Etablierung der Psychotherapie im Kanon fachärztlicher Disziplinen in den 70er-Jahren zum Ehrenmitglied der «Deutschen Psychoanalytischen Gesellschaft e. V. (gegr. 1910)» ernannt worden.

Der Vorstand eben dieser Gesellschaft, die wohl den größten und einflussreichsten Berufsverband der psychotherapeutischen Szene in Deutschland darstellt, distanzierte sich in einem Rundschreiben an die Vorstände verschiedener anderer einschlägiger Berufsverbände Ende Mai 1995 in ungewöhnlich deutlicher Form von dem Buch der Annemarie Dührssen. Es sei wichtig, schrieb der Vorsitzende der DPG, «festzustellen, daß die Positionen, die in dem Buch vertreten werden, als persönliche Erfahrungen, Bewertungen und Einschätzungen der Autorin aufzufassen sind». Frau Dührssen spreche, hieß es weiter, in ihrem Buch aus persönlicher Sicht für sich selbst. Das Echo innerhalb der Gesellschaft zeige, «daß die meisten Mitglieder über das Buch empört sind und die darin enthaltenen Auffassungen ganz überwiegend ablehnen». Die Empörung galt «der Beurteilung der historischen Prozesse und der daran beteiligten Personen» wie der Beurteilung psychoanalytischer Konzepte und deren therapeutischen Anwendungen.[2]

Die Auseinandersetzung über diese Inhalte fällt selbstverständlich und ausschließlich in die Kompetenz Berufener, d. h. von Psychoanalytikern und Psychotherapeuten, aber der folgende Satz in der Verwahrung des Vorstands der Deutschen Psychoanalytischen Gesellschaft gegen das Buch beansprucht doch allgemeines Interesse und rechtfertigt die Betrachtung in unserem Rahmen: Die ablehnenden Reaktionen betreffen nämlich insbesondere «die in dem Buch zum Ausdruck kommende Einstellung gegenüber den jüdischen Psychoanalytikern». Daher lohnt es, die als wissenschaftliche Prosa dargebotene exemplarische Sicht auf Juden zu untersuchen.

Ziel der Darstellung Dührssens ist die Beschreibung der institutionellen Entwicklung der Psychoanalyse, im Mittelpunkt steht – natürlich – der Begründer dieser Wissenschaft, Sigmund Freud, und die Bildung einer Schule um ihn, beginnend mit der 1902 begründeten «psychologischen Mittwochsgesellschaft», die von den Freud-Schülern Alfred Adler und Wilhelm Stekel angeregt worden war. Daraus wurde die «Internationale Psychoanalytische Vereinigung» mit ihrem ebenfalls 1910 gegründeten Zweig, der «Deutschen Psychoanalytischen Gesellschaft».

Den historiographischen Rahmen der Darstellung Dührssens bilden die Entwicklungen, Spaltungen, Dissidenzen der psychoanalytischen Bewegung in Deutschland vom Aufbruch vor dem Ersten Weltkrieg über die Weimarer Republik und den NS-Staat – der die Psychoanalyse als «jüdische» Wissenschaft stigmatisierte und die Schule Sigmund Freuds in die Emigration oder zu schwer nachvollziehbaren Distanzierungen und Kompromissen zwang – bis in die (alte) Bundesrepublik. Vor allem geht es der Autorin um die Rolle Freuds in der Durchsetzung und Verteidigung der reinen Lehre gegenüber denen, die eigene Wege suchten wie zuerst C. G. Jung und Alfred Adler oder Wilhelm Stekel und später Erich Fromm und Wilhelm Reich, Karen Horney und Harald Schultz-Hencke, die nach schmerzlichen Ablösungsprozessen, in denen sie manchen als Verräter und Abtrünnige galten, wogegen sie den Begründer der Lehre als tyrannisch oder mindestens unduldsam und engstirnig empfanden. Annemarie Dührssen schildert dies eindringlich und oft, so scheint es, mit geringer Sympathie für Sigmund Freud.

Dessen persönliche Eigenschaften, seine Herkunft aus jüdischer Familie, die Sozialisation in kleinen Verhältnissen und sein Verhalten gegenüber Freunden und Schülern spielen bei der Schilderung der Entwicklung der psychoanalytischen Bewegung durch Annemarie Dührssen eine zentrale Rolle. Ausführlich geht die Autorin auf die Familiengeschichte Freuds und seiner Frau Martha ein und interpretiert das Jüdische als konstitutiv. Allgemeine Feststellungen («Freuds Familie gehörte zum osteuropäischen Judentum») und Aussagen zur jüdischen Kultur und Sozialgeschichte («die demütigende Leidensgeschichte der Wiener Juden war lang») bilden den Hintergrund der Herkunftshistorie Freuds, die weitgehend spekulativ bleibt und über die bekannte Tatsache hinaus, dass der Begründer der Psychoanalyse aus sehr engen Verhältnissen kam, nichts Neues bietet. Freilich ist der ständige Verweis auf das Judentum Freuds auffällig. Sein Großvater sei ein «galizischer Wanderjude» gewesen, der Vater, Jacob Freud, der 1860 nach Wien zog und kaum imstande war, seine Familie mit sieben Kindern zu ernähren, sei «in religiöser Hinsicht offenbar liberal gewesen», die elterliche Ehe «soll nach den Regeln des Reformjudentums geschlossen worden sein». Es ist unerfindlich, wozu diese nebulöse Information, die auf der Vermutung der Autorin beruht, dienlich ist. Sie zeigt allerdings, dass die Chronistin sich um Kenntnisse über jüdische Kultur und Geschichte bemüht hat und es für unerlässlich hält, zur Erklärung der Entwicklung der psychoanalytischen Bewegung und der Motive ihres Gründers immer wieder auf «das Jüdische» zu verweisen.

Der Familienstolz von Martha Freud wird wie die bildungsbürgerliche Tradition ihrer Familie als Gegensatz stark herausgearbeitet: Marthas Großvater Isaak Bernays war Oberrabbiner in Hamburg gewesen, ein Kämpfer gegen das liberale Reformjudentum und, wie die Autorin vermutet, eine wichtige Identifikationsfigur für Martha Freud. In Hamburg aufgewachsen, fiel sie in Wien durch ihr reines Hochdeutsch auf, was Dührssen zu einer weiteren Gegenüberstellung veranlasst, zur Annahme nämlich, dass Freuds Mutter «bis zu ihrem Tod galizisches Jiddisch gesprochen haben soll». Dies ist weder wahrscheinlich noch belegt, dient aber folgender Hypothese der Autorin zum Verhältnis von Sigmund und Martha Freud: «Ich möchte vermuten, daß es bei Martha diese Mischung von ungebrochenem Familienstolz einerseits und religiös bestimmter Würde andererseits gewesen ist, die Freud blitzartig erfühlt hat, als er Martha zum ersten Mal begegnete.»[3]

Die Autorin verknüpft die von ihr vermuteten Zusammenhänge auf der Suche nach den speziell jüdischen Anteilen der Ursprünge der Psychoanalyse und schafft Ausgleich für den bekannten Mangel, dass Freud Agnostiker war und keineswegs als Vertreter des Judentums in Anspruch genommen werden kann (Die Abwendung vom Judentum wird, das ist freilich keine Eigenart der Autorin Annemarie Dührssen, sondern verbreitete Übung, anders als die Abkehr von anderen religiösen Bindungen und Überzeugungen mit Hinweis auf die Herkunftsfamilie von daran Interessierten nicht akzeptiert; das funktioniert von Karl Marx bis Albert Einstein ohne weitere intellektuelle Anstrengung gewohnheitsmäßig wie einst die Anwendung des «Arierparagraphen»). So vermutet Dührssen, «es muß für Martha auch ein vertrautes Erleben gewesen sein, wenn ihr Mann – ähnlich wie ihr Großvater – seiner eigenen ‹Gemeinde› einen neuen Namen gab (Die Psychoanalytische Bewegung), daß sich in seinem Umfeld Kämpfe abspielten, die – ähnlich wie beim Großvater – gegen Reformbewegungen und Abweichlertum gerichtet waren und daß ihr Mann sich das Recht nahm, die ‹Abgefallenen› mit dem großen Bann zu belegen und aus seiner Gemeinde auszuschließen».[4]

Dührssen schließt unmittelbar ihre Vermutung an, dass «die Wiener Juden um Freud» nie verstanden hätten, welche Bedeutung der Stolz und die Identifikation Marthas mit ihrer berühmten Familie für Sigmund Freud gehabt hätten. Es sei aber unverkennbar, folgert sie, «daß er gerade in Hinblick auf die Atmosphäre in dieser Familie problemlos sicher sein konnte, daß sowohl seine Frau wie auch später seine Schwägerin Minna die eigenartigen Kämpfe seiner Gruppe schon deshalb verstanden haben, weil sie in ihm – Freud – die Züge des ehemaligen Oberrabbiners von Hamburg wiederfanden, der alle unorthodoxen Reformer der jüdischen Gemeinde verstieß und mit dem Bann belegte».[5]

Es gehört gewiss zum legitimen psychoanalytischen Instrumentarium der Autorin, die familiären Beziehungen des Begründers dieser Wissenschaft zu interpretieren, freilich steht hier für die Anamnese des Falles nur die Spekulation auf Grund vager Überlieferung, das macht Folgerungen an sich nach den Regeln der Kunst anfechtbar. Die Beziehung auf das Judentum, gestützt auf das einzige Indiz der Herkunftsfamilie, macht die Erwägungen allerdings weithin zum Konstrukt: «Das Jüdische» in und um Freud wird zur Sinnstiftung bemüht, auch wenn die Realität der Freudschen Lebenswelt ganz fern davon war.

Die Intentionen der Autorin sind vollends erkennbar im Kapitel «War die Psychoanalyse eine jüdische Wissenschaft?». Schon die Fragestellung berührt eigenartig, ebenso die Platzierung (zwischen den Abschnitten «Von der Weimarer Republik ins Dritte Reich» und «Nach dem Zweiten Weltkrieg»), und ein Erkenntnisziel wird ebenso wenig formuliert wie eine Antwort auf die rhetorische Frage geboten. Das Kapitel beginnt mit der Feststellung, die Nationalsozialisten hätten Freuds Bücher verbrannt und die Psychoanalyse für eine jüdische Wissenschaft erklärt. Dass C. G. Jung und dessen Schüler Heyer «in diese Diffamierungskampagne» miteingestimmt haben, erwähnt Dührssen und fährt fort: «Aber meine bisherigen Ausführungen haben gewiß schon gezeigt, daß man den Grundbestand psychoanalytischen Wissens keinesfalls als das Ergebnis einer spezifisch jüdischen Geisteshaltung ansehen kann.»[6]

Zum Beweis führt Dührssen – wie schon an anderer Stelle ihres Buches – als Vorläufer in der Erkenntnis unbewusster psychischer dynamischer Prozesse Leibniz und Nietzsche an, verweist auf literarische Klassiker wie Friedrich Hebbel und Goethe und auf sexualreformerische Bewegungen. Anscheinend hält Dührssen, als gelte es zu beweisen, dass der Nationalsozialismus Unrecht hatte, es für nötig, Bausteine zum Beweis des Gegenteils zusammenzutragen. Solches Bemühen, von löblichem Eifer, aber nicht genügend Erkenntnis und Reflexion über «das Jüdische» getragen, stützt und befördert gängige, nicht hinterfragte Vorurteile. Dührssens Argumentation lautet: «So konnte man die Elemente, aus denen sich das psychoanalytische Wissensgebäude zusammensetzte, kaum einer spezifisch jüdischen Geisteshaltung zuordnen.» Was unter einer solchen zu verstehen ist, bleibt undefiniert, dafür wird ein weiteres Beweisstück vorgelegt: «Zudem hatte Freud unter Juden ebenso lebhafte Kritiker wie unter Nichtjuden. Aber es mußte doch etwas zu bedeuten haben, daß die Träger und Vertreter der Psychoanalyse in ganz überwiegender Zahl jüdischer Herkunft waren.»[7] Zur Evidenz dieser Bemerkung wird angeführt, dass in Berlin die Mitglieder der Deutschen Psychoanalytischen Gesellschaft «immerhin zu etwa 2/3 jüdischer Herkunft bei einem Anteil von 0,8 % Juden im Deutschen Reich und 4 % an der Berliner Bevölkerung» gewesen waren. Die Rechnung stimmt allerdings nur, wenn man die Nürnberger Gesetze, also die nationalsozialistische Definition, wer Jude war, anwendet. Übrigens stammte der Massenmörder Heinrich Himmler, als Reichsführer SS Herr über die Konzentrationslager und verantwortlicher Vollstrecker des Völkermords an den Juden, aus einem streng katholischen Elternhaus. Aber die Motive für seine Verbrechen werden nie mit seiner Herkunftsfamilie in Verbindung gebracht, nirgendwo in der Literatur wird er als Katholik oder «katholischer Herkunft» apostrophiert, und dieses Beispiel steht für viele: Nur die «jüdische Herkunft» gilt als bemerkenswert und als Indiz zur Erklärung für Gesinnung, Haltung und Taten.

Frau Dührssen, auf der Suche nach einer Antwort auf die Frage, «welche Verbindungen gab es zwischen einer spezifisch jüdischen Eigenart, jüdischen Schicksalen und dem psychoanalytischen Gedankengut?»,[8] bemüht die Theorie von der «Religion der religionslosen Juden». Vorgefunden hat sie das Konzept im Vortrag des Wiener Rechtsanwalts Rudolf Bienenfeld aus dem Jahr 1937, der die Vorstellung entwickelte, dass Menschen, die sich von der jüdischen Religion abgewendet hatten, trotzdem aufgrund psychischer oder anatomischer Merkmale und durch «ihre geistige Grundeinstellung, die sich physiognomisch durch ihre Gebärden, durch ihre Mimik, durch ihre Sprechweise, durch ihre Geistesart» äußere[9], erkennbar blieben.

Bienenfeld, den Annemarie Dührssen für einen Soziologen hält, war als Autor eine der originellsten Erscheinungen im österreichischen Judentum, prominent als Jurist, beeinflusst von Sigmund Freud, zu dessen Tarockrunde er gehörte, und bekannt als Schriftsteller und Zionist. Er veröffentlichte 1936 unter dem Pseudonym Anton van Miller das Buch «Deutsche und Juden», in dem er den Versuch unternahm, die nationalsozialistische Ideologie zu bekämpfen, indem er deren antisemitische Parolen ernst nahm, um sie mit rationalen Argumenten zu widerlegen.[10] Zu diesen Bemühungen gehörte auch der Vortrag in der Gesellschaft für Soziologie und Anthropologie der Juden in Wien am 10. November 1937 über den religionslosen Juden. Bienenfeld engagierte sich in dem Bestreben, die Judenfeindschaft aus dem Wesen der Juden heraus zu erklären, und kam zu dem Schluss: «Die mitteleuropäischen und die westlichen Juden zeigen gegenwärtig die Tugenden und die Laster ihrer Wirtsvölker stets zum Quadrat erhoben.»[11] Seine Überlegungen sind, trotz einer Neuauflage der Broschüre vom religionslosen Juden[12] nicht rezipiert worden, die Gründe dafür liegen nahe.[13]

Die These Bienenfelds, die von Annemarie Dührssen als wegweisend gepriesen wird, besagt, dass bei diesen «religionslosen Juden» bestimmte Grundzüge der jüdischen Religion fortwirken, ohne Wissen der Träger «und trotz der bei den religionslosen Juden endemischen Verachtung jüdischer Traditionen, und daß es eben diese Geisteshaltung, diese unbewußte Religion ist, die die religionslosen Juden zu einer eigenartigen Gruppe innerhalb ihrer Umgebung macht».[14]

Dies ist allerdings eine Adaption von rassistischem Antisemitismus in purer Form, wie er im letzten Drittel des 19. Jahrhunderts als Doktrin entstand und im Nationalsozialismus zu mörderischer Konsequenz getrieben wurde. Frau Dührssen leuchtet das Konstrukt vom religionslosen Juden ein, und sie wendet es auf Sigmund Freud an. Es könne doch sein, vermutet sie, dass Freud bei sich wie auch bei seinen Schülern Karl Abraham und Sandor Ferenczi – sie zitiert aus der Korrespondenz Freuds Stellen, die ihr beweiskräftig scheinen – eine elementare geistige Eigenart erlebt habe, die Auswirkungen der unbewusst fortlebenden Essentialien jüdischer Religion waren. «Ganz gewiß lebten aber in Freud und seinen Anhängern jene Tendenzen der Juden zur Selbstausgrenzung fort, die sich unter anderem auch in der Einstellung der Juden zu den Nichtjuden – den ‹Gojim› – durchsetzte.»[15]

Hier greift Dührssen das Stereotyp der jüdischen Selbstabgrenzung auf, das oft als Vorwurf der Anmaßung und Arroganz, des Auserwähltheitsanspruchs gegen Juden formuliert wird. Mit dieser Überleitung zu Passagen über die laut Dührssen grundsätzlich «abschätzige Einstellung der Juden den Nicht-Juden gegenüber» hat die Autorin offenes Fahrwasser im Strom der Ressentiments erreicht. Dührssen macht aber gleichzeitig eine «geheime unterirdische Verbindung» zwischen «den Juden und den Deutschen» aus, die im Kaiserreich und in der Weimarer Republik bestanden haben soll und als gemeinsame Unterwerfungsbereitschaft unter Gebote und Verbote, als gemeinsames elitäres Selbstverständnis und im gemeinsamen messianischen Gedanken Ausdruck gefunden haben soll. Auf ähnlich verquaste Weise erklärt die Autorin «das Unsinnige der vergangenen Rassentheorie», um schließlich mit den bei manchen Autoren, die auf diesem Gebiet dilettieren, beliebten Erwägungen zum jüdischen Selbsthass das Kapitel zu beschließen.

Dührssen begnügt sich aber nicht mit der Exegese von Theodor Lessings berühmtem Buch zum Thema[16], sie verknüpft die abschließende Betrachtung, ohne die von ihr zum Programm des Abschnitts erhobene Frage «War die Psychoanalyse eine jüdische Wissenschaft?» zu beantworten, mit Erwägungen über den «Selbsthaß der Deutschen». Anscheinend hat die Autorin ihre an sich seltsame Fragestellung im Eifer aus den Augen verloren oder sie war überhaupt nur Aufhänger für – freilich die Autorin entlarvende – Ausführungen zur Ausbreitung gängiger Vorurteile über Juden auf gehobenem Niveau. Schließlich äußert die Autorin auf polemische Weise eigene Gesinnung mit Erwägungen über einen von ihr beobachteten Selbsthass der Deutschen: «Mit einer zeitlichen Verschiebung von fast drei Jahrzehnten taucht dann aber auch unter den Deutschen ein ähnliches Phänomen auf. In einer bestimmten deutschen Subkultur, der man vor allen Dingen in den Massenmedien und in der Literatur immer wieder begegnet, wird die Selbstbeschuldigung der Deutschen zur Verhaltensnorm. Die ‹Deutschenschelte› ist Mode, die Akzeptanz einer Kollektivschuld bis in die dritte und vierte Generation führt zu einer Verleugnung aller achtenswerten Eigenschaften, die in Deutschland lebendig sind. Auch hier wäre mit Freud zu fragen, ob jene Persönlichkeiten, die zur Selbstanklage und zum Selbsthaß neigen, nicht – ähnlich wie früher die Juden – *ihre Väter intensiv hassen, aber zugleich auf das Tiefste mit ihnen identifiziert sind*[17] und keine Wege sehen, sich aus dieser unbewußten Identifikation wirksam herauszulösen.»[18]

Man wird die Mutmaßungen, Behauptungen und Folgerungen der Annemarie Dührssen nicht als manifeste Judenfeindschaft interpretieren können. Aber sie sind beispielhaft für die Einstellungen von Autoren wissenschaftlicher Prosa, die latenten Antisemitismus zum Hintergrund haben, damit Vorurteile bekräftigen und Stereotype über «die Juden» oder «das Jüdische» vermittelten. Damit wird schließlich auch manifeste Judenfeindschaft alimentiert.

Zweiter Exkurs.
Das Konstrukt der Holocaust-Industrie

Der mit dem Begriff Holocaust umschriebene Völkermord an den Juden Europas ist für die Überlebenden wie für ihre Nachkommen eine Erinnerung, der gegenüber der wachsende Abstand zu den Ereignissen – den Gaskammern in den Vernichtungslagern, den Erschießungsgruben, den Ghettos und Konzentrationslagern – keine Rolle spielt. Das liegt am Wesen des Traumas, und die Einwände der Mehrheitsgesellschaft, das sei doch so lange her und deshalb werde die Bedeutung der Beschäftigung mit dem leidigen Gegenstand übertrieben, sind in der Schicksalsgemeinschaft der Holocaustopfer nicht nachvollziehbar. Denn der Holocaust ist nur für die Nachkommen der Tätergesellschaft schon lange Vergangenheit, die Enkel der Opfer sind so traumatisiert wie ihre Eltern, und dies zu begreifen, gehört zu den Voraussetzungen des Umgangs mit der verschiedenartigen Erinnerung. Diese Erkenntnis ist unerlässlich für das Zusammenleben von Juden und Nichtjuden.

Noch schlimmer als die marginalisierende Beschwichtigung wegen der Jahrzehnte, die zwischen dem Judenmord und der Gegenwart liegen, ist die Verweigerung gegenüber der historischen Realität, die sich im Schlagwort von der «Auschwitzlüge» manifestiert, die die Vernichtung von sechs Millionen Menschenleben leugnet, die Existenz der Stätten des Mordes bezweifelt oder die Argumente zur Relativierung der historischen Wahrheit aus Rechentricks zur Minderung der Zahl der Opfer bezieht oder eine «jüdische Kriegserklärung» gegen das deutsche Volk behauptet, die alles weitere als Notwehr erscheinen lassen soll. Zweifel an der Realität von Auschwitz oder Treblinka und die Leugnung des Völkermords sind fundamentale Angriffe auf die jüdische Identität, kaum anders der leichtfertige Umgang mit dem Begriff, der für die Katastrophe des jüdischen Volkes steht.

Nach der Überzeugung des amerikanischen Politologen Norman Finkelstein existiert ein Kartell aus Personen, Organisationen und Institutionen, das aus den Leiden des jüdischen Volkes politischen oder finanziellen Profit zieht und damit die Hauptursache des Antisemitismus bildet. Finkelstein hat seine Thesen in einem Buch mit dem Titel «Holocaust-Industrie» publiziert, das Anfang 2001 mit großem Medienaufwand dem deutschen Publikum vorgestellt und in rechtsextremen Kreisen mit freudigem Beifall aufgenommen wurde.[1]

Finkelstein provoziert in seinem ebenso polemischen wie emotionalen Essay erstens durch den eher verschwörungstheoretischen als analytischen Ansatz, mit dem er Macht und Nutzen als Antriebskräfte der Erinnerung an den Holocaust definiert, um massive Vorwürfe gegen jüdische Organisationen und ihren Einfluss in Amerika zu formulieren. Zweitens bestreitet er die von manchen dogmatisch vertretene, von anderen mit historischen Gründen gestützte Idee der Einzigartigkeit des Holocaust und polemisiert gegen die Denkfigur des «ewigen Antisemiten». Die Argumentation, deren Bezugsrahmen auf die US-amerikanische Gesellschaft beschränkt und durch vehemente Abneigung gegen Exponenten des amerikanischen Judentums und durch harschen Antizionismus charakterisiert ist, mündet drittens in den Vorwurf der Bereicherung und Erpressung an jüdische Organisationen wie die Jewish Claims Conference oder den World Jewish Congress.

In seinem Traktat mischt Finkelstein haltlose Vorwürfe, deren Hintergrund schlecht recherchiert ist, mit Themen, über die tatsächlich Diskussionsbedarf besteht, nämlich die Singularität des Völkermords an den Juden und, damit zusammenhängend, Funktion und Wirkung des Antisemitismus. Da er in diesem Zusammenhang bereits als wütender Kritiker Daniel J. Goldhagens aufgetreten war,[2] lag es nahe, dass die deutschen und österreichischen Rechten ihn vereinnahmen würden, dies umso mehr, als er mit seinem utilitaristischen Verschwörungsdenken und den Vorwürfen an die angeblich am Holocaust sich bereichernden jüdischen Organisationen die Hand dazu reicht und – als weit links Stehender, der aber gemeinsame Feindbilder pflegt – hochwillkommen ist, weil man sich auf ihn als Juden so gut berufen kann. Und weil der amerikanische Jude Finkelstein mit seinen maßlosen Vorwürfen gegen jüdische Eliten Linderung schafft vom Leidensdruck, den deutschnationale Patrioten angesichts öffentlicher Erinnerung an die jüngere deutsche Geschichte gern empfinden.

Die Gegendarstellung erschien gleichzeitig. Sie versammelte Stellungnahmen ob des Radaus von besorgten nachdenklichen Historikern und Publizisten wie Raul Hilberg, Salomon Korn, Omer Bartov, aber auch des weniger überlegsamen Peter Sichrovsky (der in der rechtslastigen «Jungen Freiheit» die «Antisemitismus-Keule» als Erklärungsmodell für die verbreitete Ablehnung des Buches bemüht und Salomon Korn als [jüdischen] Hetzer, der das Buch den Deutschen vorenthalten wolle, diffamiert hatte).[3] Die Medien mühten sich, wie einst bei Goldhagens inzwischen verblassten Vermutungen über Ursachen und Wesen des Holocaust, mit Verve um die Thesen Finkelsteins, denen nach einer teilweise tumultuösen Lesereise mit den Stationen Berlin, Zürich, Wien der Dokumentationsband «Die Finkelstein-Debatte» folgte.[4] Die Marktstrategie war wie in ähnlichen Fällen erfolgreich.

Dem Publikum wurde ein Pamphlet zum Kauf empfohlen, das sich als «Anatomie der Holocaust-Industrie» ausgibt und behauptet, der Völkermord an den Juden habe sich «als unentbehrliche ideologische Waffe erwiesen», um mit schrecklichen Vereinfachungen ein pathologisches, von Verschwörungslegenden gestütztes ahistorisches Bild der Geschichte und ihrer Wirkungen zu entrollen. Die Schrift Finkelsteins wäre überdies eine Art Plagiat, wenn der Autor die Intentionen seines Vorbildes Peter Novick nicht verdreht und verdorben hätte durch einseitige Radikalisierung. Abgesehen davon, dass Finkelstein keine Beweise für seine Anschuldigungen erbringt, erweckten seine perfekt geplanten und medial vermittelten Auftritte bei der Präsentation der deutschen Version Anfang 2001 den Eindruck, er sei selbst daran interessiert, das Thema Umgang mit dem Völkermord an den Juden zu kommerzialisieren und sich dabei zu profilieren.

Finkelstein nahm also das seriös und umsichtig argumentierende Buch des amerikanischen Historikers Peter Novick[5] als Ausgangspunkt und beutete dessen Gedanken für seine Zwecke aus. Novick untersucht kritisch die Rolle des Holocaust in der politischen Kultur Amerikas. Seine Arbeit, wiewohl für ein amerikanisches Publikum geschrieben, ermöglicht sowohl die allmähliche Verankerung des Holocaust nach langem Unverständnis im amerikanischen kollektiven Bewußtsein nachzuvollziehen als auch wesentliche Motive dieser Entwicklung zu verstehen.

Dem Zweiten Weltkrieg folgte das bis in die 60er-Jahre andauernde Schweigen und Nichtverständnis der amerikanischen Gesellschaft zum Völkermord. Ausgehend vom Eichmann-Prozess in Jerusalem, der Hannah-Arendt-Debatte, dem Sechs-Tage-Krieg drang das Thema dann in das öffentliche Bewusstsein ein. Mit der TV-Serie «Holocaust» erfolgte im nächsten Jahrzehnt der Durchbruch und die Übernahme des Themas in den Mainstream amerikanischen Denkens, charakterisiert durch die Präsidentenkommission zur Errichtung des nationalen Memorials und dessen Inkorporierung in die nationale Erinnerungskultur durch die Errichtung des Museumsbaus in der Washington Mall. Zu den positiven und negativen Konsequenzen der Holocaust-Kultur im amerikanischen Verständnis gehören Irritationen wie die Bitburg-Affäre, Inkarnationen wie das US Holocaust Memorial Museum in Washington, zurecht kritisch betrachtete Institutionen wie die Aktivitäten des Wiesenthal Centers in Los Angeles mit seinem Museum of Tolerance und die Folgen von Steven Spielbergs Film «Schindler's List».

Zentral bleibt die Frage, welche Wirkung die Adaption der Erinnerung an den Völkermord durch die amerikanische Gesellschaft für das Selbstverständnis der jüdischen Minderheit hat. Das immer deutlicher sich artikulierende Unbehagen jüdischer Vertreter an der Entwicklung der «Holocaust Industry» wird bei Novick ohne anklägerischen Impetus diskutiert.

Zwei prägnante Beispiele bezeichnen Fixpunkte der Entwicklung: Für die Veränderung des amerikanischen Bewusst-

seins steht einmal die Rezeption des Tagebuchs der Anne
Frank in den 50er-Jahren, die weitgehend vom Völkermord an
den Juden abgelöst und als allgemein menschliche Botschaft in
jenen Jahren mit riesigem Erfolg (vor allem durch das Theater)
vermittelt wurde, zum anderen Steven Spielbergs Film
«Schindler's List» in den 90er-Jahren, mit dem zugleich die
Ausdrucksmittel von Hollywood als Instrumente der amerikanischen Populärkultur in den Rang «authentischer Zeugnisse»
erhoben wurden. Der Regisseur wurde zum autoritativen Experten und berufenen Interpreten einer historischen Botschaft,
die als amerikanische Mission («Teaching the Holocaust»)
propagiert wird.

Der Holocaust als Tragödie, die fernab von den USA stattfand, eignet sich als Metapher des Bösen hervorragend, Werte
der amerikanischen Gesellschaft wie Optimismus, moralisches
Sendungsbewusstsein, den Glauben an den Triumph des Guten
zu vermitteln. Die Juden spielen dabei immer nur die Rolle der
Opfer, sie werden in diesem Zusammenhang nicht als ethnische oder religiöse amerikanische Minderheit wahrgenommen.
Die Rezeption des Holocaust in den USA dient zugleich der
Heroisierung der eigenen Nation, die in der historischen Realität eine entscheidende Rolle bei der Befreiung Europas vom
Nationalsozialismus spielte, sich dabei auf der moralisch richtigen Seite befand und die Tragödie des jüdischen Volkes in die
eigene Geschichte adaptieren konnte, während sie Mühe mit
dem Genozid auf amerikanischem Boden, der Vernichtung der
indianischen Kulturen hat.

Finkelstein vergröbert solche Überlegungen zu Verschwörungstheorien und Schuldzuweisungen etwa an die Adresse des
Friedensnobelpreisträgers Eli Wiesel, der als Überlebender als
moralische Institution der Erinnerung an den Holocaust gilt,
an die Jewish Claims Conference, die als zentrale jüdische
Organisation mit der Verwaltung und Verteilung von Wiedergutmachungsgeldern befasst ist und an das US Holocaust-
Museum in Washington als einer wichtigen Instanz zur Darstellung und Bewusstmachung der Judenverfolgung in der
Öffentlichkeit. Mit der Behauptung, die Jewish Claims Conference bereichere sich an Entschädigungsgeldern, die jüdischen
Opfern vorenthalten würden, bedient Finkelstein verbreitete

antisemitische Klischees und Vorurteile; zur Stütze seiner These behauptet er, die Claims Conference gehe von zu hohen Opferzahlen aus. Er kann zwar nicht beweisen, dass die Zahlen der Claims Conference zu hoch sind, muss sich aber selbst Fehler und mangelnde Kenntnisse bei seinen Berechnungen vorhalten lassen.

Erklärungen für die abstrusen Thesen Finkelsteins sind im persönlichen und psychologischen Bereich des Autors zu finden. Aufgrund fehlender Anerkennung als Wissenschaftler kultiviert er einen akademischen Außenseiterstatus, der sich in Angriffen gegen wissenschaftliche und moralische Autoritäten äußert, in «Enthüllungen» über Funktionäre amerikanischer und anderer jüdischer Organisationen, im Vorwurf der «Korruption» und «Mißwirtschaft». Als Beweis führt er gern das Schicksal seiner Mutter an – seine Eltern waren Überlebende des Holocaust –, die nur eine geringfügige Entschädigungssumme von der Claims Conference erhielt, während andere Opfer lebenslange Renten empfingen. Antizionistische Überzeugungen stilisiert er zu einer «Verschwörung» des Judentums. Ergebnis der Mischung aus fachlicher Inkompetenz und persönlichem Geltungsdrang ist das Pamphlet über die «Holocaust-Industrie», das nur in Deutschland Wirkung hatte. Der Verlag der deutschen Ausgabe verfolgte seine wirtschaftlichen Interessen und ließ alle Appelle, auf diesen Titel zu verzichten, als elitären Zensuranspruch abtun. Das Verlangen, ein Buch nicht erscheinen zu lassen, ist freilich auf zweierlei Weise das untaugliche Mittel. Zum einen ruft es – zu Recht – die Anwälte der Meinungsfreiheit auf den Plan, zum anderen weckt es Erwartungen, die den Umsatz steigern, was den Absichten der Kritiker zuwiderläuft. Rechtsradikalen waren Finkelsteins Thesen willkommen als Munition in der Agitation gegen die Erinnerung an nationalsozialistische Verbrechen und in der Propaganda gegen die Entschädigung für Zwangsarbeiter und für Holocaustopfer generell. Die deutschen Medien machten, geleitet von der PR-Abteilung des Verlags und vom Streben, ja nichts zu versäumen, die Debatte zum Ereignis (in den USA war die Sache mit wenigen vernichtenden Kritiken auf ihre tatsächliche Bedeutung reduziert) und stifteten damit mehr Verwirrung als Aufklärung.

Tatsächlich verdient der professionelle Umgang mit dem nationalsozialistischen Völkermord an den Juden Europas als Thema der Geschichtskultur, der Erinnerung und des Gedenkens in der Öffentlichkeit Jahrzehnte nach den Ereignissen kritische Diskussion. Wie sollen neue Generationen mit dem Thema umgehen, welchen Stellenwert muß es oder soll es an Schulen haben, welches offizielle Gedenken ist angemessen, wieviel darf die Erhaltung von Gedenkstätten und die Errichtung von Mahnmalen kosten? Braucht Deutschland ein Holocaust-Museum in der Hauptstadt Berlin, darf das Verlangen nach dem Schlussstrich artikuliert werden, muss es Holocaust-Lehrstühle an den deutschen Universitäten geben? Das sind wichtige und berechtigte Fragen, die, je weiter der Holocaust in die Vergangenheit rückt, desto intensiver diskutiert werden müssen. Die Denunziation jüdischer Organisationen, die Schuldzuweisung an Einrichtungen und prominente Persönlichkeiten der Gedenkkultur aus vordergründiger Absicht durch die Behauptung, es gäbe eine «Holocaust-Industrie», leistet der notwendigen Klärung schwieriger Fragen allerdings keinen Dienst.

Natürlich sind Kitsch und Kommerz Nebenerscheinungen der Amerikanisierung der Erinnerung an den Holocaust. Und selbstverständlich ist die Trivialisierung des Völkermords nach den Rezepten Hollywoods ebenso kritisch zu diskutieren wie das Gewinnstreben Einzelner, die Profit aus Katastrophen schlagen. Aber dieser Diskurs muss ernsthaft geführt werden, und er ist, das zeigt der Ansatz von Peter Novick, zunächst eine intellektuelle Debatte über die Rolle der Juden in der amerikanischen Gesellschaft. Dann sind die Fragen, die Finkelstein keineswegs als Erster stellt, notwendig als Beginn eines Klärungsprozesses, wie der Genozid an den Juden Europas historisch zu verorten ist. Die These von der Singularität des Holocaust darf und muss kritisch diskutiert werden, mit plumpen Vergleichen und kurzen Analogieschlüssen – zum Schicksal der Indianer Nordamerikas, zur deutschen Kolonialgeschichte, zu den genozidalen Gräueln der Gegenwart in Afrika – ist die Dimension des Völkermords an den Juden nicht auszuloten. Wer die Einzigartigkeit des Judenmords nach Intention und Methoden verficht, muss deshalb andere Genozide nicht marginalisieren, und wer die Vergleichbarkeit der Völkermorde mit gleichfalls guten Argumenten betont, wird darüber den Holocaust nicht als weniger beklagenswert abtun.

Der Ort des Holocaust im kollektiven Gedächtnis wird von Generation zu Generation neu bestimmt, das lehrt auch das amerikanische Beispiel, und darüber zu streiten ist wichtiger als den Gestus der Betroffenheit ohne weitere intellektuelle Anstrengung zu üben. Finkelstein hat mit seinem schrillen und denunziatorischen Traktat keinen Beitrag zu einer solchen seriösen Debatte geliefert. Aber «nicht die emotionsgeladenen Behauptungen des Norman Finkelstein sind das Problem», schreibt Salomon Korn, dessen Diagnosen durch Unaufgeregtheit und Präzision bestechen: «Die seinen Verdächtigungen sofort zuteil werdende öffentliche Aufmerksamkeit, die öffentliche Bereitschaft, sie glauben zu wollen, sind es. Warum wohl?»[6]

Weil Finkelstein stereotype Vorstellungen von Juden bedient, die deswegen antisemitisch sind, weil sie Assoziationen über kollektive Eigenschaften wecken und weil ihr Urheber, Finkelstein, verschwörungstheoretisch damit agiert. Da Finkelstein Jude ist und sich unablässig auf den Erinnerungs-Auftrag seiner Eltern beruft, die Überlebende des Holocaust waren, schafft er sich scheinbar die Legitimation, das auszusprechen, was sich die Mehrheit verbietet. Dafür nimmt ihn die Rechte offen und jubelnd in Anspruch. Als Jude dürfe er das sagen, was den Nichtjuden nach den Geboten der *political correctness* verboten sei. Darauf beruft sich zum Beispiel der österreichische notorische Neonazi Walter Ochensberger mit der Paraphrase: «Wenn jeder, der behauptet, ein Überlebender zu sein, wirklich einer ist ... wen hat Hitler dann eigentlich umgebracht?» Es handele sich bei solcher Argumentation «um die Erkenntnisse des amerikanisch-jüdischen Professors Norman Finkelstein». Dem fügt der antisemitische Rechtsextremist hinzu: «Würden wir das sagen, was der jüdische Professor Finkelstein über das ‹Holocaust-Schwindel-Geschäft› in seinem Buch schreibt und auch in der Öffentlichkeit sagt, würden wir für viele Jahre als ‹Holocaust-Leugner›, als ‹Neonazi›, als ‹Rechtsextreme›, als ‹Antisemiten› und als ‹Volksverhetzer› hinter Kerkermauern landen!»[7]

Nach der gleichen Methode macht die gesamte rechtsextreme Publizistik Finkelstein zum Kronzeugen für den eigenen Antisemitismus. Horst Mahler lobt auf seiner Homepage «Werkstatt Neues Deutschland», die offen Judenfeindschaft propagiert, die willkommene neue Quelle von Ressentiments: «Wir zollen dem jüdischen Gelehrten Norman Finkelstein Respekt dafür, daß er der Welt den Betrug und die Erpressung aufgezeigt hat, mit denen von jüdischen Organisationen aus dem Deutschen Volk durch Einsatz der Auschwitzkeule Milliarden und Abermilliarden herausgepreßt werden.»[8]

Es war kein Akt der Usurpation, als Rechtsextreme Finkelsteins Monolog zum Schlüsseltext machten, mit dem sie jüdische Arglist und Geldgier beweisen wollen. Der Verfasser der den Antisemiten so willkommenen Polemik hat jede Handhabe dazu geboten, dass sie ihn vereinnahmen, ihm freudig applaudieren und seinen Argumenten ein dankbares Publikum verschaffen konnten, das moralischer Appelle unter Berufung auf den Völkermord an den Juden längst müde ist und nach Gründen sucht, die den metaphorischen Schlussstrich unter belastete und lästige Vergangenheit rechtfertigen. Wegen seiner akademischen Profession als Politologe soll der Text als wissenschaftliche Prosa, die unangreifbare Autorität suggeriert, rezipiert werden. Weil der Autor Jude ist und seine Eltern Holocaust-Opfer waren, soll man ihn als unverdächtigen Kronzeugen wahrnehmen. Auf diesen beiden Schienen bewegt sich das Vehikel, mit dem die judenfeindlichen Stereotype transportiert werden.

Antisemitismus ohne Antisemiten.
Die Affäre Möllemann

Der von Jürgen Möllemann (FDP) im Wahlkampf 2002 entfachte «Antisemitismus-Streit» instrumentalisierte Ressentiments und Vorurteile: Auslöser war seine Feststellung, Antisemitismus sei ein Reflex auf das Verhalten prominenter Juden (des deutschen Fernsehmoderators Friedman und des israelischen Ministerpräsidenten Sharon). Den Hintergrund bildete die ebenso populistische und wirksame wie absurde Behauptung, es existiere ein Verdikt, Kritik an Israel zu üben und es gebe einschlägige Denk- und Meinungsverbote. Als Tabubrecher empfahl sich Möllemann und benützte, um sich allgemein verständlich zu machen, klassische judenfeindliche Stereotype als Appell an Wähler bis hin zu Weltverschwörungsphantasien in Gestalt einer «zionistischen Lobby», die unerwünschte Kritiker bei Bedarf mundtot mache.

Angefangen hatte es mit antisemitischen Äußerungen eines Landtagsabgeordneten in Nordrhein-Westfalen, die als Israelkritik getarnt waren. Daraus entwickelte sich eine Debatte, in der erstmals aus einer demokratischen Partei – zum Entsetzen ihrer Patriarchen, vieler Mandatsträger und Mitglieder – Angebote an ein Wählerpotential ergingen, das bislang fern demokratischer und liberaler Bestrebungen agiert hatte. Der Abgeordnete Jamal Karsli, außerhalb der Region weithin unbekannt, war von den Grünen zur FDP-Fraktion gewechselt, die ihn zunächst als Gast, dann als Mitglied aufnahm und unter öffentlichem Druck dann wieder ausschloss. Der Fall Karsli verdiente kein besonderes Interesse, hätte nicht der Landeschef und damalige stellvertretende Bundesvorsitzende der FDP, Jürgen Möllemann, die Angelegenheit zum Skandal gemacht, hätte nicht der Vorsitzende der Partei, Konkurrent Möllemanns als Protagonist werbewirksamer Strategien und als FDP-Kanzlerkandidat mit Blick auf eine Hausmacht von 18 % der Wähler, so viel Geduld und Gelassenheit gezeigt, bis er endlich –

um sich selbst zu retten und weiteren Schaden von der Partei abzuwenden – auf Distanz zu Karsli und Möllemann ging.

Unter dem Vorwand der Israel-Kritik, die als befreiender Tabubruch dargestellt wird, sind in dieser Debatte die Stereotype der Judenfeindschaft in die öffentliche Auseinandersetzung zurückgekehrt. Das war das Neue an dem Diskurs, der mit zunehmender Erbitterung von Menschen geführt wird, die mit bierernster Trotzigkeit einklagen, was niemand bestreitet, nämlich das vermeintlich vorenthaltene Recht auf Kritik an Israel, das Ende vermuteter Privilegien «der Juden» in Deutschland, die es (sieht man von der besonderen Aufmerksamkeit ab, die auf die Minderheit gerichtet ist) nicht gibt. Die Debatte wurde auf zwei Ebenen geführt. In den Medien mühte sich politische und sonstige Prominenz darum, den Konsens zu bewahren, der essentieller Bestandteil politischer deutscher Kultur ist, den Konsens darüber, dass Antisemitismus als Mittel der Politik verpönt, dass Judenfeindschaft nach Hitler ein für allemal in diesem Land geächtet ist. Im Alltagsdiskurs, der zweiten und wirkungsmächtigeren Ebene, erfolgte mit Hilfe tradierter Stereotype gegen Juden die Reanimierung muffiger Ressentiments, die ausschließlich mit den Kategorien «fremd» versus «eigen» ein Politikverständnis mit dem Ziel artikuliert, Gemeinschaft durch Ausgrenzung zu stiften. Das sind traditionelle Muster.

Die Debatte hat sich auf einem Nebenschauplatz totgelaufen, an dem Problem nämlich, ob diejenigen, die sie entzündet haben, Antisemiten seien oder nicht (auch auf der zweiten Ebene, am Stammtisch und wo sonst der Diskurs geführt wird, dominiert die Frage, ob man ein Antisemit ist, wenn man dieses oder jenes sagt, empfindet oder tut). In Frage gestellt wurde auch, dies insbesondere von Intellektuellen, was Antisemitismus eigentlich sei – als ob der Definitionsbedarf von Judenfeindschaft erst jetzt entstanden sei. Schließlich hat auch der ehemalige Bundeskanzler Helmut Schmidt, ein Mann von Autorität und Reputation, dem Politiker Möllemann attestiert, dass er kein Antisemit sei. Warum musste der Altkanzler in die Falle tappen, die der alerte Freidemokrat aufgestellt hatte? Dass über die Nahost-Politik geredet und gestritten werden müsste, hat Helmut Schmidt eingefordert, als habe dies irgendjemand verboten, verbieten wollen, als könne so etwas überhaupt verboten werden. Eben mit der Behauptung, man dürfe Israel nicht kritisieren, hat Möllemann doch die schlichten Gemüter geködert und das Ventil geöffnet, um judenfeindliche Ressentiments salonfähig zu machen. Solcher Populismus ist auch dann wirkungsvoll, wenn das Kalkül im ersten Anlauf – bei der Werbung neuer Wähler – nicht aufgeht, denn die zweite Chance, als Märtyrer zu reüssieren, ist einprogrammiert.

Leserbriefe, Zuschriften, Rufe aus dem Publikum bestätigen es, dass ein Popanz erzeugt wurde, um mit aller Kraft und großer Wut bekämpft werden zu können. Der Popanz heißt, Israelkritik sei verboten, und andere Spukgestalten gesellen sich dazu: die Mär von der zionistischen Lobby oder vom beherrschenden jüdischen Einfluss auf die Medien. Weltverschwörungsfantasien krönen das Konstrukt.

Denkverbote und Meinungsmonopole werden behauptet, um sie brechen zu können. Mit Antisemitismus hätten die Unterstellungen, hätte das Hantieren mit den Stereotypen der Judenfeindschaft, hätte das Geraune über jüdisches Wesen – davon sind die Anwälte der vorgeblich bedrohten Meinungsfreiheit überzeugt – nichts zu tun. Entsprechender Vorwurf wird mit der Entrüstung zurückgewiesen, die dem fundamentalen Verstoß gegen die guten politischen Sitten angemessen ist. Nicht aus Judenfeindschaft, sondern im Kampf um Liberalität, zur Wahrung berechtigter Interessen, werden nach den Beteuerungen der Protagonisten die grotesken Vergleiche gezogen bis hin zur Gleichsetzung von Juden und Nazis im Nahost-Konflikt. Dass Juden darüber verletzt sind und sich verwahren, erregt lauthals demonstrierte Verwunderung, kann aber mühelos in die Argumentation eingebaut werden. Die Gründe liegen auf der Hand. Juden, die sich schuldig machen, verlieren den Opferstatus und werden angreifbar. Zur Rationalisierung der Abneigung, die als berechtigte und nachvollziehbare Kritik an einem bestimmten Sachverhalt erscheinen soll, muss jeder Antisemitismusvorwurf zurückgewiesen, muss jeder Verdacht, als ginge es um etwas anderes als um berechtigte Anliegen, zerstreut werden. Als Hilfsmittel dient dann auch die Vermutung, man wisse ja gar nicht genau, was Antisemitismus sei, das müsse erst einmal definiert werden.

Aber bringt solche terminologische Mühe im Dienste der Begrifflichkeit, die Frage, ob etwa der Schriftsteller Walser oder der Politiker Hohmann oder der Gelehrte Nolte ein Antisemit ist, in der Sache weiter? Genügt nicht die Feststellung des Schadens, der angerichtet wird durch vage Unterstellung, durch die Ausstattung von Romanfiguren mit bestimmten Attributen, aus welchem Motiv auch immer? An der Lektüre von Walsers Roman «Tod eines Kritikers» wird kaum einer Schaden nehmen und «Stellen» sucht man dort mit vergeblicher Mühe.[1] Der Romancier als Meister der Undeutlichkeit wirkt als Stichwortgeber für ressentimentgeladene Spießer auf andere Weise: als Passagier im Medienkarussell, der im Nimbus des Dichters mit trotziger Gebärde vor der Kamera fordert, man müsse dies oder das doch wohl noch sagen dürfen (das Diktum «Auschwitz als Moralkeule» etwa) und der denen aus der Seele spricht, die Geschichte als endgültig Vergangenes abtun möchten. War Möllemann, ist Walser also Antisemit? Möglicherweise hilft der Blick weiter zurück bei der Suche nach Antworten.

Heinrich von Treitschke, einst renommierter Historiker und Herold deutschnationaler Sehnsüchte borussischer Observanz, entfachte im 19. Jahrhundert eine Debatte, die als «Berliner Antisemitismusstreit» in die Geschichte einging. Treitschkes Sentenz «Die Juden sind unser Unglück» wurde zum geflügelten Wort, wurde selbständig und war ein halbes Jahrhundert später allwöchentlich im «Stürmer», dem widerlichsten Hetzblatt nationalsozialistischer Judenfeindschaft, als Leitmotiv abgedruckt. Das hat der Historiker und Reichstagsabgeordnete Treitschke, ein Mann von Reputation und einigem Nachruhm, gewiss nicht beabsichtigt, und die Nationalsozialisten hätte er sicher verachtet, so er sie noch hätte erleben müssen. Treitschke, der sich über die Einwanderung von Ostjuden nach Deutschland grämte, der sie als «Hosen verkaufende Jünglinge» und «Deutsch redende Orientalen» verächtlich machte, verlangte von ihnen Anpassung, Assimilation, Aufgabe kultureller Eigenart. Das wurde in einer großen öffentlichen Debatte 1879/1881 geklärt.[2] Dass Treitschke den 1933 zur Macht gekommenen Antisemiten als Kronzeuge für die Notwendigkeit der totalen Segregation der Juden bis zur letzten Konsequenz, der physischen Vernichtung, dienen würde, war natürlich nicht zu ahnen. Aber es ist geschehen.

War Treitschke ein Antisemit? Die Frage wurde in mancher Abhandlung mit Scharfsinn behandelt und so oder so beantwortet. Gewiss gehörte er nicht zu denen, die damals die Vertreibung der Juden aus Deutschland oder doch wenigstens die Rücknahme der 1871 endlich erlangten Emanzipation, der rechtlichen Gleichstellung der Juden in Deutschland, forderten. Er gehörte auch nicht zu denen, die den Begriff «Antisemitismus» als Waffe der Ausgrenzung kreiert hatten, um mit einer pseudowissenschaftlichen Geste, der Rassenlehre, eine völlig neue Art der Judenfeindschaft zu propagieren, die in Wirklichkeit Protest gegen die Modernisierung der Gesellschaft war und die jüdische Minderheit als schuldig stigmatisierte, als Verursacher all dessen, was der Mehrheitsgesellschaft bedrohlich, unverständlich, unangenehm erschien.

Mit den eifernden Kleingeistern, Traktate schreibenden Privatgelehrten, den Propheten des Antimodernismus, die den Rassen-Antisemitismus erfanden, von Hermann Ahlwardt und Eugen Dühring über Wilhelm Marr, Theodor Fritsch zu Adolf Stoecker hatte Treitschke damals so wenig gemein wie später Jürgen Möllemann mit deren Epigonen, den Ideologen der NPD oder den Erzeugern des antisemitischen Giftmülls in der rechtsextremen deutschen Wochenzeitung für Unbelehrbare. Die Frage, ob Treitschke ein Antisemit war und willentlich den Antisemitismus förderte, ist angesichts der Wirkung seiner Worte also ganz unerheblich und ebenso unerheblich ist das Mutmaßen darüber, ob Jürgen Möllemann ein Antisemit gewesen ist. Erheblich ist aber der Schaden, der angerichtet wird durch absichtsvolles oder fahrlässiges Hantieren mit Stereotypen der Judenfeindschaft.

Möllemann hat in seinem Buch «Klartext. Für Deutschland»,[3] einem Pamphlet, das im Zorn geschrieben wurde und das ausschließlich dem Zweck der Abrechnung dient, den Chefredakteur des Magazins «Focus» zum Kronzeugen ernannt, was Antisemitismus sei: «Einen Deutschen einen Antisemiten zu nennen, ist die größte denkbare Diffamierung, denn sie assoziiert Rassenhass, Massenmord, Auschwitz ... Antisemit – das ist ein Killerwort. An wem es klebt, der ist gesellschaftlich und politisch geächtet ... Wem Friedman zu arrogant ist, der ist kein Antisemit ...»[4]

Dem fügt Möllemann rhetorische Fragen und weitere Zitate hinzu, die dazu dienen, den damaligen Vizepräsidenten des Zentralrats der Juden in Deutschland, Michel Friedman, als nicht dialogfähigen Vertreter jüdischer Interessen zu stigmatisieren, wozu er persönliche Eigenschaften («Arroganz», «Aggressivität») mit politischen Positionen (Unterstützung der Politik Sharons) und Verbindungen («Freundschaft mit Westerwelle») als bunte Mischung anführte. Warum man Friedman nicht scharf kritisieren und die Wirkung seiner aggressiven Auftritte klar bewerten dürfe, fragt Möllemann und vermutet, man werde ihm auch verbieten wollen, festzustellen, dass die Äußerungen Friedmans aus dem Rahmen dessen fielen, was man «den Sprechern der Deutschen jüdischen Glaubens» konzedieren müsse, nämlich «vieles, wenn nicht alles im Bezugsrahmen des Holocaust» zu sehen. «Schon das zu sagen, werden mir diejenigen verbieten wollen, die meine Kritik an der Politik Sharons und an Friedmans fast uneingeschränkter Unterstützung dieser Politik als unzulässig zurückgewiesen und als Tabubruch bezeichnet haben.»[5]

Möllemann hatte sich in die Rolle des Märtyrers begeben und benutzte sie, um bestimmte Assoziationen wie Verschwörung, Unversöhnlichkeit, Intoleranz mit der Person des Präsidenten und des Vizepräsidenten des Zentralrats und anderer jüdischer Politiker zu verbinden und sich selbst die Gloriole des Tabubrechers anzuheften. Die Methode seiner Selbstinszenierung bestand aus dem Gemisch von Unterstellung, Vermutung und Undeutlichkeit, das, weil es Emotionen bedient und Sachaussagen meidet, wirkungsvoll ist. Es legt Schlüsse nahe, ohne etwas beweisen zu müssen und rührt an Unterschwelliges, stimuliert Ängste und bietet kompakte Erklärungen für verbreitetes Unbehagen: «Darf in Deutschland nur die Linke Vergleiche mit den Verbrechen der NS-Zeit anstellen? Auch dann, wenn sie offensichtlich völlig unangemessen sind? Was ist von der in Festreden viel gepriesenen Medienvielfalt zu halten, wenn diese Vielfalt zur Einfalt wird, in der sich Nachrichten und Kommentare noch mehr vermischen als sonst? Und in der Andersdenkende mit Beschimpfungen und Vorverurteilungen öffentlich hingerichtet werden? In den Wochen meiner Gefechte mit Vertretern des Zentralrats der Juden traf ich immer nur auf zwei Arten von Journalisten. Die einen sagten: Natürlich haben Sie recht, Herr Möllemann, aber öffentlich *sagen* durften Sie das nicht. Die anderen meinten: Natürlich haben Sie recht, Herr Möllemann, aber *Sie* durften das nicht sagen.»[6]

Die Lust am Gerücht, mit dem so unwiderlegbare wie nicht verifizierbare Pseudofakten geschaffen werden, bedient Möllemann in einer Schlüsselszene, die, gleichzeitig verschwörungstheoretischen Mustern folgend, «die Macht der Juden» beweisen wie den persönlichen Feind Westerwelle nachhaltig beschädigen soll. Möllemann beschreibt die Änderung der Haltung des FDP-Vorsitzenden, der ihn im Streit mit dem Zentralrat der Juden zunächst unterstützt habe, bis er von einem offiziellen Besuch in Israel zurückkehrte. «Das Gesicht abwechselnd vor Entsetzen bleich und vor Aufregung gerötet, jammerte er mir unzählige Male und in selbstmitleidigem Tonfall vor: ‹Herr Möllemann, Sie machen sich ja keine Vorstellungen, was die mir da abverlangt haben. Sie glauben ja gar nicht, was die mir zugemutet haben.›»[7]

Damit sollte Westerwelle als schwacher Politiker demontiert werden, der jüdischem Druck nicht standhalten kann. Gleichzeitig war ein «Beweis» für «die Macht der Juden» konstruiert: «Ein Mann ohne Namen hatte ihm beim langen Warten auf die Audienz bei Ariel Sharon in unmissverständlichen Worten knallhart gesagt, dass die israelische Regierung meinen politischen Kopf verlange. ‹Wer war das?›, fragte Dr. Westerwelle später dann einen seiner kundigen Begleiter. ‹Der Mossad!›, erhielt er zur Antwort.»[8]

Mit solcher Mythenproduktion hat Möllemann einen Beitrag zum Antisemitismus geleistet. Und – den Anspruch erhebt er unmissverständlich im Untertitel seines Buches «Für Deutschland» – auch Möllemann bediente judenfeindliche Ressentiments im Dienste eines patriotischen Projekts. Die Wut der Unsicheren, zur Schau getragen als selbstgefälliger berechtigter Zorn über die Minderheit, die durch ihre bloße Existenz an die Brüchigkeit der Identität der Mehrheit erinnert, ist ein konstitutionelles Element von Judenfeindschaft, wie wir aus der Lektüre von Leserbriefen und der Post an prominente

Juden wissen. Das nutzt auch Möllemann virtuos in der Kampagne gegen seine Feinde. Mit Gespür für Stimmungen hantiert er mit Zitaten und lässt Gewährsleute wie den Theaterkünstler Christoph Schlingensief auftreten, der geschrieben hatte: «Mitglieder der Jüdischen Gemeinde sollten sich auch mal fragen, warum sie das wirklich wollen – dass man bei ihnen immer in so einer Art und Weise differenzieren muss, dass jeder normale Umgang unmöglich wird. Vielleicht sollten wir vor jedem Gespräch erst einmal aufstehen und schwören, dass wir den Holocaust nicht leugnen, dass wir keine Antisemiten sind und jeden rassistischen und antisemitischen Akt verurteilen. Das kann man grundsätzlich erstmal verlangen, und dann machen wir das. Aber danach muss dann auch ein normales Gespräch möglich sein. Ohne einen Herrn Friedman mit seinen sechs Bodygards.»[9]

Als erwünschten Nebeneffekt und Beweis für die von ihm vermutete Einschüchterung solcherart Mutiger (die freilich eher adoleszenten Trotz zur Schau tragen) fügt Möllemann die Vermutung an, eine von Schlingensief wenig später inszenierte «Anti-Möllemann-Aktion» vor dem Düsseldorfer Büro seiner Firma sei ein erzwungener Akt der Buße gewesen.

Die Botschaft der Erzürnten, die sich durch Appelle an Nachdenklichkeit und politische Moral bedroht sehen, ihr Unbehagen an Eigenschaften und Äußerungen Einzelner personalisieren, dies aber dann verallgemeinern und das Kollektiv «der Juden» meinen, ist eindeutig: die Minderheit ist schuld am Unbehagen der Mehrheit. Das hat Möllemann mit seinem Faltblatt zur Bundestagswahl 2002 klar gemacht durch die Konstruktion des Gegensatzes zwischen dem Kandidaten Möllemann, der ausgestattet ist mit den guten Eigenschaften der Mehrheit («Einer wie wir») und der sich «beharrlich für eine friedliche Lösung des Nahost-Konflikts» einsetzt, und zwei als Feindbilder stilisierten Juden, dem israelischen Ministerpräsidenten, der dadurch charakterisiert wird, dass er «Panzer in Flüchtlingslager» schicke und «Entscheidungen des UNO-Sicherheitsrates» missachte, und Michel Friedman, der «das Vorgehen der Sharon-Regierung» verteidige und versuche, den «Sharon-Kritiker Jürgen W. Möllemann als ‹antiisraelisch› und ‹antisemitisch› abzustempeln». An leicht zu stimulierende Ressentiments anknüpfend, konstruierte Möllemann damit, ohne ihn auszusprechen, aber unmissverständlich, den Vorwurf, «die Juden» seien die Ursache der Abneigung, die ihnen entgegengebracht werde. Parallel zum Schuldvorwurf wird eine zweite Botschaft transportiert, die des Tabubrechers, der sich nicht einschüchtern und auch «den Mund nicht verbieten» lässt und als deutscher Patriot mutig seine Stimme gegenüber fremden Feinden erhebt.[10]

Möllemanns Wahlkampf-Zettel, der den Höhepunkt seiner Anstrengung bildete, judenfeindliche Ressentiments in den Dienst einer parteipolitischen Werbekampagne zu nehmen, mit dem aber auch seine politische Karriere endete, beweist einmal mehr, dass Antisemitismus ein Verständigungsmittel ist, das mit Codes arbeitet, die aus dem öffentlichen «Klartext» erst zu entschlüsseln sind (die also auch ignoriert oder geleugnet werden können). Die codierte Botschaft ist ebenso leicht verständlich wie sie zu dementieren ist. Das ist der essentielle Mechanismus einer Judenfeindschaft, die nicht durch brachiale Gewalt und kaum verbal, aber mit großer Wirkung agiert.

Die Affäre Hohmann –
das Lehrstück zur Instrumentierung des
patriotischen Projekts

Am 3. Oktober 2003 hielt der CDU-Bundestagsabgeordnete Martin Hohmann in Neuhof bei Fulda im Bürgerhaus eine Rede zum Nationalfeiertag. Er hatte seiner Ansprache das Motto «Gerechtigkeit für Deutschland» gegeben und außerdem angekündigt: «Wir wollen uns ... über unser Volk und seine schwierige Beziehung zu sich selbst einige Gedanken machen.»[1] Hohmann, der 14 Jahre lang Bürgermeister in Neuhof gewesen war, gehört ins Lager der christlich fundamentierten Konservativen mit hohem nationalen Empfinden und ausgeprägter Abneigung – öffentlich hat er sie bei sich bietenden Gelegenheiten ausgedrückt – gegen Homosexuelle, Gottlose, übertriebene Entschädigungen für Zwangsarbeiter und das Denkmal für die ermordeten Juden Europas in Berlin. Der Jurist, praktizierender Katholik und Reservemajor der Bundeswehr, war Terrorismusexperte im Bundeskriminalamt gewesen; er wurde, nach 14 Jahren erfolgreichen und allseits anerkannten Wirkens in der Kommunalpolitik, in den Bundestag gewählt.

Als Parlamentarier war er wenig aufgefallen, eher als eifriger Propagandist christlicher und nationaler Werte in seiner Region. Auch seine Rede am 3. Oktober 2003 war als schneidiger Entlastungsangriff geplant, sie artikulierte und stimulierte Emotionen von gekränktem Nationalstolz. Durch das Aufbäumen gegen einen angeblichen Kollektivschuldvorwurf sollte Identitätsbeschwerden Linderung geschaffen werden, und trotzig wurde etwas eingeklagt, was als notwendiger Schlussstrich unter die Vergangenheit, als Ende vermeintlich verordneter deutscher Bußfertigkeit, als «Gerechtigkeit für Deutschland» eben am rechten Rand des konservativen Spektrums gerne beschworen wird.

Hohmann durfte sich am Beifall seiner etwa 120 Zuhörer

erfreuen, auch die Lokalpresse fand nichts Anstößiges an der Rede. Die örtliche CDU stellte den Text ins Internet, aber es dauerte noch fast zwei Wochen, bis sich eine öffentliche Reaktion zeigte. Eine Leserin in den USA fand die Argumente Hohmanns seltsam und machte den Hessischen Rundfunk auf den Text aufmerksam. Am 30. Oktober kam die Affäre dann in die Medien.

Zum Skandal war die Ansprache deshalb geworden, weil der Redner judenfeindliche Klischees bedient, weil er antisemitische Ressentiments, Vorurteile und Feindbilder in seiner Beweisführung benutzt hatte. Die CDU-Führung distanzierte sich deutlich von Hohmanns Rede. Unter dem Eindruck der Medienberichterstattung konnte es dann bei einer Entschuldigung des Redners nicht bleiben. Die Parteivorsitzende beantragte am 10. November seinen Ausschluss aus der Fraktion. Am 14. November entschieden 243 christdemokratische Abgeordnete über das politische Schicksal Hohmanns: 195 votierten für seinen Ausschluss, insgesamt 48 stimmten dagegen (28 Neinstimmen, 16 Enthaltungen, 4 Stimmzettel waren ungültig gewesen). Die Mehrheit war eindeutig. Manche kritisierten, dass der Ausschluss Hohmanns aus der Bundestagsfraktion weniger aus Überzeugung als unter dem Druck öffentlicher Meinung, jedenfalls aber erst nach einigem Zögern erfolgt war, und in der Region sowie hie und da an der Parteibasis formierte sich Solidarität mit dem nunmehr fraktionslosen Bundestagsabgeordneten.

Gegen einen hochrangigen Sympathisanten, der Hohmann Beifall spendete, war das Exempel ohne irgendwelche Verzögerung statuiert worden. Brigadegeneral Reinhard Güntzel, als erstklassiger Soldat bekannt, gelegentlich aber auch durch stramme Äußerungen als ziemlich weit rechts orientiert aufgefallen, war dem Reservemajor Hohmann rasch zu Hilfe geeilt. Auf offiziellem Briefpapier der Bundeswehr schrieb der Kommandeur der Elite-Einheit «Kommando-Spezialkräfte» einen Brief, in dem er Hohmann für die «ausgezeichnete Ansprache» und den darin zum Ausdruck gekommenen «Mut zur Wahrheit und Klarheit» lobte und hoffte, Hohmann werde sich «durch Anwürfe aus dem vorwiegend linken Lager» nicht beirren lassen und «mutig weiterhin Kurs halten». Der Abgeordnete könne sicher sein, dass er «mit diesen Gedanken der Mehrheit unseres Volkes eindeutig aus der Seele spreche».² Der General wurde sofort in den einstweiligen Ruhestand versetzt. Vermutlich hat er die Rede Hohmanns nicht gelesen oder nur die patriotischen Parolen wahrgenommen, denn auch der General ist gewiss kein Antisemit, selbst wenn seine Vaterlandsliebe nach rechts ziemlich grenzenlos sein mag. Der Brigadegeneral a. D. hat überdies Geschichte und Philosophie studiert und damit doch eigentlich das Rüstzeug erworben, um die Argumentation Hohmanns zu durchschauen.³

Soweit der äußere Rahmen der Affäre. Zur Anatomie des politischen Skandals muss die Rede Hohmanns als Beweisstück kritisch gewürdigt werden. Der Text beginnt mit Überlegungen zur Ausländerkriminalität, über die Sozialhilfe für unwürdige Empfänger und über Entschädigungszahlungen für Zwangsarbeiter. Tenor der Ausführungen, die den Auftakt zum Hauptteil bilden, ist die Klage, dass Deutsche in Deutschland gegenüber Fremden und anderen Unwürdigen zurückgesetzt seien. Das ist ein gängiges und beifallsträchtiges Argumentationsmuster in der ganzen rechten Szene. Zur Erklärung wird von Hohmann die deutsche Geschichte herangezogen. Der unterschwellige Appell an angeblich oktroyierte kollektive Schuldgefühle, wie sie an Stammtischen verhandelt werden, um sie mit Entrüstung abweisen zu können, korrespondiert mit der Larmoyanz über deutsche Leiden, die nach dem Krieg stattfanden – Stichworte sind die Vertreibungen oder der Bombenkrieg –, derer angeblich nicht gedacht werden darf. Das Klima aus Sozialneid, Paranoia, Überdruss an der Beschäftigung mit der Vergangenheit sowie Empörung über anhaltende Ungerechtigkeiten gegen Deutsche ist mit dieser Exposition geschaffen. «Gnädige Neubetrachtung oder Umdeutung» der Geschichte, wie sie die Franzosen mit der Französischen Revolution (die Hohmann nur als Massaker deutet) betrieben hätten, sei den Deutschen nicht gestattet.

In der zentralen Passage der Rede sucht Hohmann, nachdem der Begriff «Tätervolk» gefallen ist und dem Publikum mit Zitaten klar gemacht wurde, dass die Erbsünde das Land lähme (Olaf Henkel) und dass man neurotisch auf der deutschen Schuld beharre (Joachim Gauck), nach Entlastung von deutscher Schuld durch die Suche nach jüdischen Schuldigen. Nach der detaillierten Schilderung «jüdischer» Menschheitsverbrechen durch die Erfindung und Durchsetzung des Bolschewismus, mit der «die Juden» zum Tätervolk definiert werden könnten, erklärt Hohmann dann in einer rhetorischen Volte, wenn die Juden nicht als Täter wahrgenommen würden, dann seien die Deutschen auch nicht schuldig. Nach einer logischen Anstrengung dieser Art geht der Redner in die Zielgerade, verkündet die salvatorische Klausel. Man müsse genauer hinschauen: «Die Juden, die sich dem Bolschewismus und der Revolution verschrieben hatten, hatten zuvor ihre religiösen Bindungen gekappt. Sie waren nach Herkunft und Erziehung Juden, von ihrer Weltanschauung her aber meist glühende Hasser jeglicher Religion.» Ohne auf das Problem, ob sie denn dann noch Juden waren, Zeit zu verschwenden, werden sie den Nationalsozialisten gleichgesetzt, die ebenfalls ihre (christlich) religiösen Bindungen abgelegt hätten. Die Schlussfolgerung lautet dann, dass «Gottlosigkeit» das eigentliche Übel darstelle, dass weder «die Deutschen» noch «die Juden» (hier setzt Hohmann erstmals selbst Anführungszeichen) ein Tätervolk sind, sondern die Gottlosen als «Vollstrecker des Bösen».

Diese Argumentation weist den Verfasser, der sich anfangs schon als energischer Deutschnationaler dargestellt hatte, als Verfechter eines christlichen Fundamentalismus aus. Beides macht ihn freilich nicht zum Antisemiten. In seiner patriotischen Rede zum 3. Oktober 2003 hat Hohmann aber nicht nur vorgeführt, wie Hass gegen Juden instrumentalisiert wird, er hat auch eine lupenreine Probe gegeben, was Antisemitismus ist und wie er funktioniert. Die Suche nach der Schuld der Juden als Entlastungsstrategie bei der Betrachtung deutscher Geschichte oder als Versuch der Ablenkung ist freilich nicht originell und die angebliche besondere Verstrickung «der Juden» mit dem kommunistischen System hat eine eigene Tradition.

Ein älterer antisemitischer Skandal folgte dem gleichen Muster. Allerdings hatte dessen Urheber nicht die herausgehobene Stellung des Bundestagsabgeordneten und nicht die umfassenden nationalen Ambitionen Hohmanns. Im Deutschlandfunk, einer öffentlich-rechtlichen Rundfunkanstalt, wurde Anfang September 1992 ein Kommentar ausgestrahlt, der unter der Rubrik «Schalom – jüdisches Leben heute» eine Art Abrechnung mit «jüdischer Vergangenheitsbewältigung» versuchte. Auf jüdischer Seite, so war zu hören, finde man bei der Betrachtung und Wertung des Holocaust «oft, zu oft, grobe Verzerrungen der Sicht, vorschnelle Urteile der Einordnung von Tatsachen, Blindheit für Zusammenhänge». Auch Nichtjuden, hielt der Interpret jüdischen Selbstverständnisses dagegen, hätten unter Hitler gelitten, seien gequält und ermordet worden, aber das kümmere jüdische Kommentatoren nicht, sie seien zu sehr auf ihre eigene Vergangenheit fixiert. Eingefordert wurde dann eine selbstkritische Betrachtung des jüdischen Anteils am Kommunismus durch die Juden. Der Autor des Deutschlandfunks wusste auch, womit sie sich wirklich beschäftigen sollten: «Wo bleibt die jüdische Auseinandersetzung mit dem Marxismus und mit den verheerenden Folgen der marxistisch-leninistischen Diktaturen? Spätestens jetzt, nach ihrem Zusammenbruch, wäre es an der Zeit, sich mit ihrer Brutalität und Menschenverachtung kritisch zu beschäftigen, auch selbstkritisch: Eine große Zahl von Juden waren Mittäter. Das Wohlverhalten jüdischer Gemeinden in dem Unrechtsstaat DDR wäre zum Beispiel einer genauen Analyse wert. Bezeichnend ist die milde Beurteilung der jüdischen Schriftsteller Stefan Heym und Anna Seghers, um nur zwei markante zu nennen. Der eigene Ruhm war ihnen wichtiger als die Menschlichkeit.»[4] Diese Sätze waren als eine Spielart der Verdrängung, der Abwehr und Aufrechnung, zugleich aber auch als Manifestation von Antisemitismus zu werten.

Die Sentenzen im Deutschlandfunk 1992 blieben – schlimm genug – auf der Ebene des Feuilletons. Die Generalisierung der «jüdischen Schuld» an der Entstehung und Durchsetzung des Bolschewismus mit dem Instrumentarium des nationalsozialistischen Antisemitismus, der Versuch also, die Assoziation «Juden sind Täter» zu fixieren, um politisches Kapital zum Nutzen nationaler Identität daraus zu schlagen, war elf Jahre später dem Abgeordneten Hohmann vorbehalten.

Nicht erst seit dem Zusammenbruch des kommunistischen Systems gibt es ein Interesse an der Rolle «der Juden» bei der Etablierung der kommunistischen Herrschaft. Im öffentlichen Diskurs der postkommunistischen Staaten spielt die Frage allerdings eine besondere Rolle, welchen Anteil Juden an der Formulierung der kommunistischen Ideologie und an ihrer revolutionären Durchsetzung gehabt haben. Es geht dabei um Erklärungsversuche und Schuldzuweisungen für die desolate ökonomische Situation in den Ländern des einstigen sowjetischen Machtbereichs. Im Zeichen von neuem Nationalismus dienen in Osteuropa Schuldzuweisungen an «die Juden» auch der Selbstvergewisserung und Selbstbestätigung auf der Suche nach historischem Standort und nationaler Identität.[5]

Die Beschreibung der angeblich führenden Mitwirkung von Juden an der kommunistischen Herrschaft – Juden als Theoretiker des Sozialismus, als Revolutionäre, als Exekutoren im Machtapparat – stützt das alte Klischee, der Bolschewismus sei eine jüdische Erfindung, eine Vermutung, die Deutschnationalen und Konservativen in Deutschland seit 1918 zur Argumentation diente und die von Hitler und Goebbels exzessiv propagandistisch benutzt wurde. Das Vorurteil ist auch nach 1945 nicht verschwunden und nach der Wende ist es wieder aktuell geworden.[6]

In einfältiger Reproduktion von Pauschalurteilen wie dem, die geschichtliche Sünde der Juden bestünde in ihrer exponierten Mitwirkung am kommunistischen Regime, oder der Vermutung einer eindrucksvollen jüdischen Präsenz in den Macht- und Repressionsorganen des Bolschewismus wurde Anfang der 90er-Jahre in einem ziemlich beachteten Buch das Klischee vom Juden als Plutokraten und Bolschewisten neuerlich bedient.[7] Der Inbegriff des Kapitalisten und der Prototyp des Kommunisten erscheinen gleichermaßen in dem dort eindringlich beschriebenen Bild von den Juden, «die ihren Weg als Kapitalisten voller Reue und Scham gingen», die versuchten, «sich von der Gesellschaft loszukaufen wie Gläubige, die ihren Reichtum der Kirche spenden, um nicht in die Hölle zu kommen. Das war die Folge jener grandiosen Kulturrevolution, die die Einwohner der polnischen chassidischen Schtetl binnen einer oder zweier Generationen in die Chefetage einer Petersburger Bank oder zum erfolgreichen Rechtsanwalt in der Hauptstadt katapultiert hatte.»[8]

Dass solche Vermutungen Spekulation sind, dass die jüdische Herkunft einzelner Protagonisten von Karl Marx über

Ferdinand Lassalle bis zu irgendwelchen Berufsrevolutionären in der Umgebung Lenins und den im Terrorsystem des Sowjetimperiums vermuteten jüdischen Kommissaren nicht als Beweis taugt für die behaupteten Unterstellungen, ändert nichts an ihrer Wirkung, zumal sie auf ältere Ressentiments treffen, die sie wiederbeleben und verstärken und durch die sie selbst verstärkt werden.[9]

Einzigartig und neu am antisemitischen Skandal Hohmanns war die Tatsache, dass erstmals in der Geschichte der Bundesrepublik eine geschlossene judenfeindliche Argumentation von einem Politiker einer demokratischen Partei vorgetragen wurde, die nicht als rhetorische Entgleisung oder als missglückte Phrase im Eifer des Gefechtes mit einer Entschuldigung abzutun gewesen wäre. Die Rede ist elaboriert und mit Fleiß erarbeitet, dahinter steht Gesinnung und Literaturstudium, ihr Autor fügt anscheinend bewiesene Fakten des allgemeinen Wissens aneinander und stellt eindeutige Bezüge her.

Die rhetorische Inszenierung der Darbietung unter dem Motto «Gerechtigkeit für Deutschland» war gut überlegt und übersichtlich. Der Prolog lautete: Die historische Wahrheit gelte es auszuhalten, «das Unangenehme, das Unglaubliche, das Beschämende». Seit Jahrzehnten, versichert der Redner seinem Publikum, halte man es aus, aber «bei vielen kommt die Frage auf, ob das Übermaß der Wahrheiten über die verbrecherischen und verhängnisvollen 12 Jahre der NS-Diktatur» nicht instrumentalisiert werde und deshalb entgegen volkspädagogischer Erwartung «in eine innere Abwehrhaltung» umschlagen müsse. Nach Erkenntnissen der Resozialisierungspsychologie müsse «immer und immer wieder die gleiche schlimme Wahrheit» psychische Schäden bewirken. Hohmann illustrierte dies mit den Thesen Goldhagens, der die Deutschen als «Mörder von Geburt an» bezeichnet und dafür Medienaufmerksamkeit und Autorenhonorare empfangen habe. Das war der Übergang zum eigentlichen Anliegen des Redners.

Seine Strategie gegen zu viel und zu schlimme Wahrheit leitete Hohmann folgendermaßen ein: «Ganz zweifellos steht fest: Das deutsche Volk hat nach den Verbrechen der Hitlerzeit sich in einer einzigartigen, schonungslosen Weise mit diesen beschäftigt, um Vergebung gebeten und im Rahmen des Möglichen eine milliardenschwere Wiedergutmachung geleistet, vor allem gegenüber den Juden. Auf die Verträge zwischen der Bundesrepublik Deutschland und dem Staat Israel unter den Führungspersönlichkeiten Adenauer und Ben Gurion darf ich verweisen. Zu der damals vereinbarten Wiedergutmachung bekennt sich die Mehrheit der Deutschen ganz ausdrücklich, wobei Leid und Tod in unermesslichem Maß nicht ungeschehen gemacht werden kann. Auf diesem Hintergrund stelle ich die provozierende Frage: Gibt es auch beim jüdischen Volk, das wir ausschließlich in der Opferrolle wahrnehmen, eine dunkle Seite in der neueren Geschichte oder waren Juden ausschließlich die Opfer, die Leidtragenden?» Nach solcher Absicherung beginnt Hohmanns Schilderung der Gräueltaten, die Juden als Revolutionäre und Bolschewisten begangen haben sollen. Damit sollte die Hypothese aufgestellt und diskutiert werden, «die Juden» seien ein Tätervolk.

Den Zuhörern wird es kaum zu Bewusstsein gekommen sein, dass sich der Redner durch die Frageform und die Verwendung des Konjunktivs nicht festlegte, dem Publikum aber den gewünschten Eindruck vermittelte, nämlich den einer jüdischen Täterschaft bei der Entstehung und Durchsetzung des kommunistischen Systems. Die Quellen, aus denen Hohmann schöpft, sind trübe, ihrer haben sich schon Goebbels und Hitler bedient: Es sind uralte antisemitische Stereotype und Klischees, mit denen seit 80 Jahren Verängstigte und Ratlose auf kommunistische Revolution, Räteherrschaft und anderes Ungemach reagiert haben. «Juden waren es, die den Marxismus erfanden, Juden sind es, die mit ihm seit Jahrzehnten die Welt zu revolutionieren versuchen.» Verfasser dieses Wochenspruchs der NSDAP, der im September/Oktober 1941 galt, war Dr. Goebbels.[10] «Viele der für den Bolschewismus engagierten Juden fühlten sich sozusagen als gläubige Soldaten der Weltrevolution», sagte der Abgeordnete Hohmann am 3. Oktober 2003. Dann bewies er mit Zahlen und Zitaten, dass Juden in den revolutionären Gremien Sowjetrusslands überproportional vertreten waren und legte den Schluss nahe, niedere Beweggründe hätten sie zum Bolschewismus getrieben.

Damit die Beweisführung stimmt, muss freilich das Judentum nach den Nürnberger Gesetzen der Nationalsozialisten definiert und die Argumentation durch die Behauptung justiert werden, «der überaus hohe Anteil von Juden bei den kommunistischen Gründervätern und den revolutionären Gremien beschränkte sich keineswegs auf die Sowjetunion». Damit sind Weltverschwörungsphantasien und Furcht vor überstaatlichen Machenschaften angeregt. In Wien seien, so Hohmann, von 137 führenden Austro-Marxisten 81 und somit 60 % jüdisch gewesen. Ein anderer, Adolf Hitler war es, hatte den gleichen Schluss gezogen: «Im Bolschewismus haben wir den im 20. Jahrhundert unternommenen Versuch des Judentums zu erblicken, sich die Weltherrschaft anzueignen.»

Eingeübt wurde diese Weltsicht im Dritten Reich mit nachhaltigem Erfolg. Die parteiamtliche Propaganda-Schau «Der ewige Jude», 1937 erst im Bibliotheksbau des Deutschen Museums in München gezeigt, dann auf Tournee, flankiert von Vorträgen und szenischen Darbietungen, hämmerte die Botschaft in die Gehirne: «Überall herrschen die Juden mit einer Brutalität, die jeden Widerstand, jede Auflehnung der selbstbewußten völkischen Kräfte des russischen Volkes im Blut ungezählter Millionen seiner Besten ertränkt. Von ihrer Zentrale in Moskau geben sie ihre Befehle an ihre Rassegenossen in alle Welt zur Verwirklichung der Weltrevolution, zur Verwirklichung der seit Jahrtausenden erstrebten Weltherrschaft des auserwählten Volkes.»[11]

Mit der Abhandlung «Bolschewismus und Judentum» trat 1934 das nationalsozialistische «Institut zur Erforschung der Judenfrage» erstmals an die Öffentlichkeit. Das Institut hatte mit Wissenschaft nichts zu tun, es war eine offizielle Agentur zur Förderung des Antisemitismus, und so hieß es im Vorwort der Herausgeber: «Wir stellen die Tatsache fest, daß sich das Judentum an den reaktionären Gruppierungen maßgebend beteiligt, daß es wichtiger Verbreiter des Liberalismus und Herzstück der Freimaurerei ist und daß es trotzdem – oder gerade deswegen – zum Träger des Marxismus und Kommunismus geworden ist ... Wir hoffen, so einen neuen Gesichtspunkt in die Polemik über das Judentum einzufügen, den Gesichtspunkt des Politischen ...»[12] Dieser Argumentation folgten viele weitere Schriften der nationalsozialistischen Propaganda. Entgegen aller Logik wurden «die Juden» regelmäßig als Inkarnation des einen Übels, des «plutokratischen» Kapitalismus, und des entgegengesetzten, als Erfinder und Vertreter des Bolschewismus, denunziert.

Ein weitverbreitetes Propagandamittel im Dritten Reich war die «Parole der Woche», die seit 1936 als Wandzeitung in allen Behörden, Postämtern und an großen Plätzen in Schaukästen der NSDAP aushing. In der ersten Juliwoche 1937 lautete das Motto «Die Juden sind schuld». Zu lesen war: «Die Idee des Bolschewismus, d. h. die skrupellose Verwilderung und Auflösung jeder Sitte und Kultur mit dem Zweck der Vernichtung der Völker ist im Gehirn von Juden erdacht. Die bolschewistische Praxis in ihrer schauderhaften, bluttriefenden Grausamkeit ist nur in Händen von Juden vorstellbar. Wir haben sie erkannt und vor aller Welt den Mut, mit Fingern auf diese Generalverbrecher zu zeigen. Wie es gelungen ist, Deutschland von der Gefährlichkeit dieser Rasse zu überzeugen, so wird es gelingen, der Welt die noch verschlossenen Augen zu öffnen und ihr Judentum und Bolschewismus in wahrer Gestalt zu zeigen. Immer wieder werden wir die Welt auf die jüdische Gefahr hinweisen und ihr zurufen ‹der Jude ist schuld›: Die Juden sind schuld!»[13]

Als die deutsche Wehrmacht im Frühjahr 1943 in einem Wald bei Katyn unweit der russischen Gebietshauptstadt Smolensk die Leichen tausender polnischer Offiziere entdeckte, begnügte sich die nationalsozialistische Propaganda nicht mit dem Nachweis von Stalins Schuld. Die Opfer der sowjetischen Massenexekution, das erklärte Goebbels in der Pressekonferenz, seien nicht allein mit «bolschewistischer Unmenschlichkeit» ermordet worden, sondern an «jüdischer Bestialität» zugrunde gegangen. Der Völkische Beobachter berichtete unter dem Titel «Der Massenmord von Katyn: Das Werk jüdischer Schlächter», andere Zeitungen hatten die Schlagzeile «Judas Blutschuld wächst ins Unermeßliche» oder «Juden waren die Henkersknechte Stalins».[14] Die Gleichsetzung von Juden und Bolschewisten, mit der sich die negativen Konnotationen multiplizieren, gehört also zum Bestand kollektiver Assoziationen, die leicht abrufbar sind.

Die Phantasmagorie der jüdischen Weltverschwörung – das Stereotyp aus dem Arsenal der Judenfeindschaft war ausgewählt, um Emotionen zu stimulieren – fügt sich in Hohmanns Rede in das Bild wie die Gewissheit, die er suggeriert, dass die Juden grausam und bösartig sind: «Der Mord am russischen Zaren und seiner Familie wurde von dem Juden Jakob Swerdlow angeordnet und von dem Juden Chaimowitz Jurowski am Zaren Nikolaus II. eigenhändig vollzogen».[15]

Hohmanns Rede war auch sprachlich durchgestaltet, in solchen Formulierungen steckt Arbeit und Überzeugung – ebenso wie in der Behauptung, der jüdische Anteil in der sowjetischen Geheimpolizei, der Tscheka, sei astronomisch gewesen (in der Ukraine angeblich 75 % bei einem Bevölkerungsanteil von nur 2 % Juden in der ganzen Sowjetunion).

Die Bösartigkeit und Mordlust der Juden soll nach Feststellungen wie der vom Zarenmord oder der Gleichsetzung von Revolutionären, Juden, mörderischen Rotgardisten in der Münchner Räterepublik oder nach der Schilderung von Ausrottungsphantasien jüdischer Kommunisten einleuchten, weil all dies als unumstößliche Gewissheit unter Berufung auf Autorität und Wissenschaft vorgetragen wird. Die Mordphantasien der «kommunistischen jüdischen Revolutionäre» seien keine leeren Drohungen gewesen, behauptet Hohmann: «Das war Ernst. Das war tödlicher Ernst. Nach einer von Churchill 1930 vorgetragenen statistischen Untersuchung eines Professors sollen den Sowjets 1924 folgende Menschen zum Opfer gefallen sein: 28 orthodoxe Bischöfe, 1219 orthodoxe Geistliche, 6000 Professoren und Lehrer, 9000 Doktoren, 12 950 Grundbesitzer, 54 000 Offiziere, 70 000 Polizisten, 193 000 Arbeiter, 260 000 Soldaten, 355 000 Intellektuelle und Gewerbetreibende sowie 815 000 Bauern.» Sowjets und Juden sind damit stillschweigend synonym erklärt und die Magie der Statistik beweist sich scheinbar selbst. Das sind die traditionellen Argumentationsmuster judenfeindlicher Demagogie, die in den Holocaust geführt haben.

Die Argumente des Abgeordneten Hohmann sind weder neu noch originell. Das wird schon deutlich an der auftrumpfenden Erwähnung von Henry Fords antisemitischem Pamphlet aus den 20er-Jahren, das nichts anderes als eine Variation zu den «Protokollen der Weisen von Zion» ist.[16] Die Erwähnung des einstigen antisemitischen Bestsellers (1927 meldete der für Judenfeindschaft einschlägige Hammer Verlag das 100. Tausend in der 27. Auflage) lässt nur diese Interpretationen zu: bodenlose Ignoranz oder abgefeimte Gesinnung oder zielgerichtete Agitation.

Hohmanns Ausführungen sind das Lehrstück für den antisemitischen Diskurs schlechthin. Zum «jüdischen Bolschewismus» werden historische Fakten erwähnt – Russische Revolution, Münchner Räterepublik –, dann werden die Akteure, deren Namen bekannt sind (Leo Trotzki, Bela Kun usw.) unter Verzicht auf alle Protagonisten benannt, die nicht ins Bild passen. Die «Fakten» selbst sind aber auch nur Behauptungen und Mutmaßungen, die mit Autorität und unter Anführung von Belegen vorgebracht werden. An Ort und Stelle kann das nicht widerlegt werden, das würde auch niemand dem Festredner entgegenhalten, selbst wenn er es besser wüsste. Dass Kurt Eisner, den Hohmann zu den jüdischen Rädelsführern der Münchner Räterepublik von 1919 zählt, weder Kommunist war noch die Räteherrschaft erlebte, zeigt nur, mit welcher Ahnungslosigkeit der Politiker als Experte aufgetreten ist. Eisner wurde als bayerischer Ministerpräsident am 21. Februar 1919 auf dem Weg zum Landtag ermordet. Das Attentat gehört zu den auslösenden Momenten der Münchner Räterepublik. Den revisionistischen Sozialdemokraten und Pazifisten Eisner hat Hohmann im Brustton des Missionars zum gefährlichen Bolschewiken stilisiert: «Viele der für den Bolschewismus engagierten Juden fühlten sich sozusagen als ‹gläubige Soldaten der Weltrevolution›. So erwartete Kurt Eisner bereits 1908, die ‹Religion des Sozialismus› werde die ‹Verzweiflung des Jammertals› und die ‹Hoffnungslosigkeit des irdischen Geschicks› überwinden.» Da Hohmann mit solchen Sentenzen seine These von den Zusammenhängen zwischen Kommunismus und Judentum beweisen wollte, scheidet die nächstliegende Diagnose, nämlich absolute Ahnungslosigkeit aus, denn ein einziger Blick ins Konversationslexikon hätte Abhilfe geschaffen, wenn es nur Ignoranz gewesen wäre.

Hohmann lieferte das Exempel für die Technik politischer Diffamierung in Verfolgung eines Ziels. Zu den angewandten Mitteln gehört die Verallgemeinerung: So wird Eisner als ein Vertreter des Judentums in Anspruch genommen, obwohl er nie als Jude in Erscheinung trat, und er wird dem Kommunismus zugeordnet, mit dem er nie etwas zu tun hatte. Da die Kategorisierung als Jude und Kommunist aber mit geläufigen Diffamierungen korrespondiert, die schon zu Lebzeiten Eisners gängig waren (im bayerischen Bürgertum war damals geraunt worden, er habe ursprünglich Kosmanowski geheißen und sei aus Galizien zugewandert, das Gerücht hielt sich über Jahrzehnte), werden sie von denen als bare Münze genommen, in deren Vorverständnis Generalisierungen wie die vom «jüdischen Bolschewismus» passen.

Damit ist die Weltrevolution zur jüdischen Affäre gemacht. Dem wird tradiertes Volkswissen beigemengt, das weder verifizierbar noch falsifizierbar ist. Hinzu kommen weitere Behauptungen, die, wie die Statistik der Menschenverluste, nicht nachprüfbar, aber durch die «Quellen» Churchill und «einen Professor» bei Unbedarften glaubwürdig erscheinen sollen.

Die Technik des antisemitischen Diskurses liegt in der Instrumentalisierung des Vorurteils, in der Beschwörung des Ressentiments, in der raffinierten Erzeugung von Assoziationen und Konnotationen. Eine Quelle (in unserem Beispiel das Pamphlet Henry Fords) wird referiert, ohne dass der Referent sich im juristischen Sinne das Gesagte zu Eigen macht. Die scheinbare Distanzierung hat in Wirklichkeit Brückenfunktion. «Wie kommt Ford zu seiner These, die für unsere Ohren der NS-Propaganda vom ‹jüdischen Bolschewismus› ähneln?», fragt der Abgeordnete Hohmann, um mit einem Zitat «des Juden Felix Teilhaber» zu antworten, das beweisen soll, dass der Antisemit Ford Recht hat. Ein solches Zitat gibt es nicht, aber auch das könnte an Ort und Stelle niemand aufklären, da gewiss kaum jemand im Auditorium (ebensowenig wie Hohmann) sich jemals mit dem Werk des Arztes und Schriftstellers Felix Theilhaber auseinander gesetzt haben dürfte.

Mit diesem schlichten Rezept, das Fakten, Legenden, Meinungen, Zitate, rhetorische Fragen solange verquirlt, bis das Publikum zur Schlussapotheose reif ist, die den Zweck der Übung enthüllt, wird Verwirrung gestiftet, die als Klarheit ausgegeben wird: Der Redner suggeriert seinem Publikum, man habe durch gemeinsame Forschungsarbeit die Erkenntnis gewonnen, «daß der Vorwurf an die Deutschen schlechthin

‹Tätervolk› zu sein», unberechtigt sei. Dazu hat Hohmann den klassischen antisemitischen Diskurs vorgeführt, wie man ihn seit den Reden kennt, in denen im 19. Jahrhundert die «Judenfrage» erfunden, deren Lösung dann propagiert und deren «Endlösung» schließlich im 20. Jahrhundert betrieben wurde. Zum Wesen dieses Diskurses gehört, dass die jüdische Minderheit in Anspruch genommen wird, um Probleme nationaler Identität der Mehrheit zu artikulieren.

Das wurde deutlich in den Reaktionen des Publikums nach dem Ausschluss Hohmanns aus der Bundestagsfraktion und der gleichzeitig erfolgten Einleitung eines Parteiausschlussverfahrens durch die hessische CDU. Dass die Region, in der ihn 2002 54 % der Wähler zum zweiten Mal in den Bundestag gesandt hatten, zur Solidarität mit dem beliebten Politiker neigte, war nicht verwunderlich, und das ist auch kein Indiz für antisemitische oder rechtsradikale Neigungen des Milieus, wie voreilig von manchen vermutet wurde. Der Schulterschluss mit dem in die Schlagzeilen geratenen Abgeordneten erfolgte – wie stets in solchen Fällen – ohne Prüfung des Grundes. Die Solidarität wurde in erster Linie gegenüber der Person geübt, unter Hervorhebung von Verdiensten und der Abweisung von Zuschreibungen, die in der Regel gar nicht erfolgt. So ging es auch im Falle Hohmann nicht darum, ihn als Antisemiten zu brandmarken oder zu beweisen, dass er kein Antisemit sein könne.

Außerhalb des Milieus, in dem Hohmann als Person bekannt und geschätzt ist – im Wesentlichen war das bis Oktober 2003 sein Wahlkreis –, eilten Sympathisanten zu Hilfe, die Applaus spendeten wie der General Güntzel, weil sie sich mit den deutschnationalen Zielen Hohmanns identifizieren konnten, ohne die Mittel zu prüfen, mit denen Hohmann sie propagierte. Was denn antisemitisch daran sei, wenn man zu dem Schluss komme, dass die Deutschen ebenso wenig wie die Juden ein Tätervolk seien, fragten andere, die dann aber auch oft mutmaßten, man dürfe in Deutschland bestimmte Wahrheiten (oder Behauptungen, die, wie der «jüdische Bolschewismus», von ihnen als Wahrheiten gesehen werden) nicht aussprechen, man werde als Antisemit niedergemacht, wenn man es trotzdem tue.

Vielen erging es so, die mangels Kenntnis des Hohmann-Textes und insbesondere ohne Kenntnis der antisemitischen

Agitation im Hauptteil der Rede, die Reaktion der Medien und der CDU für überzogen hielten und darauf verwiesen, dass Hohmann sich doch reichlich und oft genug entschuldigt habe.

Besonders ins Zeug legten sich die Initiatoren der Aktion «Kritische Solidarität mit Martin Hohmann». Über 1600 CDU- und CSU-Mitglieder haben den Aufruf unterzeichnet, der als Zeitungsannonce unter anderem in der Frankfurter Allgemeinen Zeitung Ende November 2003 erschien.[17] Gefordert war die zweite Chance für Hohmann, Kritik geübt wurde am Fraktionsausschluss, der rückgängig gemacht werden sollte, da «in keiner Weise gerechtfertigt». Der Führungsstil der Unionsparteien wurde ebenso verurteilt wie die «Medienkampagne gegen die Union», auf die mit dem politischen Todesurteil gegen Hohmann reagiert worden sei. Die Initiatoren der Aktion, an ihrer Spitze Fritz Schenk, ehemals Moderator des ZDF-Magazins und als CDU-Mitglied an der rechten Flanke der Partei angesiedelt, agierten nicht zuletzt Probleme, die sie mit der Unionsführung haben. Schenk ist über den Verdacht der Judenfeindschaft so erhaben wie sicherlich die Mehrheit der Unterzeichner. Er vertritt, auch aus biographischen Gründen als einstiges Opfer der SED-Herrschaft, einen strammen Antikommunismus, wie er in den längst vergangenen Zeiten der Konfrontation von DDR und BRD gängig war.

Dass die Rede Hohmanns problematisch war, wird von denen, die kritische Solidarität üben und fordern, nicht bestritten, aber sie wollen auch nicht erkennen, dass Hohmanns Ansprache zum 3. Oktober antisemitisch ist. Verwiesen wird unter Vernachlässigung des Kontextes und ohne Gespür für die rhetorischen Finessen, mit denen Hohmann seine Unterstellungen zum «jüdischen Bolschewismus» lancierte, auf den Satz, nach dem die Juden kein Tätervolk (und die Deutschen deshalb auch von solchem Makel freizusprechen) seien. Es sei halt die falsche Rede zu diesem Zeitpunkt gewesen, lautet das Argument, das Hohmann exkulpieren soll.

Wahrscheinlich ist es die schlimmste Wirkung der Hohmannrede mit den nachhaltigsten Folgen, dass eine beträchtliche Zahl von Bürgern, wenig informiert über das, was tatsächlich geschah, was Hohmann sagte und warum das historisch unrichtig, warum es wegen der instrumentalisierten

Ressentiments gegen Juden beleidigend war, in dem Glauben bestärkt wurde, bestimmte Dinge dürfe man nicht ungestraft sagen. Die patriotischen Gefühle – der größte gemeinsame Nenner bei der Formulierung kollektiven wie individuellen politischen Unbehagens –, die Hohmann aus Anlass des Nationalfeiertages instinktsicher stimuliert hatte, sind durch die Reaktionen auf seine Rede bei vielen verletzt worden. Das war, wenn nicht kalkuliert, so doch vorauszusehen, und es beweist einmal mehr, dass Ressentiments gegen Juden hohen Gebrauchswert haben, wenn Diskurse über nationale Identität und Selbstwertgefühle in Gang gesetzt werden. Im Bierdunst der Stammtische, am Arbeitsplatz im Alltag, in Taxis oder auf dem Sportplatz können sich viele darüber verständigen, dass dem Abgeordneten Hohmann irgendwie Unrecht geschehen sei. Bei der Suche nach den Schuldigen greifen sie auf bewährte Zuweisungen zurück: Die Presse, den jüdischen Einfluss, die Politik Israels.

Unmittelbare Reaktionen gegenüber den Medien, die über die Affäre berichtet haben, veranschaulichen den Trend. Nach einem Artikel in der Rheinischen Post schrieb ein Düsseldorfer Bürger (am 11.11.2003) tief empört einen Brief an Hohmann, den er auch dem ZDF zur Kenntnis brachte: «Seien Sie gewiß, sehr geehrter Herr Hohmann, daß viele Deutsche gleich mir hinter Ihnen stehen und Ihnen Kraft wünschen und Standhaftigkeit in diesem unwürdigen Verleumdungskrieg.» Eine Rechnung des Abgeordneten, die Mobilisierung nationaler Gefühle, vor deren Hintergrund er als Märtyrer einer guten Sache in strahlendem Licht erscheint, ist also aufgegangen. Das bestätigt (am 14.11.2003) ein Mann aus Oldenburg, Jahrgang 1937, Abitur 1956 in der DDR, Studium in Westberlin und in der Bundesrepublik, dem es unerträglich ist, wenn Juden auf die deutsche Vergangenheit hinweisen. Ob «das Gros der Bevölkerung nicht in der Lage [sei], selbst dafür zu sorgen, daß unsere jüngste Geschichte so betrachtet und diskutiert wird, wie sie nun mal abgelaufen ist?» Ein christlicher Familienvater aus Bayern geht einen Schritt weiter und nennt «die Juden» Erpresser, die kürzlich wiederum 10 Milliarden Wiedergutmachung ertrotzt hätten (er setzt dabei, was typisch ist, die Entschädigung für die überwiegend nichtjüdischen Zwangsarbeiter mit Wiedergutmachungsleistungen für Juden gleich): «Ich finde den geistigen Terror, den die Juden derzeit in unserem Land ausüben, unerträglich! Sie tun dies weitgehend über Medienorgane, die sich in ihrem Besitz befinden.» Eine 65-jährige Dame aus Frankfurt am Main artikuliert das gängige Missverständnis. Sie frage sich, schreibt sie (am 5. 11. 2003) an das ZDF, «wie frei wir eigentlich sind, auch Kritik an Juden oder Israel üben zu dürfen, ohne sofort, aber auch sofort den Begriff des ‹Antisemitismus› um die Ohren geschlagen zu bekommen, ganz zu schweigen von der ewig zugewiesenen Kollektivschuld». Und als letztes Beispiel mag der Hinweis auf die Überzeugung eines Mannes aus Wermelskirchen (3. 11. 2003) dienen, der die Entlassung des Generals Güntzel als Zeichen dafür sieht, dass die Verhältnisse im Lande denen in der DDR und im NS-Staat ähnlich sind: «Man darf in unserem Land also nur die von Ihnen und gewissen Politikern vorgegebene Meinung zum Ausdruck bringen. Das nenne ich Meinungsdiktatur.»[18]

Das glaubte auch ein Mandatsträger der CDU in Recklinghausen, der in der Presse veröffentlichte Zitate aus der Rede Hohmanns – es waren *nicht* die antisemitischen Passagen; den vollen Wortlaut der Ansprache kannte er gar nicht – in einem Schaukasten ausstellte mit der hinzugefügten Bemerkung, Meinungsfreiheit gelte in Deutschland nicht mehr, wie das Beispiel zeige, würde man für bestimmte Ansichten abgestraft. Er bekam Schwierigkeiten mit seiner Partei und der Westdeutsche Rundfunk nahm den Vorgang zum Anlass, die Sendung «Hallo Ü-Wagen» am 6. Dezember 2003 vom Marktplatz Recklinghausen auszustrahlen. Der Titel der Sendung, in der Experten und Bürger der Stadt zu Wort kamen, lautete: «Warum ist das so schwer? – Reden über Juden, Holocaust und deutsches Erbe».

Die Reaktionen, die telefonisch, per E-Mail, Fax und Brief während und nach der Sendung die Redaktion erreichten, lieferten weitere Illustrationen für die Kränkungen des Nationalgefühls, denen über diese Thematik Linderung verschafft werden soll. Ein Hörer, dessen Meinungsäußerung paradigmatisch ist, klagt, er müsse gestehen, dass ihm das ständige und unablässige Gerede aus dem Hals hänge: «Es ist eigentlich nichts schweres an diesem Thema zu erkennen. Viel bitterer ist doch das ständige Wiederaufpuschen des vermeintlichen Antisemitismus, der hier in Deutschland stetig und an jeder Ecke angeblich hinter vorgehaltener Hand praktiziert wird. Und das ist nicht wahr!!! Wir Deutschen sind ja nun mal kein Volk, das es sich zur Aufgabe gemacht hat, die Juden in aller Welt zu vernichten. Viel schwieriger ist es doch für uns, auf unsere Vergangenheit stolz zu sein.»

Und eine 75-jährige Rentnerin, die glaubt, die Hohmann-Rede sei im Ausland im vollen Wortlaut publiziert, in Deutschland dagegen unterdrückt worden, offenbart verschwörungstheoretische Überzeugungen, die weit verbreitet sind: «Medien, Politiker, die der jetzigen Generation einpauken, Schuldgefühle als Deutsche, die bewußt damit verfolgen, multikulti als einzig normal zu sehen, verfolgen eine von der UNO geforderte neue Leitlinie und Ziellenkung, in der vieles verdrängt, verändert, verfälscht, neu bestimmt wird. Die gezielte Hetzkampagne gegen Herrn Hohmann, in der verurteilt und verdreht wird, obgleich in Deutschland sofort die Staatsanwaltschaft eingeschaltet wurde, um den eigentlichen Wortlaut nicht bekannt werden zu lassen, ist unverantwortlich ...»

Hier wird ein hermetisches Weltbild präsentiert, in dessen Mittelpunkt die deutsche Nation steht, mit der sich die Schreiberin identifiziert, die sie gegen vermeintlich planmäßige Angriffe von außen und innen verteidigt. Als Waffe macht sie den Vorwurf des Antisemitismus und zielgerichtete Bestrebungen zur Überfremdung («multikulti») aus und sie erkennt, wie viele ähnlich irritierte und erboste Bürger, die sich mit Hohmann solidarisierten, die wahren Feinde in «den Juden». Das wurde, wie schon anlässlich der Affäre Möllemann, oft artikuliert, je nach Temperament, Bildungsgrad und Ausdrucksfähigkeit in präzis ausgedrückter Deutlichkeit oder vage und verschwommen, aber deshalb nicht weniger leicht dechiffrierbar.[19]

Die Klischees und Vorurteile, die Hohmann eingesetzt hat, als er sich als biederer Mann mit besten nationalen Ambitionen und als Verkünder traditioneller Wertvorstellungen darstellte und seinem Publikum die erlösende Konstruktion einer Schuld der Juden vor Augen führte, gedeihen auf dem fruchtbaren Boden des Halbwissens und der Voreingenommenheit. Die Reaktionen fördern dann die Überzeugung, man dürfe dieses oder jenes nicht äußern, obwohl es doch als richtig erwiesen sei (dazu wird dann gebetsmühlenhaft z. B. auf die jüdische Herkunft von Karl Marx oder Leo Trotzki verwiesen), und daran sind dann eben auch wieder die Juden schuld. So hat Hohmann ein Lehrstück für Entstehung und Selbstbestätigung des alltäglichen Antisemitismus' geliefert und die Instrumentierung vorgeführt, mit der die Botschaft zum Klingen gebracht wird.

Am 20. Juli 2004 wurde Martin Hohmann aus der CDU ausgeschlossen. Die Wirkung seiner Rede im November 2003 hat er zwar bedauert, aber von Intention, Inhalt und Argumentation des Textes hat er sich nicht distanziert.

Jüdische Weltverschwörung?
Vom zähen Leben eines Konstrukts

Die «Macht der Juden» gehört zu den Assoziationen, auf die der Abgeordnete Hohmann in seiner nationalen Rede im Oktober 2003 spekulierte. Es ist, wie Meinungsumfragen in quantitativer und individuelle Meinungsäußerungen in qualitativer Hinsicht immer wieder bestätigen, eine weit verbreitete stereotype Meinung, «die Juden» hätten zuviel Macht und Einfluss im Staat oder in der Wirtschaft, in den Medien oder in der Kultur und – dies wird wohl am häufigsten unterstellt – in der Finanzwelt. Nach solcher Vermutung ist es kein großer Schritt mehr zum Argwohn, das Streben der Juden sei in erster Linie auf Machterwerb und Machterhalt gerichtet, und organisiert sei dies durch das von Hitler und Goebbels so oft beschworene «Weltjudentum». Die Nationalsozialisten waren freilich auch in dieser Beziehung nicht originell, sondern bedienten sich aus den Arsenalen des überlieferten Judenhasses. Zu den zählebigen Konstrukten der Judenfeindschaft gehört die Vorstellung, Juden hätten zu viel Einfluss in der Welt, und sie benützten ihn, um die Herrschaft über alle anderen zu erringen. Die Verschwörungsphantasien, mit denen jüdische Weltherrschaftspläne agiert werden, reichen weit ins Mittelalter zurück, und sie sind immer aktuell, in alten Formen oder als neue Erfindung.

So verbreitete sich bald nach dem 11. September 2001 das Gerücht, «die Juden» stünden hinter dem Anschlag auf die Türme des World Trade Center in New York, und als Beweis wurde angeführt, dass unter den Toten des Terrors keine Juden gewesen seien: Diese hätten doch nach Ansicht vieler im Zentrum des Kapitalismus in besonders großer Zahl angetroffen werden müssen. Wenn sie also am 11. September zu Hause geblieben sind, müssen sie vom bevorstehenden Terror gewusst haben oder gewarnt worden sein. Die Vorstellung ist so irrational wie wirkungsvoll und gibt Einblick in das Funktionieren von judenfeindlichen Verschwörungsmythen. Jeder Versuch eines Gegenbeweises ist zwecklos, wenn das Konstrukt ins Weltbild derer passt, die daran glauben. Das beweisen die zahlreichen Anrufe und Anfragen bei jüdischen Institutionen, in denen nach dem 11. September die absurde Vorstellung einer jüdischen Urheberschaft an der Katastrophe geäußert wurde.

Die klassische Form der Legende von der jüdischen Weltverschwörung ist über hundert Jahre alt und in aller Welt in allen gängigen Sprachen verbreitet: Die «Protokolle der Weisen von Zion». Der Text ist das am weitesten verbreitete antisemitische Pamphlet, dessen Wirkung weder dadurch beeinträchtigt ist, dass die Argumentation in höchstem Grade irrational ist, noch dadurch, dass die Konstruktion des Traktats aus diversen literarischen Vorlagen bis ins Detail aufgeklärt ist. Dass der als «jüdisches Geheimdokument» gehandelte Text, der die Verschwörungsabsichten der Juden in allen Details «authentisch» belegt, gerichtsnotorisch als Fälschung oder besser als Mystifikation seit Jahrzehnten entlarvt ist, wird als unerheblich abgetan oder gar als Beweis für besondere Echtheit des «Dokuments» angeführt.

Da die «Protokolle» auch in der islamistischen Propaganda seit einigen Jahren eine erhebliche Rolle spielen und weil sie im Internet weit verbreitet sind, lohnt sich die genauere Betrachtung des Textes. Zur Entstehungs- und Rezeptionsgeschichte der «Protokolle» ist viel publiziert worden, der Text hat längst den Charakter des Prototyps. Bemerkenswert ist auch die Eigendynamik, die dem judenfeindlichen Pamphlet aus dem ausgehenden 19. Jahrhundert eine prominente Position im modernsten Kommunikationsmittel, dem Internet, verschafft.

Der Text ist um 1898 entstanden. Die Urheberschaft liegt bei der zaristischen Geheimpolizei Russlands. Anknüpfend an ältere Weltverschwörungsphantasien, in denen Juden als Vertreter einer satanischen Gegenwelt zum Christentum dargestellt sind, entsprachen die «Protokolle» verbreiteten religiösen Vorstellungen, die mit moderneren säkularen judenfeindlichen Welterklärungen vermischt sind. Die «Protokolle», die soziale und politische Ressentiments bedienen, geben fiktive Gespräche auf einer Geheimkonferenz auf dem Prager jüdischen Friedhof wieder, in denen die Fortschritte des jüdischen Projektes, die Weltherrschaft mit einem «Gewaltkönig aus dem Hause Zion» durch List und Betrug zu erringen, erörtert werden.

Als Textgrundlage des Dokuments, das jüdische Machtgier beweisen soll, dienten eine gegen Napoleon III. gerichtete aufklärerische Streitschrift von Maurice Joly, 1864 in Brüssel erschienen, und der Schauerroman «Biaritz» des deutschen Trivial-Schriftstellers Hermann Goedsche, der unter dem Pseudonym Sir John Retcliffe in der Mitte des 19. Jahrhunderts großen Erfolg hatte, nachdem er als Postsekretär und Redakteur der Kreuzzeitung Karriere gemacht hatte.

Verbreitet wurde der Text erstmals durch den Russen Sergej Alexandrowitsch Nilus. Nilus, 1862 in Moskau als Sohn eines Gutsbesitzers im Gouvernement Orel geboren, hatte Jura studiert, war kurze Zeit im Staatsdienst gewesen und gehörte zu der Schicht, die Antisemitismus als Mittel der Politik verstand. Schwärmerische Frömmigkeit war ein Grundzug seines Wesens. Er war gebildet und sprach gut deutsch, französisch und englisch. Um die Jahrhundertwende geriet er «in den Sog der damals in Rußland weit verbreiteten mystisch-apokalyptischen Stimmungen und Strömungen»[1] und immer stärker in das Fahrwasser kulturpessimistischer Sektierer. Er stand unter dem Einfluss des Erzpriesters Joan von Kronstadt, der als Antisemit, Wunderheiler, Dämonenaustreiber, Hellseher, Prediger weithin berühmt war.

Nilus lebte 1901–1912 im Umfeld des Klosters Optina, wo er sich schriftstellernd im Genre mystischer Erbauungs- und Erweckungsliteratur betätigte. Sein folgenreichstes Buch erschien erstmals 1903 unter dem Titel «Das Große im Kleinen», es war eine Kompilation aus okkulten Traumgeschichten, Skizzen aus dem Klosterleben, Beschreibungen von Wundern. Das Buch war erfolgreich und bald vergriffen. Im Dezember 1905 erschien eine stark veränderte Neuausgabe, die als Anhang erstmals den Text der «Protokolle der Weisen von Zion» enthielt. Nilus' Schreiben und Treiben nahm zunehmend wahnhafte Züge an, ist aber weiter nicht mehr von Belang, da sich inzwischen sein Werk, genauer der antisemitische Teil desselben, verselbständigt und auch den Weg in den Westen gefunden hatte. Nilus' Sohn Sergej gelangte am Ende des Ersten

Weltkrieges nach Deutschland und fand dort Verbindungen zur deutschen Rechten.

Wann und unter welchen Umständen Nilus in den Besitz der «Protokolle» gelangte, steht ebenso wenig fest, wie die genauen Umstände ihrer Entstehung bekannt sind. Die obskure Herkunft des Textes und die trüben Quellen haben zahlreiche Autoren zu Spekulationen verführt, die wenig Licht in das Dunkel brachten, aber eine ständig wachsende Literatur hervorbringen. Nicht wenige Autoren sind dabei der Faszination des obskuren Sujets erlegen, das seine Wirkung aus der Verwischung der Grenzen von Fiktion und Realität bezieht.[2]

Den Kern der Verschwörungslegende der «Protokolle» bildet das Streben einer geheimen jüdischen Verbindung, einer Art Untergrundregierung, nach Weltherrschaft, die insbesondere mit den Werkzeugen Liberalismus und Demokratie durch Zersetzung überkommener (autoritärer) Strukturen herbeigeführt werden soll. Essentiell, auch für die Wirkung des Konstrukts, ist die Unterstellung, dass die jüdische Geheimgesellschaft als Exponent der Gesamtheit aller Juden agiert. Das stigmatisiert jeden einzelnen Juden als Teil einer gefährlichen Verschwörung und macht das Pamphlet zur schlimmsten Waffe des Antisemitismus.

Die Legende ist – entsprechend der propagandistischen Notwendigkeit, leicht fassliche Welterklärungen zu bieten – einfach gestrickt. Die jüdische Generalabsicht wird in markanten Sätzen verkündet: «In den Händen der gegenwärtigen Regierungen befindet sich eine große Macht, welche die Gedankenbewegung im Volke hervorruft – die Presse. Sie hat die Aufgabe, auf angeblich notwendige Forderungen hinzuweisen, die Klage des Volkes zum Ausdruck zu bringen, Unzufriedenheit zu äußern und zu erwecken. In der Presse verkörpert sich der Triumph des Geredes von der Freiheit. Aber die Regierungen verstanden es nicht, diese Macht zu benutzen, und so fiel sie in unsere Hände. Durch die Presse kamen wir zu Einfluß und blieben doch selbst im Schatten; dank ihr haben wir Berge von Gold in unsere Hände gebracht, ohne uns darum zu kümmern, daß wir es aus Strömen von Blut und Tränen schöpfen mußten.»[3]

Technik und Methode der «jüdischen Verschwörer» werden an einem weiteren Beispiel – auch dies, wie der ganze Text, im

Bekennerton deklamiert – deutlich: «Um die Machthaber zum Mißbrauche ihrer Gewalt zu veranlassen, haben wir alle Kräfte gegen einander ausgespielt, indem wir ihr liberales Streben nach Unabhängigkeit entwickelten. Wir suchten in diesem Sinne jegliche Unternehmenslust zu beleben, wir rüsteten alle Parteien aus, wir machten die herrschende Macht zur Zielscheibe allen Ehrgeizes; aus den Staaten machten wir Kampfplätze, auf denen sich Aufstände abspielen; nur noch wenig Geduld, und die Aufstände und Zusammenbrüche werden eine allgemeine Erscheinung bilden. Unermüdliche Schwätzer haben die Sitzungen der Volksvertretungen und der Staatsverwaltung in Schauplätze für Rednerturniere verwandelt. Freche Zeitungsschreiber, gewissenlose Schmähschriftsteller fallen täglich über die Vertreter der Regierung her. Der Mißbrauch der Macht lockert schließlich die Grundstützen des Staates und bereitet ihren Zusammenbruch vor. Alles wird unter den Schlägen einer aufgepeitschten Masse zertrümmert werden.»[4] Antiegalitäre Affekte gegen «die Massen» sind mit antidemokratischen und antiliberalen Motiven (Argwohn gegen Volksvertretung und Presse) amalgamiert und bedienen zeitlos verbreitete reaktionäre Vorurteile.

Im deutschen Sprachraum sind die «Protokolle» im Juli 1919 aufgetaucht, publiziert im völkischen Verlag «Auf Vorposten», herausgegeben (im Auftrag des «Verbands gegen Überhebung des Judentums e. V.») von Gottfried zur Beek, der mit richtigem Namen Ludwig Müller von Hausen hieß und gleichzeitig der Verleger war. Das Buch erreichte bis 1923 acht Auflagen, die neunte erschien 1929 im Parteiverlag der NSDAP, der die Rechte gekauft hatte und den Text zum quasi offiziösen Dokument nationalsozialistischer Ideologie und Propaganda machte. Im Vorwort von 1929 hieß es, «das kommende nationalsozialistische Großdeutschland wird dem Judentum die Rechnung präsentieren, die dann nicht mehr mit Gold zu bezahlen ist».[5]

Beek/Müller ging in seiner Einführung ausführlich auf die Fälschungsvorwürfe ein, erklärte das Buch von Joly als Vorläufer im gleichen Geist, es sei «tatsächlich ein Vorgänger der Geheimnisse der Weisen von Zion und gestattet uns einen ausgezeichneten Einblick in die jüdische Verschwörerkunst».[6] Im

Übrigen sei Joly selbst Jude und die Anklänge an Goedsche alias Retcliffe wurden abgetan, da nicht wörtlich zu belegen. Beek/Müller führte aber zum Beweis der Echtheit einen Zeugen ein, der die «Protokolle» «schon vor 25 Jahren in hebräischer Sprache in Odessa gelesen» habe und brachte, als Beweis der Seriosität, die Sache in Verbindung mit Theodor Herzl und dem Baseler Zionistenkongress von 1897, zu allem Überfluss aber auch noch mit den Bestrebungen der Ernsten Bibelforscher, wie die Zeugen Jehovas damals genannt wurden.

Parallel zur Edition der «Protokolle» durch Beek/Müller erschien 1924 im antisemitischen Hammer-Verlag eine von Theodor Fritsch besorgte Ausgabe, in deren Vorrede der Herausgeber voll Biedersinn zur Frage der Echtheit erklärte, «der arglose, naive und vertrauensselige Deutsche wird es bezweifeln. In der Geradheit seiner Seele kann er sich nicht vorstellen, daß soviel List, Tücke und Bosheit in Menschenhirnen wohnen könnte».[7] Als abschließenden Echtheitsbeweis führte Fritsch schließlich an, er könne sich nicht vorstellen, dass ein «arischer Kopf» ein solches «System spitzbübischer Niedertracht» überhaupt ersinnen könne. Und im Fettdruck beschloss Fritsch mit der Nutzanwendung die Edition: «Das Endergebnis aus den zionistischen ‹Protokollen› aber ist dies: Wenn es eine Tatsache ist, daß – wie die ‹Protokolle› rühmend verkünden – die jüdische Internationale heute die Völker beherrscht – seit Jahrzehnten beherrscht, – wenn sie mit allen Mitteln der List, des Truges, der Massenbetörung und der Finanz-Machenschaften die Schicksale der Völker lenkt – wenn die Fürsten und Staatsmänner nur Drahtpuppen in ihren Händen waren: so ist es auch unabweisbare Tatsache, daß alle großen politischen Geschehnisse der letzten Jahrzehnte ein Werk der Juden sind und nur mit deren Willen und Einverständnis sich vollzogen haben – auch das furchtbare Verbrechen des Weltkrieges! – Sie allein sind die Verantwortlichen für die furchtbare Notlage der Völker! Und für alles aus der heute geschaffenen politischen und wirtschaftlichen Lage entspringende weitere Elend müssen wir die wirklichen Machthaber als die allein Schuldigen zur Verantwortung ziehen: den geschworenen Feind der ehrenhaften Menschheit – das verbrecherische, international verbündete Judentum.»[8]

Im antisemitisch-völkischen Deutschen Volksverlag Dr. Ernst Boepple veröffentlichte der nationalsozialistische Vordenker Alfred Rosenberg 1923 einen Traktat über die «Protokolle», deren «Original» er mit Basel 1897 datierte. Auch Rosenbergs Schrift erzielte rasch viele Auflagen, im Herbst 1933 war das 25. Tausend erreicht.[9]

Keine andere Fälschung hatte größere Wirkung als das Machwerk über die jüdische Weltverschwörung und zwar deshalb, weil das Publikum an die griffige Welterklärung glauben wollte. Die Mörder des deutschen Außenministers Walter Rathenau kannten die Geschichte und glaubten, ihr Opfer sei einer «der 300 Weisen von Zion»; das war 1922. Als die Nationalsozialisten an die Macht gekommen waren, wurden die «Protokolle» offizieller Lehrstoff in den deutschen Schulen, ein Erlass des Reichsministers für Wissenschaft, Erziehung und Volksbildung vom 13. Oktober 1934 ordnete dies an.[10] Ob echt oder falsch, kümmerte die Antisemiten nicht, diese Frage war ihnen angesichts der propagandistischen Wirkung zweitrangig. Die Argumente und Beweise gegen das Pamphlet waren nämlich längst Bestandteil seiner Verbreitung geworden. Mit den Methoden, die später auch die Leugner von Auschwitz anwenden sollten, paranoide Phantasie und Realitätsverweigerung, wurde die Verschwörungstheorie der «Protokolle» mit immer neuen «Beweisen» bekräftigt.

Widerlegungen nutzten von Anfang an nichts, ja sie trugen zum öffentlichen Erfolg der Fälschung bei, durch Publizität und die Bekräftigung der Vermutung, «irgend etwas müsse an der Geschichte ja wohl dran sein». Das zeigte sich erstmals anlässlich der Verbreitung der «Protokolle» in Großbritannien. Im Juli 1920 waren sie von der konservativen Zeitung «Morning Post» publiziert worden, eine Buchausgabe folgte noch im gleichen Jahr.[11] Die seriöse «Times» nahm sich des Falles an und verlangte eine Untersuchung der Herkunft der «Protokolle». In einer Artikelserie im August 1921 wurden die «Protokolle» als Fälschung entlarvt.[12]

Zu diesem Zeitpunkt waren bereits Hunderttausende Exemplare auf dem Markt. In den USA stellte der Automobilfabrikant Henry Ford nicht nur seine Überzeugungen, sondern auch seine finanziellen und publizistischen Möglichkeiten in den

Dienst antisemitischer Propaganda und half, die «Protokolle» zu verbreiten. Als er sich 1927 – unter öffentlichem Druck – davon distanzierte, waren sie längst weltweit in vielen Sprachen publiziert.[13]

Zu aufklärerisch hatte der Autor Binjamin Segel seiner Studie über die «Protokolle» den Untertitel «Eine Erledigung» gegeben. Das gründlich recherchierte Buch erschien 1924 in Berlin, es hatte freilich schon deshalb wenig Wirkung, weil es in einem jüdischen Verlag publiziert wurde und von den Antisemiten als eine Art Schadensbegrenzung im jüdischen Interesse betrachtet wurde. Der Verfasser hatte allerdings ahnungsvoll im Vorwort geschrieben: «Wir sagten uns, es ist überflüssig, gegen dieses dumme Zeug anzukämpfen, das wird über kurz oder lang unter dem Hohnlachen der ganzen Welt zusammenbrechen. Wir haben uns getäuscht. Wir haben die Dummheit und Leichtgläubigkeit der Welt sehr erheblich unterschätzt. Mit diesen ‹Protokollen› hat gleichsam die Geschichte das Experiment gemacht, was man alles in einem aufgeklärten Zeitalter den Massen zumuten darf, die sich rühmen, die Vertreter von ‹Bildung und Besitz› zu sein.»[14]

1933 wurde ein Schweizer Gericht auf Antrag der israelitischen Kultusgemeinde Bern und des schweizerischen israelitischen Gemeindebundes bemüht, die Wahrheit über die «Protokolle» zu ermitteln. Juristische Grundlage der Anzeige und der Verhandlungen in zwei Instanzen war ein Gesetz des Kantons Bern gegen Schundliteratur, und Anlass der Klage war eine Kundgebung Schweizer Nationalsozialisten am 13. Juni 1933, bei der antisemitisches Propagandamaterial verkauft worden war, darunter die «Protokolle der Weisen von Zion».

Der Prozess begann im November 1933 in Bern. Angeklagt waren Schweizer Rechtsextremisten. Im Mittelpunkt standen die «Protokolle». Die Kläger hatten insbesondere auf den volksverhetzenden Kommentar des Herausgebers Fritsch und dessen Schlussfolgerungen abgehoben: «Eines aber ergibt sich als unabweisbare Forderung aus diesen ‹Protokollen›: Das Judentum darf nicht länger unter uns geduldet werden! Es ist eine Ehrenpflicht der gesitteten Nationen, dieses räudige Geschlecht auszuscheiden, da es schon durch seine Anwesenheit alles verpestet, die Völker geistig und seelisch krank macht, gleichsam die geistige Luft vergiftet, in der wir atmen.»[15] Die Vertreter der Kläger stellten Antrag auf Prüfung der Echtheit der «Protokolle».[16] Sachverständige wurden beauftragt, Zeugen geladen, Expertisen angefertigt, Beweise erhoben. Das nationalsozialistische Deutschland steuerte zur Unterstützung der Angeklagten als Experten den Oberstleutnant a. D. Ulrich Fleischhauer bei, der «in dankbarer Erinnerung den verstorbenen Vorkämpfern Theodor Fritsch und Dietrich Eckhart» ein ebenso umfangreiches wie neue Fälschungen und Verdrehungen enthaltendes «Sachverständigengutachten» vorlegte. Fleischhauer war ein Funktionär des NS-offiziösen antisemitischen «Welt-Dienstes» in Erfurt und konnte daher zur Wahrheitsfindung nichts beitragen.[17]

Unvoreingenommene Gutachter und zeitgenössische Zeugen wie der französische Graf Alexandre du Chayla, der zwölf Jahre in Russland gelebt und Sergej Nilus gekannt hatte, trugen zur Überlieferungs- und Entstehungsgeschichte die Fakten bei, die bis heute unsere Kenntnis der Geschichte der «Protokolle» im Wesentlichen bestimmen. Das Gericht kam in erster Instanz 1935 zu dem Ergebnis, dass die «Protokolle» als Fälschung dem Genre der «Schundliteratur» zuzurechnen seien, verurteilte die angeklagten Schweizer Nationalsozialisten zu einer Geldstrafe, und die Vernunft hatte gesiegt. Freilich nicht auf Dauer, denn 1937 hob das Berner Obergericht das Urteil teilweise wieder auf, weil die Berufungsinstanz zu dem Schluss gekommen war, der Schuldvorwurf sei nicht aufrechtzuerhalten, weil die Komponente der «Unzucht» fehle, um die «Protokolle» als Schundliteratur zu klassifizieren. Die Antisemiten feierten diese formal-juristische Erkenntnis als Sieg, an der Frage der Echtheit waren sie ja ohnedies nie interessiert gewesen.

Der Siegeszug der «Protokolle» war längst nicht mehr aufzuhalten, und er vollzog sich auch ideologieübergreifend. Das Konstrukt der jüdischen Weltverschwörung diente schließlich sogar in der Sowjetunion als Propagandavorwurf,[18] es taugt der arabisch-islamischen Welt als Waffe gegen Israel, die «Protokolle» werden in Japan gelesen: Sie befriedigen offenbar zeitlose Bedürfnisse nach Welterklärung jenseits von Aufklärung und Vernunft.

Arnold Zweig hat die «Protokolle der Weisen von Zion» das «Kernstück der völkischen Verfolgungspsychose» genannt.[19] Die Rezeption auf der Rechten mit den sich selbst bestätigenden Vermutungen, und der jeden Fälschungsvorwurf einbeziehenden Gewissheit einer quasi höheren Echtheit des Textes, bestätigt den Befund paranoider und psychotischer antisemitischer Demagogie und Selbsteinschätzung. «Was viele Juden unbewußt tun mögen ist hier bewußt klar gelegt», schrieb Adolf Hitler in «Mein Kampf» und pries die «Protokolle» als das Beweisstück schlechthin für die konstitutionelle Schlechtigkeit der Juden und ihr Streben nach Weltherrschaft: Mit «geradezu grauenerregender Sicherheit» sei das Wesen und die Tätigkeit des Judenvolkes aufgedeckt, behauptete Hitler, der in demagogischer Umkehr der Realität den immer wieder erbrachten Nachweis der Fälschung als Beweis für die tatsächliche Authentizität des Dokuments konstatierte.[20]

Die «Protokolle der Weisen von Zion» als Konstrukt judenfeindlicher Verschwörungsphantasien sind nach Verbreitung und wohl auch Wirkung heute aktueller denn je. Auf der Suche nach den «Protokollen» im World Wide Web fanden sich im Herbst 2003 2040 Erwähnungen in deutscher Sprache und 1260 in französisch. In englisch waren es 11 800 Treffer. Die «Protokolle» erscheinen in unterschiedlichen Versionen und werden auf manchen Homepages zum Herunterladen angeboten, andere zitieren den vollen Wortlaut oder ausführliche Passagen. Die Internet-Anbieter haben unterschiedliche ideologische Positionen, die vom amerikanischen Neonazi Gary Rex Lauck (NSDAP/AO) über das rechtsextreme «Thulenet» zum revisionistischen Spektrum, vertreten durch «Vrij Historisch Onderzoek» reichen und den katholischen Fundamentalismus (holywar.org) ebenso wie islamistische Propaganda (Radio Islam) sowie esoterische und verschwörungstheoretisch interessierte Zirkel («allMystery», «The Plexus Network» u. a.) einschließen.

Der längst erbrachte Nachweis, dass die «Protokolle» ein Phantasieprodukt sind, beeindruckt die aus Belgien operierende Organisation «Vrij Historisch Onderzoek», die hauptsächlich Holocaustleugner mit Material und Argumenten versorgt, keineswegs. Im Internet verteidigt ein Ernst Manon im Beitrag

«Ein Volk gibt es unter uns» die Bedeutung der «Protokolle» als Geschichtsquelle: «Autoren, die die ‹Protokolle› als Fälschung zu entlarven suchen, weisen gerne darauf hin, daß wesentliche Passagen aus einer 1865 erschienenen Streitschrift gegen Napoleon III. von Maurice Joly, einem angeblichen Antisemiten, abgeschrieben seien. Ein Streit in der Hölle – Gespräche zwischen Machiavelli und Montesquieu über Macht und Recht wurde 1990 von Hans Magnus Enzensberger im Eichborn Verlag neu herausgegeben. Der Originaltitel lautet Dialogue aux enfers. Aus einem Leserbrief eines gewissen Andrew de Ternant an den Spectator unter dem 10. September 1921 geht hervor, dass sein Vater eng mit Joly befreundet war und dass das Buch im Auftrag eines in der Schweiz lebenden deutsch-jüdischen Bankiers veröffentlicht wurde. Derartige Enthüllungen haben aber gewöhnlich wenig Wirkung, denn wer ihnen auch nur den geringsten Erkenntniswert beimisst, sieht sich schon als Antisemit, auf jeden Fall als Paranoiker oder gar als Befürworter von Pogromen abgestempelt.»[21]

Nach dieser Methode – der Kompilation von Phantasieprodukten – verläuft die weitere Argumentation, die in einem angeblichen Redeverbot für Personen gipfelt, die «die Wahrheit» über die «Protokolle» herausgefunden haben wollen. Das soll gleichzeitig die Macht der Juden demonstrieren – dass sie Inhaber wahrer Erkenntnis mundtot machen könnten – und beweisen, dass es gefährlich sei, unangenehme Wahrheiten zu verkünden, weil angeblich keine Meinungsfreiheit herrscht.

Im rechtsextremen «Thulenet» werden die «Protokolle» angeboten, weil der Verkauf als Buch und der Besitz in digitaler Form in der Bundesrepublik angeblich verboten seien: «Die Authentizität dieser Schrift ist nach wie vor umstritten. Dennoch ist die Übereinstimmung mit den herrschenden Zuständen nicht zu übersehen. Der Inhalt beschreibt das Konzept einer zionistischen Weltverschwörung.[22]

Zwei Beispiele für die Präsentation der «Protokolle» im Internet sollen die verschwörungstheoretischen Argumentationslinien verdeutlichen. Im Diskussionsforum «allMystery» diskutieren Teilnehmer geheimnisvolle Phänomene der Welt, die sich wissenschaftlicher Erklärung entziehen. Unter anderen Themen wie dem 11. September, der Mondlandung, den Illuminaten sind die «Protokolle der Weisen von Zion» von Interesse. Ein Teilnehmer entwickelt ein Weltbild, in dem antiisraelische, antisemitische und antikapitalistische Stereotype als Bestätigung der «Protokolle» benutzt werden: «Es ist meiner Meinung einfach Fakt das eine weltweit vernetzte Gesellschaft mit ausgedehntem versteckten Reichtum immer wieder an wichtigen Positionen empfindliche Momente so ausnutzen kann das die Macht im Hintergrund übernommen werden kann. Das Ganze wird dann vertraglich in Momenten in denen der Unterzeichner vor Problemen unzurechnungsfähig ist festgehalten. Siehe Landerschließung Israel, siehe Wiedergutmachungen Deutschland, siehe das komplette finanzielle System der westlichen Welt ... Und deshalb können diese ‹Protokolle› als Fälschung, Witzseite oder sonst was hingestellt werden, wahr ist der Inhalt allemal.»[23]

Im «Bund für echte Demokratie», der ebenfalls verschwörungstheoretisch engagierten Gruppe um den Wortführer Norbert Steinbach, der an die jüdische Weltverschwörung glaubt und Auschwitzleugnern wie Erich Glagau eine Plattform bietet, spielen die «Protokolle» eine wichtige Rolle. Die Grenzen zum kollektiven Wahn sind deutlich überschritten: «Es sind die Davids, die Bens, die Esters, die Manns, das Netzwerk der Zionisten, die der gesamten westlichen Welt die Kehle zuquetschen. Diese Zionisten ... handeln nach den alten, angeblich gefälschten ‹Protokollen der Weisen von Zion›. Ihre menschenverachtenden Handlungsweisen verstecken die hinter dem Schutzschild des Antisemitismus, der über die von ihnen selbst beherrschten Mainstream-Medien gepflegt wird ... Die jüdische Religion dient diesem System des Zionismus ebenso wie der oben erwähnte Antisemitismus lediglich als Keule, um jegliche Diskussion und Kritik zu erschlagen.»[24]

Dass nationalsozialistische Ideologen wie Alfred Rosenberg, Heinrich Himmler, Julius Streicher oder Adolf Hitler die «Protokolle der Weisen von Zion» als politisches Argument benutzten, hätte das Traktat eigentlich endgültig erledigen müssen. Die Wiederbelebung der antisemitischen Verschwörungsliturgie nach dem Holocaust führt das universale Bedürfnis nach schlichter Welterklärung jenseits des Rationalen vor Augen. Wie anders wäre der Erfolg der japanischen Übersetzung erklärlich, wo doch in Japan keine Juden leben, die Angriffspunkte bieten könnten. Als antikapitalistischer und antiglobalistischer Text – in dem z. B. die USA Stellvertreterfunktionen für Israel und «die Juden» einnehmen – sind die «Protokolle» deshalb auch in Japan brauchbar.

Größte Wirkung haben die «Protokolle» dieser Tage freilich in den islamistischen Strategien gegen Israel. Mit zunehmender Intensität werden sie als «Beweis» für eine zionistische Weltverschwörung in arabischen und anderen Medien der islamischen Welt zitiert, abgedruckt, interpretiert. Auch im Internet sind die «Protokolle» im islamistischen Kontext zu finden. Besonders aggressiv werden die «Protokolle» von Radio Islam propagandistisch eingesetzt. Der Sender im Raum Stockholm arbeitet wenig professionell, er wird von dem gebürtigen Marokkaner Ahmed Rami betrieben, der seit 1973 in Schweden lebt, wo er politisches Asyl genießt, weil er eigenen Angaben zufolge 1972 als Leutnant an einem Putsch gegen König Hassan II. beteiligt und von einem marokkanischen Gericht deswegen zum Tode verurteilt worden war. Als Rundfunkstation hat Radio Islam allenfalls lokale Bedeutung, als Institution rechtsextremer und israelfeindlicher Propaganda mit den Schwerpunkten auf Holocaustleugnung und Antizionismus ist Radio Islam ein weltweit operierendes Markenzeichen, das vor allem, seit 1996, durch Internet-Auftritte in vielen Sprachen operiert. Ahmed Rami hat enge Kontakte zur internationalen Neonazi-Szene und propagiert Holocaustleugnung in Verbindung mit Weltverschwörungsphantasien, nach denen Israel und die Juden mithilfe von «Holocaust-Geschichten» die Welt kontrollieren.

Die «Protokolle» haben in den Auftritten von Radio Islam eine zentrale Position. So behauptet Ahmed Rami in einem Artikel «Israels Politik bestätigt die Echtheit der ‹Protokolle der Weisen von Zion›» unter Verwendung der traditionell-stereotypen Anschuldigung, die jüdische Religion gebiete die Untergrabung der Moral nichtjüdischer Gesellschaften: «Immer wieder im Verlauf der Geschichte haben die großen geistigen Führer der Menschheit sich Gedanken über das Wesen des Bösen gemacht. Sie kamen zur Folgerung, dass, wenn der Teufel existiert, er so auftritt wie oben geschildert. Viele bedeutende

Denker gelangten auch zum Ergebnis, die jüdische Torah sowie der Talmud seien Satans Testament. Die ‹Protokolle der Weisen von Zion› verkörpern eine Konkretisierung dieser satanischen Schriften. Sie zeugen von einem genau gesteuerten Plan für unsere Zeit.»[25]

Die «Protokolle», deren Text und Rezeptionsgeschichte Ahmed Rami genau kennt, aber in seinem Sinne interpretiert und durch Falschinformationen für seine Argumentation manipuliert, werden als sich selbst bestätigender Beweis zitiert und als Erklärung für den Nahost-Konflikt herangezogen: «Wer diesen Text liest, wird namenloses Erstaunen darüber empfinden, wie alles Gesagte in großen Zügen eingetroffen ist. Oder stimmt es etwa nicht, dass sich die Zionisten Palästina unter den Nagel gerissen und dort einen jüdischen Staat Israel gegründet haben, der unter dem Deckmäntelchen der Demokratie eine äußerst kriegerische und tyrannische Politik betreibt? Trifft es ferner nicht zu, dass das zionistische Israel die Supermacht USA fest im Griff hat, egal ob im Weißen Haus gerade ein Demokrat oder ein Republikaner sitzt? Ist der Einfluss der zionistischen fünften Kolonnen in Europa, auch in Schweden, nicht unerhört stark? Und trifft es schließlich nicht zu, dass Israel Zwist und Feindschaft zwischen verschiedenen nichtjüdischen Staaten nach Kräften schürt, dass es beim Konflikt zwischen dem Irak und dem Iran fleißig Öl ins Feuer goss, dass es den kalten Krieg zwischen den Supermächten ausnutzte, um sich als westlicher Vorposten gegen die angebliche sowjetische Gefahr im Nahen Osten zu profilieren und sich so die bedingungslose Unterstützung der USA zu sichern?»[26] Die Schlussfolgerung Ramis lautet, seit langem deute vieles darauf hin, «dass der Zionismus auf eine totalitäre Weltdiktatur hinarbeitet. Allzu stark und einflussreich ist die Zionistenlobby in den USA und in vielen Ländern der Welt schon geworden!»[27]

Die Islamische Widerstandsbewegung Hamas, ursprünglich ein soziales Hilfswerk für palästinensische Flüchtlinge im Gaza-Streifen, seit Ende der 80er-Jahre als terroristische Untergrundorganisation aktiv, hat die Befreiung Palästinas durch die Zerstörung Israels zum Ziel. Im August 1988 gab Hamas sich ein Programm. Die «Charta der Islamischen Widerstandsbewegung» bekräftigt an vielen Stellen verschwörungsmythische

Vorstellungen, die als jüdisches Weltherrschaftsstreben dargestellt sind. «Juden waren die Hintermänner der Französischen und der Kommunistischen Revolution und sie standen hinter den meisten Revolutionen ... Sie nutzten das Geld, um geheime Organisationen rund um die Welt zu gründen, um Gesellschaften zu zerstören und zionistische Absichten durchzusetzen ... Niemand hat widersprochen, daß die Juden den Ersten Weltkrieg ausgelöst haben, um das Islamische Kalifat auszulöschen. Sie verursachten auch den Zweiten Weltkrieg, an dem sie durch Handel mit Kriegsmaterial ungeheuer verdient und die Gründung ihres Staates vorbereitet haben. Sie haben die Gründung der Vereinten Nationen und des Sicherheitsrats angeregt, um den Völkerbund zu ersetzen, damit sie die Welt unmittelbar regieren können.»[28]

Im Artikel 32 der Charta heißt es, der Welt-Zionismus versuche im Verein mit imperialistischen Mächten durch einen ausgeklügelten Plan und eine intelligente Strategie einen arabischen Staat nach dem anderen aus dem Kreis der Kämpfer gegen den Zionismus auszuschließen, um am Ende nur noch dem palästinensischen Volk gegenüberzustehen. Ägypten sei durch das heimtückische Camp-David-Abkommen aus der anti-israelischen Front herausgebrochen worden und mit anderen arabischen Staaten werde das Gleiche versucht. «Der zionistische Plan ist grenzenlos. Nach Palästina streben die Zionisten nach weiteren Eroberungen vom Nil zum Euphrat, wenn sie die übernommene Region verdaut haben, betreiben sie weitere Expansion und so fort. Ihr Plan ist konkretisiert in den ‹Protokollen der Weisen von Zion› und ihr gegenwärtiges Verhalten ist der beste Beweis für das, was wir sagen.»

Die «Protokolle», als Welterklärung für schlichte Gemüter am Ende des 19. Jahrhunderts im obskuren Milieu der russischen Geheimpolizei kompiliert, nach dem Ersten Weltkrieg in Deutschland und vielen anderen europäischen Ländern als Instrumentarium des Rassen-Antisemitismus verwendet und im Nationalsozialismus zum Dogma erhoben, erlebten nach dem Holocaust eine rational nur schwer erklärliche Renaissance. In Osteuropa, in Kairo oder in Damaskus wurde das irrationale Konstrukt vom jüdischen Streben nach Weltherrschaft wiederbelebt und schließlich, das zeigt die Charta der Hamas und das beweisen die vielen Internet-Auftritte, wurden die «Protokolle der Weisen von Zion» zum Kampfmythos der Islamisten gegen den Staat Israel, aber auch zur allgegenwärtigen Einigungsbeschwörung im Ringen um islamische Identität.

Die Rede des scheidenden Premierministers von Malaysia, Mohamad Mahatir, gehalten unter großem Beifall auf der zehnten Gipfelkonferenz islamischer Staaten in Putrajaya (Malaysia) am 16. Oktober 2003, gibt einen Eindruck von der Brisanz stereotyper Imagination, die als axiomatische Überzeugung, zugleich aber als identitätsstiftende Handlungsanweisung dient. Die Rede folgt einem rhetorisch geschickten Szenario, in dem Beschwörung, Klage, Beschuldigung, Aufruf alternieren. Die Grundtendenz der oratorischen Leistung – stehende Ovationen lohnten dem Redner die Mühe – ist Selbstmitleid und Fanal zum Heiligen Krieg. Der beschwörende Auftakt stimmte das Publikum auf Sendungsbewusstsein: Die Welt blicke auf die politischen Führer des Islam, «1,3 Milliarden Muslime, ein Sechstel der Weltbevölkerung, setzen ihre Hoffnung auf uns». Dem folgten Klage und Beschuldigung: «Wir alle sind Muslime. Wir sind unterdrückt. Wir werden gedemütigt. Die Europäer konnten mit den Ländern der Muslime machen, was sie wollten. Es überraschte nicht, daß sie muslimisches Land zur Gründung des Staates Israel nahmen, um ihre Judenfrage zu lösen.»

Mahatir schilderte die Situation der islamischen Welt als düsteres Gemälde, bevölkert ausschließlich von Opfern, die trotz ihrer zahlenmäßigen Stärke und ihrer Ressourcen zur Ohnmacht verurteilt seien: «Heute werden wir, die ganze muslimische Gemeinschaft, mit Verachtung behandelt und entehrt. Unsere Religion wird verunglimpft. Unsere Heiligen Stätten sind entweiht. Unsere Länder sind besetzt. Unsere Völker leiden Hunger und werden getötet.» Die daran Schuldigen sind ausgemacht: «Die Muslime werden für alle Zeit unterdrückt und beherrscht von den Europäern und den Juden.»

Der Schuldvorwurf wird dann auf «die Juden» zugespitzt, denen als Drahtzieher in verschwörungstheoretischer Argumentation die entscheidende Rolle zugewiesen ist: «Die Europäer haben sechs von zwölf Millionen Juden ermordet. Dennoch regieren die Juden heute die Welt durch Strohmänner. Sie bringen andere dazu, für sie zu kämpfen und zu sterben.» Die

Schuldzuweisung bedient sich traditioneller Stereotypen und Verschwörungsphantasien. «Juden haben den Sozialismus, den Kommunismus, die Menschenrechte und die Demokratie erfunden und zu Erfolgen gemacht. Deshalb werden sie nicht verfolgt, deshalb genießen sie die selben Rechte wie andere. Dadurch haben sie die Kontrolle über die mächtigsten Staaten erlangt, und dadurch ist diese winzige Gemeinschaft eine Weltmacht geworden.»

Die Rede gipfelt im Appell an die Wehrhaftigkeit des Islam, der zum Angriff auf die Unterdrücker übergehen, sich dazu aber auch selbst regenerieren und modernisieren müsse – kulturell, wissenschaftlich, politisch. «Wir brauchen Gewehre und Raketen, Bomben und Kriegsflugzeuge, Panzer und Kriegsschiffe für unsere Verteidigung.» Das ist Aufruf zum Krieg, proklamiert zur Verteidigung religiöser und kultureller Werte, zur Überwindung obsessiver Minderwertigkeitsgefühle, gerichtet auf das Ziel, die Juden und den Staat Israel zu vernichten.

Verschwörungsphantasien sind in der Rede des malaysischen Premiers instrumentiert für den «Heiligen Krieg», den Djihad, aus irrationalen Welterklärungsmustern speist sich der Djihadismus, der von Fanatikern als Guerillakrieg gegen die westliche Zivilisation umgesetzt und durch Terror und Attentat agiert wird. Der malaysische Geschäftsträger in Berlin wurde nach der Mahatir-Rede ins Auswärtige Amt einbestellt, um einen scharfen Protest gegen die verbalen judenfeindlichen Exzesse des scheidenden Premierministers in Empfang zu nehmen. Die Regierungschefs der Europäischen Union verurteilten am folgenden Tag die Tiraden Mahatirs, das Medieninteresse blieb begrenzt.

Die Rede Mahatirs macht, wie viele Äußerungen im islamischen Raum, sichtbar, wie sich muslimische Judenfeindschaft, die durch das Palästinaproblem politisch generiert ist, traditioneller Stereotypen bedient und wie der ursprünglich im Nahen Osten unbekannte Rassenantisemitismus mit seinen abstrusen Unterstellungen, Schuldzuweisungen und Schlussfolgerungen adaptiert und ins islamische Weltbild integriert wurde. Die «Protokolle der Weisen von Zion» gehören auch hier zu den Schlüsseltexten, sie haben eine Aktualität wie nirgendwo sonst. Der malaysische Premier ließ auf dem Kongress seiner

UMNO-Partei im Juni 2003 die «Protokolle» verteilen, ebenso Henry Fords Pamphlet «Der internationale Jude», das in den 20er-Jahren von den USA aus die Weltverschwörungsidee der «Protokolle» propagierte. Der internationalen Kritik hielt Mahatir nach seiner Rede das antisemitische Standardargument entgegen, die Reaktion der Welt beweise doch eben, dass sie von Juden kontrolliert sei.

Aus der muslimischen Welt kam Zustimmung. Der iranische Präsident nannte die Rede Mahatirs brillant und sehr logisch; er fügte hinzu, Muslime seien keine Antisemiten. Sein pakistanischer Kollege zeigte sich sicher, dass Mahatir nicht zum Krieg gegen die Juden aufgefordert habe, und der ägyptische Außenminister wusste, dass Kritik an Israel eben rasch verdammt werde, ohne Prüfung der Tatsachen. Zustimmung kam auch vom russischen Rechtsextremisten Wladimir Schirinowski («Die Juden haben die Weltherrschaft erobert: alle Banken, Konzerne ... alles ist von den Juden beherrscht, auch in unserem Land»).[29]

Der Jubel in der islamischen Welt war keine spontane Wallung. Die Adaption des europäischen Antisemitismus trägt seit langem Früchte. Mahatir hatte 1984 den New Yorker Philharmonikern die Einreise nach Malaysia verboten, weil sie ein Werk des jüdischen Komponisten Ernest Bloch aufführen wollten, Jahre später verbot er den Film «Schindlers Liste», weil er Propaganda zugunsten einer Rasse betreibe, 1997 machte er «die Juden» für die Finanzkrise in Asien verantwortlich, agitierte auch mit Parolen, die dem Arsenal des Rassenantisemitismus aus dem 19. Jahrhundert entstammten: Juden seien nicht nur durch ihre Hakennase auffällig, sondern auch durch ihren ausgeprägten Instinkt für Geld.[30]

Islamistischer Antisemitismus äußert sich nicht nur in Israel-Feindschaft. Der prominente geistliche Würdenträger Mohamad Sayyid Tantawi, Großscheich der Al-Azhar-Universität Kairo, ist als Autorität des sunnitischen Islam weit über Ägypten hinaus einflussreich. Sein Buch «Das Volk Israels im Koran und in der Sunna» ist weit verbreitet. Es geht auf seine Dissertation von 1966 zurück und beschäftigt sich mit dem Palästina-Konflikt aus religiöser Perspektive. Die Argumentation ist aber weithin rassistisch, wenn Tantawi von den unveränderbaren Eigenschaften der Juden, z. B. ihrer «Gier nach Leben und dem Diesseits» und ihrem «übermäßigen Egoismus» spricht, sich auf Hitlers «Mein Kampf» beruft und die Juden als Ursache der Zerstörung von Moral, Religion und geistigen Werten charakterisiert. Seine Behauptung, für die er als Quelle die «Protokolle der Weisen von Zion» bemüht, die Juden seien u. a. für die Französische und die Russische Revolution verantwortlich, findet sich in der Hamas-Charta wieder. Der Geistliche Tantawi ist mit seinem Bestseller einer der Vordenker des islamistischen Terrorismus, dem es längst nicht nur um Palästina geht, der vielmehr traditionellen Antisemitismus europäischer Provenienz in den Dienst eines fundamentalistischen Hasses gegen die Juden stellt.[31]

Der Mythos von der Verschwörung mit dem Ziel der Weltherrschaft gehört zu den schlichten Welterklärungen, die mit Schuldzuweisungen an die Juden arbeiten und sich die Beweise selbst schaffen. Das behauptete jüdische Streben nach Dominanz über andere wird nicht als emotionale Unterstellung wahrgenommen, sondern als sich selbst beweisende Tatsache, und daher entziehen sich Verschwörungstheorien der Argumentation auf rationaler Ebene. Irrationale Ängste der Mehrheit werden durch Legenden von jüdischer Macht kanalisiert. Die «Protokolle der Weisen von Zion» als Textinkunabel haben deshalb den absoluten Referenzcharakter, weil sie beliebig verwendbar vom russischen Zarenreich über den NS-Staat bis zum islamistischen Kampf gegen Israel und den Westen und in allen möglichen sonstigen Zusammenhängen durch ihre bloße Existenz und lange Tradition zum Beweis für Denkfiguren genommen werden, die sich der Vernunft entziehen und eben deshalb so wirkungsvoll sind. Das immer aktuelle Stereotyp der jüdischen Weltverschwörung ist seinem Wesen nach konstitutiv für das Phänomen des Antisemitismus: auf Verabredung und Emotion gegründet, im mythologischen Ungefähr angesiedelt, als Gerücht und Geraune verbreitet, universal verwendet und wie alle wahnhaften Konstruktionen mit rationalen Mitteln nicht auflösbar, solange der Wunsch nach Welterklärung durch Schuldzuweisung an die Minderheit besteht.

Jeder fünfte Deutsche
ein Antisemit?

«Ist Antisemitismus messbar?» lautet die eine Frage und «Was wird im Einzelnen gemessen?» die andere. Der Wunsch nach empirischen Daten, die exakt und eindeutig das Problem der Judenfeindschaft in Dimension und Wertigkeit handhabbar machen, ist verständlich. Der Spekulation freilich, was Antisemitismus sei, wie man ihn definiert, entheben die Ergebnisse der Demoskopie den Interessierten nicht.

Es passiert sogar häufig, dass die Resultate der Bürgerbefragung, die innerhalb ihrer methodischen Grenzen wichtig und aussagefähig sind, durch mediale Vergröberung und Verkürzung in die Irre führen. «Jeder fünfte Deutsche ein Antisemit» tönt es dann in den Schlagzeilen, wenn Meinungsforscher herausgefunden haben, dass rund 20 % der Antworten erkennen lassen, dass die Respondenten auf Fragen wie die, ob sie eine jüdische Schwiegertochter/einen jüdischen Schwiegersohn haben wollen, Zurückhaltung übten oder, von der Fragestellung geleitet, stereotype Vorstellungen über Juden («zu viel Macht», «zu viel Geld» etc.) geäußert haben. Bei der Reaktion, die Ergebnisse der Demoskopie in griffige Parolen übersetzt, bleibt zunächst und vor allem der Unterschied außer Acht zwischen latenter Judenfeindschaft, die sich nur als Einstellung, nicht aber als Handlung oder Aktionswunsch äußert, und manifestem Antisemitismus, der mit Drohungen und Taten gegen Juden agiert. Die empörte Reaktion des Publikums auf die Umsetzung von sozialwissenschaftlichen Messergebnissen in Getöse mit moralischem Unterton ist verständlich, da die Ortsbestimmung der Mehrheit im Lager des manifesten Antisemitismus unzutreffend und kränkend ist.

Nach empirischen Forschungen ist Antisemitismus als persönliches Vorurteil in der Bundesrepublik seit den 60er-Jahren im Rückgang begriffen. Rechnete man in den ersten Nachkriegsjahren mit einer judenfeindlichen Grundhaltung bei

20–40 % der Deutschen, so zeigte in den 50er-Jahren ein Drittel der Bevölkerung der Bundesrepublik eine klare und ein weiteres Drittel eine bedingt antisemitische Einstellung. Nach der Welle judenfeindlicher Schmierereien, die Weihnachten 1959 in Köln begann und dann weit über die deutschen Grenzen hinausschwappte, ergab eine Untersuchung im internationalen Vergleich, dass 47 % der Deutschen und jeweils 46 % der Briten und Franzosen deutlich antisemitische Einstellungen erkennen ließen. Eine Disposition zum antisemitischen Vorurteil zeigten gar 61 % der Deutschen gegenüber 55 % Briten und 58 % Franzosen.

Mit diesen Erkenntnissen – sie wurden 1962 publiziert – war zwar der Vermutung der Boden entzogen, es handele sich in der Größenordnung um ein spezifisch deutsches Phänomen, aber es war auch deutlich, dass Antisemitismus in der deutschen Gesellschaft eine Rolle spielt, und zwar nicht nur unter Rechtsextremen und Hochkonservativen, sondern in allen Schichten der Bevölkerung. In den 70er-Jahren lautete der demoskopische Befund, mindestens ein Viertel der Deutschen sei stark antisemitisch eingestellt, zwei Fünftel zeigten darüber hinaus eine leicht antisemitische Haltung. In den Jahren 1986 bis 1988 wurden in drei Untersuchungen 15 % der (West-)Deutschen als deutlich antisemitisch in ihrer Grundeinstellung diagnostiziert.[1] Jüngere Umfragen ergaben, dass noch etwa 13 % der deutschen Bevölkerung antisemitische Vorbehalte haben, in dieser Bevölkerungsgruppe überwiegen die Älteren. Bemerkenswert war dabei in den 90er-Jahren der große Vorsprung der Westdeutschen (16 %) vor den Bürgern der ehemaligen DDR (4 %).[2]

Der aktuelle Antisemitismus nährt sich von traditionellen Stereotypen, Aversionen und Konstrukten (wie dem der «Weltverschwörung des internationalen Judentums» oder der jüdischen Beherrschung der Hochfinanz) ebenso wie von nachnationalsozialistischen Ressentiments («Nutznießer von Wiedergutmachungs- und Entschädigungsleistungen» oder «Unversöhnlichkeit nach dem Holocaust»). So glauben 18 % der Deutschen, viele Juden versuchten, aus der Vergangenheit Vorteile auf Kosten der Deutschen zu ziehen, 19 % halten die religiöse Komponente des antisemitischen Ressentiments

(«Schuld der Juden am Tode Jesu») noch für relevant, 20 % halten Juden für egoistisch, 21 % finden sie «intolerant» und 36 % stimmen der Behauptung zu, die Juden hätten zu viel Einfluss auf der Welt. 17 % halten Juden für «misstrauisch», 14 % sind der Überzeugung, die Juden seien mitschuldig, wenn sie gehasst und verfolgt würden, kaum weniger, nämlich 13 %, bekennen sich dazu, dass ihnen das Thema «Jude» «irgendwie unangenehm» ist, und ebenso viele weisen deutlich das Statement zurück «Mich beschämt, dass Deutsche so viele Verbrechen an Juden begangen haben».

Ob «die Deutschen» Antisemiten seien, interessiert nicht nur die Demoskopen seit dem Zusammenbruch des NS-Staats. Das Interesse insbesondere der amerikanischen Besatzungsmacht, die ab 1946 regelmäßig die Einstellung der Deutschen gegenüber Juden durch Meinungsumfragen erforschte, wird seit der Gründung der Bundesrepublik von der empirischen Sozialwissenschaft weitergetragen. Regelmäßig werden Ressentiments gegen Juden abgefragt, die Analyse der Ergebnisse zeigt Trends über die Jahrzehnte hinweg, aus denen sozusagen der Barometerstand der politischen Kultur des Landes abgelesen werden kann.[3]

An fünf Beispielen aus dem Frage-und-Antwort-Spiel «Wie antisemitisch sind die Deutschen?», veranstaltet im November 2003 während der Hohmann-Affäre, sollen nachfolgend Trends, Möglichkeiten und Grenzen der empirischen Erforschung von Judenfeindschaft betrachtet werden. Die Auswahl der 1006 Befragten erfolgte nach allen Regeln der Kunst, sie ist repräsentativ (bei einer Abweichung bis zu 2 %), die Fragen entsprechen den hohen sozialwissenschaftlichen Standards der Demoskopie.[4] Die erste Frage zielt auf die Selbsteinschätzung des Verhältnisses der Deutschen zu Juden: «Wie beurteilen Sie die allgemeine Einstellung der Bundesbürger gegenüber den Juden? Sind die meisten, eine große Zahl, eine geringe Zahl, oder ist kaum jemand gegen die Juden?»

Die Mehrheit der Deutschen (79 %) beurteilt die Einstellung der deutschen Gesellschaft gegenüber jüdischen Bürgern positiv. Nur 1 % von 1006 Befragten gibt an, dass die Deutschen den Juden gegenüber Vorbehalte haben. Allerdings meinen 12 %, dass eine «große Zahl» der Deutschen Juden ablehnt. Regionale Unterschiede in den einzelnen Bundesländern lassen sich im Trend nicht festmachen. Das bedeutet: Weder in Bayern oder Hessen noch in Brandenburg oder Sachsen gibt es Werte, die – unter statistischen Gesichtspunkten betrachtet – auffällig wären. Im Einzelnen zeigen sich hohe Werte innerhalb der Altersgruppe der 30- bis 49-Jährigen (84 %). Die Angaben der 14- bis 29-Jährigen (79 %) liegen im Bundesdurchschnitt; die der Altersgruppe der 50-Jährigen und Älteren sind niedriger (74 %).

Überraschend an dem Ergebnis ist, dass es nur 1 % Ablehnung gibt. In der Antisemitismusforschung geht man von 3 bis 5 % so genannter «Unbelehrbarer» aus, die auch nur schwer erreichbar sind und sich von ihrer Meinung nicht abbringen lassen. Die Grenzen des empirischen Verfahrens sind hier deutlich erkennbar: Die Fragen induzieren auch die Antworten.

Ein in Umfragen immer wieder gestelltes Angebot lautet: «Was würden Sie empfinden, wenn Sie einen Bürger jüdischen Glaubens als Nachbarn hätten? Möchten Sie einen Bürger jüdischen Glaubens als Nachbarn, ist Ihnen das egal oder wollen Sie ihn lieber nicht als Nachbarn haben?» Mit «ist mir egal» antwortete eine Mehrheit von 85 % der Deutschen auf diese zunächst merkwürdig anmutende Frage. Lieber keinen jüdischen Nachbarn haben zu wollen, dafür sprachen sich 2 % der Deutschen aus und explizit für einen jüdischen Nachbarn votierten 13 %.

Auch hier ist die Frage möglicherweise aufschlussreicher als es die Antworten sind. Es gibt ja nicht viele Möglichkeiten, Antisemitismus als Einstellungspotenzial in der Bevölkerung exakt und wissenschaftlich beweisbar zu messen. Man kann die Menschen mit Aussicht auf verwertbare Antworten nicht einfach fragen: «Sind Sie Antisemit?» oder «Lehnen Sie Juden ab?» Die Antwort «Nein» läge wahrscheinlich zwischen 95 und 99 %. Das hat viele Gründe. Einer davon ist, dass manche nicht wissen, was der Begriff Antisemitismus konkret meint, beziehungsweise, wie er als Begriff belegt ist. Also sagen dann viele instinktiv nein, um nichts Falsches zu sagen. Dann gibt es die Gruppe, die wirklich nein meint, wenn sie nein sagt. Auf die Schliche kommen wollen die Demoskopen aber denen, die antisemitische Einstellungen haben, aber von einem klaren Bekenntnis Abstand nehmen, weil sie sonst Nachteile für sich befürchten. Diese Gruppe steckt natürlich auch in der 85 % Ist-mir-egal-Antwort. Man erhält also nur Annäherungswerte, die verknüpft mit anderen Werten Rückschlüsse und Annäherungen zulassen.

Gefragt war auch nach dem Einfluss von Gruppen in der Gesellschaft, angeboten waren: Großunternehmen, Gewerkschaften, Medien, Banken, Amerikaner, die christlichen Kirchen, die Vertretung der Juden in Deutschland. Als Antwort waren die drei Möglichkeiten «gerade richtig», «zu wenig», «zuviel» vorgegeben. Den größten Einfluss in der Gesellschaft sprechen die Deutschen den Großunternehmen (60 %) und den Medien (60 %) zu. Es folgen «die Amerikaner» (53 %) und dann die Banken (51 %). Den Gewerkschaften misst nur jeder dritte Deutsche (35 %) einen wichtigen Stellenwert zu. Die Kirchen liegen mit 21 % auf dem vorletzten, die Vertretung der Juden in Deutschland mit 20 % auf dem letzten Platz.

Die Parameter für die Vertretung der Juden zeigen bei genauerer Betrachtung einen deutlichen Unterschied innerhalb der Generationen. So liegt im Bundesdurchschnitt der Wert «zu wenig Einfluss» bei 17 %. Völlig unterbewertet nach Ansicht der Altersgruppe der 14- bis 29-Jährigen: Immerhin zeigt der Wert von 37 %, dass diese Gruppe sich einen durchaus größeren Einfluss der jüdischen Bürger wünschen würde. Im Vergleich zu anderen gesellschaftlichen Gruppen ist der Wert der Vertretung der Juden in Deutschland mit 20 % ausgesprochen gering. Das hat – gerechnet vom Zweiten Weltkrieg bis heute – in früheren Jahren ganz anders ausgesehen. Noch in den 70er-Jahren wurde der Einfluss der Juden als gesellschaftliche Gruppe wesentlich stärker eingeschätzt als heute. Das ist ein Beleg für die These, dass bestimmte antisemitische Stereotypen an Wirkung verlieren. Das verdeutlicht auch der Blick auf die Unterschiede innerhalb der Generationen. Je älter die Deutschen, desto größer der Wert. Bei den 14- bis 29-Jährigen sehen nur 6 % den Einfluss der Vertretung der Juden in Deutschland als zu groß an, bei den 30- bis 49-Jährigen sind es 18 % und bei den 50-Jährigen und Älteren 28 %.

Auf die Frage: «Es gibt bei uns ja auch kritische Meinungen über Juden. Woran nehmen diese wohl Anstoß?» antwortet eine große Mehrheit (65 %), dass in der «Politik Israels in den besetzten Gebieten» der Grund liege, warum Deutsche jüdischen Bürgern mit Reserve oder Ablehnung begegnen. Jeder Zweite (52 %) nannte «die Wiedergutmachungsleistungen Deutschlands» und 39 % der Befragten vermuteten «die unterstellten Bereicherungen einzelner Juden» bei der Wiedergutmachung als Gründe von Ressentiments. Nur im unteren Drittel waren «die wirtschaftliche Macht» der Juden (32 %) und ihr «gesellschaftlicher Einfluss» (32 %) angesiedelt. Den «jüdischen Glauben» nannten 19 % als Grund der Abneigung und 7 % konnten oder wollten keine Angaben zu den vorgegebenen Antwortmöglichkeiten machen. Die Zahlen geben zum einen Aufschluss darüber, auf welche antisemitischen Stereotype die Sozialwissenschaftler bei der Umfrage die Sensoren eingestellt haben, zum anderen sind die Reaktionen interessant, insbesondere sind die Antworten zu den Parametern «wirtschaftliche Macht» und «gesellschaftlicher Einfluss» aufschlussreich. Das sind Stereotype, die schon die nationalsozialistische Propagandamaschinerie als Stimulanzien ihres Antisemitismus benutzt hat. Dass diese Werte sich im unteren Drittel bewegen, zeigt, dass sich das demokratische System in Deutschland gegen derartige Vorurteile durchgesetzt hat.

Die Befragten waren dann zur qualifizierten Stellungnahme gegenüber der Feststellung aufgefordert «Heute ebenso wie in der Vergangenheit üben die Juden zu viel Einfluss auf die Weltgeschehnisse aus». 25 % der Deutschen glauben das, 67 % glauben es nicht, 9 % äußerten sich nicht. Die Aufschlüsselung nach Alterskohorten macht die Antworten interessanter. Die wenigsten Vorbehalte gegen Juden bestehen in der Gruppe der 14- bis 29-Jährigen. In dieser Gruppe vertreten mit 82 % weit über dem Bundesdurchschnitt der Befragten die Meinung, dass Juden keinen unverhältnismäßigen Einfluss auf die Geschicke der Welt ausüben. Doch dieses Zutrauen schwindet, je älter die Deutschen sind.

In der Gruppe der 30- bis 49-Jährigen liegt der Wert bei 68 %, bei den 50-Jährigen und Älteren nur noch bei 59 %. Auch in der Bewertung der Einflussnahme der Juden gibt es

Jeder fünfte Deutsche ein Antisemit?

Unterschiede innerhalb der Generationen. Glauben nur 13 % der 14- bis 29-Jährigen an deren weltweiten Einfluss, ist dieser Wert in der Gruppe der 30- und 49-Jährigen sowie der 50-Jährigen und Älteren mehr als doppelt so hoch (beide 27 %).

Ein leichtes Ost-West-Gefälle fällt auf. So glauben nur 21 % der Ostdeutschen an einen übergroßen jüdischen Einfluss der Juden in der Welt. Indes sind es in den alten Bundesländern 25 %. Umgekehrt lehnen 71 % der Ostdeutschen solche Hirngespinste deutlich ab, im Westen dagegen nur 66 %.

Das sind alarmierende Zahlen, die den Nährboden für Redner wie den Bundestagsabgeordneten Martin Hohmann sichtbar machen, wenn mit perfidem Kalkül tief eingelassene Vorurteile stimuliert werden. Jeder vierte Deutsche glaubt nach dem Umfrageergebnis an solche konfusen Weltverschwörungstheorien, die die Juden einmal als Vorkämpfer des Kapitalismus, ein anderes Mal als Vorkämpfer des Kommunismus sehen und mit der Vermutung, «die Juden» hätten zu viel Macht und Einfluss, allzu schlichte und deshalb gefährliche Welterklärungen anbieten.

Wie viel Israelkritik ist erlaubt?

Das Mitleid mit palästinensischen Familien, die bei Aktionen der israelischen Armee ihr Hab und Gut, gar Kinder verloren haben und die Entrüstung über den Zaun, mit dem die Sicherheitsbehörden Israels ihr Land schützen wollen, Abscheu ob der schikanösen Arroganz der israelischen Grenzhüter am Gaza-Streifen gegenüber friedlichen Palästinensern eint viele, die die Politik der israelischen Regierung missbilligen, weil sie sie für schädlich halten, da sie kaum den Frieden in der Region, wohl aber die stetige Eskalation von Gewalt bewirkt. In der allgemeinen Wahrnehmung des Palästinakonflikts haben sich die Reihen geschlossen. Die einen sehen Israel nur und ausschließlich in der Rolle des Aggressors, der mit unverhältnismäßiger Gewalt das Leben der Palästinenser bedrückt, verstehen die militärischen Aktionen gegen Flüchtlingslager, die Zerstörung von Häusern und Wohnungen als expansionistische Machtdemonstration der Stärkeren gegen Schwächere, mit denen sie sich deshalb solidarisieren.

In den Augen der bedingungslosen Verteidiger Israels sind dagegen die Palästinenser und mit ihnen alle Araber und womöglich auch alle Muslime irrational agierende Extremisten, die Israel und dem Westen den Heiligen Krieg erklärt haben.

Die Intifada, eine Kampagne zivilen Ungehorsams der Palästinenser gegen Israel von 1987 bis 1993, geführt in der Hoffnung auf Autonomie bzw. einen unabhängigen arabischen Staat Palästina, eskalierte in ihrer zweiten Phase ab September 2000 zur offenen Gewalt gegen die israelische Zivilgesellschaft, die mit Absperrung, militärischen Aktionen, Vergeltungsschlägen und weiteren Maßnahmen einer bedingungslosen Politik der Stärke beantwortet wird.

In der öffentlichen Wahrnehmung Europas haben sich in dramatischer Weise die Gewichte bei der Bewertung des Nahost-Konfliktes verschoben. Der Angst um das bedrohte Israel, die 1967 im Sechs-Tage-Krieg die Menschen zu Sympathiekundgebungen für den jüdischen Staat auf die Straße trieb, folgte die pauschale Verurteilung der israelischen Besatzungs- und Siedlungspolitik in den palästinensischen Gebieten. Eine Meinungsumfrage im Herbst 2003, nach der die Mehrheit der Bürger der Europäischen Union Israel auf einer Skala von zwölf Ländern als aggressivsten Staat vor den elf Alternativen genannt hatten, macht die aktuelle Position Israels in der Gefühlswelt der Europäer signifikant. Die Deutschen haben mit 65 % bei der Einschätzung Israels als Aggressorstaat noch einen deutlichen Vorsprung vor den anderen Europäern (95 %). Das Ergebnis löste Bestürzung aus und war Gegenstand ausführlicher Interpretationen. Methodische Mängel der EMNID-Umfrage «Eurobarometer» wurden diskutiert (warum enthielt die Auswahlliste nur souveräne Staaten wie den Irak, Syrien, Libyen, Nordkorea usw., nicht aber die anders organisierten Palästinenser, ganz zu schweigen von weltweit operierenden Terrororganisationen, die gewiss gute Chancen für den ersten Platz gehabt hätten?) und Besorgnisse ob des zum Ausdruck kommenden emotionalen Befundes wurden geäußert; Politiker wie der Außenpolitische Sprecher der CDU/CSU-Bundestagsfraktion, Friedbert Pflüger, sprachen von einer Verkennung der Tatsachen, und Pflüger vermutete, wie sein Vorgänger Karl Lamers, dass das Vorgehen Israels «in den besetzten Gebieten den Hass schürt und die Gefahr des Terrorismus erhöht».[1]

Der Befund, dass eine große Zahl europäischer Bürger der Politik Israels verständnislos ablehnend gegenübersteht, ist nicht aus der Welt zu schaffen. Zu bemerken ist auch, dass die Juden der Diaspora sich zunehmend mit Israel solidarisch erklären, auch wenn viele, ebenso wie zahlreiche Israeli, die Politik der Stärke nicht für glücklich halten und sich andere Wege für die Sicherheit Israels und den Frieden mit den Palästinensern vorstellen können. Tatsache ist, dass in vielen Ländern Europas die Sympathie des Publikums und in erheblichem Maße ebenso die der Medien sich von Israel abgewendet hat und die Ursachen der Gewaltspirale nicht mehr in das negative Urteil über Israel einbezieht.

Wenn die Rede davon ist, dass Israel mit dem Abwehrzaun

gegen palästinensisches Territorium «das größte KZ der Welt» errichte, wenn das Schicksal schwangerer Frauen beklagt wird, die bei stundenlangen Grenzkontrollen des israelischen Militärs leiden müssen, wenn die Wahrnehmung auf das individuelle Leid palästinensischer Familien reduziert, der Terror palästinensischer Guerillas und Selbstmordattentäter gegen ebenso unschuldige israelische Familien in den Straßen von Tel Aviv oder Jerusalem ausgeblendet wird, dann ist die Vermutung einseitiger Parteinahme wohl berechtigt.[2]

Selbstverständlich ist es legitim, politische und militärische Handlungen eines Staates zu kritisieren, und das gilt für Israel nicht weniger als beispielsweise den Krieg der Vereinigten Staaten von Amerika gegen den Irak mit allen höchst unerfreulichen Begleiterscheinungen. Der Unterschied in der Beurteilung ist leicht erkennbar: Beim Irak-Krieg wird zwischen der Regierung Bush, der US-Army und «den Amerikanern» durchaus unterschieden. Niemand, der ernst genommen werden will, erklärt die Exzesse im Irak, die einzelnen Soldaten zur Last fallen, oder umstrittene Entscheidungen der Bush-Administration aus dem Nationalcharakter «der Amerikaner» heraus, um möglicherweise gar die Forderung daran zu knüpfen, die USA müssten von der Landkarte verschwinden. Im Falle Israel ist das anders. Das lehren die monströsen Vergleiche ebenso wie die Bemühungen, «jüdische» Eigenart zu typologisieren, um alle Juden dieser Welt mit der israelischen Politik zu identifizieren, diese als Ausfluss vermuteter jüdischer Charaktereigenschaften zu erklären. Dazu werden die bekannten Stereotype benutzt – alttestamentarische Rache, Unversöhnlichkeit, Arroganz der Auserwählten usw.

Das Engagement, das manche in die Verurteilung der israelischen Sicherheitspolitik investieren, gleicht der Wut, mit der das heimische patriotische Projekt der Judenfeindschaft durch Ausgrenzung der jüdischen Minderheit betrieben wird. Der Völkermord an 800 000 Menschen in Ruanda, unter den Augen einer untätigen Welt 13 Wochen lang im Jahre 1995 begangen, an Unschuldigen vom Säugling bis zum Greis, hat nicht einen Bruchteil der Aufmerksamkeit erhalten, die Israel für seine militärischen Aktionen – und in der Verallgemeinerung «das Judentum» in aller Welt – erfährt, und zwar immer als moralische Anklage und oft unter Verweis auf den Holocaust. Letzteres soll suggerieren, die Israelis würden, stellvertretend für die Juden überhaupt, etwas praktizieren, das ihnen selbst widerfahren ist, nämlich Verfolgung als Minderheit bis zur Konsequenz des Völkermords.

Wann überschreitet berechtigte und notwendige Kritik an der Politik Israels gegenüber den Palästinensern die Grenzen und ist Judenfeindschaft? Das geschieht spätestens dann, wenn Vorurteile und Stereotype, die mit den zu kritisierenden Vorgängen nichts zu tun haben, weit über den Anlass hinaus zu Erklärung und Schuldzuweisung benützt werden. Als besondere Form von Antisemitismus hat sich aus solcher Israelkritik als Antizionismus ein Surrogat der Judenfeindschaft etabliert, das eigene Funktion hat, nämlich Nebenwege zu öffnen, auf denen mit scheinbar rationalen Argumenten Abneigung gegen Juden transportiert werden kann.

Zionismus, eine im 19. Jahrhundert entstandene Bewegung des Judentums, die als Reaktion auf die katastrophalen Lebensbedingungen der Juden in Osteuropa die Rückkehr zum religiösen Ausgangspunkt, das «Land Israel», propagiert, wird oft missverstanden. «Antizionismus» ist im politischen Vokabular als Parameter der Judenfeindschaft geläufig. Abgelöst von der ursprüngliche Bedeutung – Anhänger der jüdischen Integration und Assimilation grenzten sich damit gegen die Idee eines jüdischen Nationalstaats ab – wurde Antizionismus zum Schlachtruf gegen Israel, der die Legalität der staatlichen Existenz bestreitet und sie rückgängig machen, die jüdischen Einwohner des Landes vertreiben will.

Die Definition der Staatssicherheitsbehörden der DDR ließ keinen Zweifel an der feindseligen politischen Absicht. Zionistische Organisationen waren nach dem Wörterbuch der Staatssicherheit «reaktionäre, nationalistische, rassistische, konterrevolutionäre, antisozialistische und antisowjetische politische Vereinigungen, die auf der Grundlage der zionistischen Ideologie, wie Chauvinismus, Rassismus und Expansion, von reaktionären imperialistischen Kreisen zur Verschärfung der internationalen Lage, zur Schürung des Antisowjetismus und des Antikommunismus und zum Kampf gegen die sozialistischen Staaten und die nationale Befreiungsbewegung genutzt werden.»³ Der Rundumschlag instrumentalisiert auch das Feindbild vom Weltjudentum und stellt die Zionistische Weltorganisation (WZO), den Zionistischen Weltkongress, die Jewish Agency als Agenturen der Verschwörung und Partner des Israelischen Geheimdienstes dar.

Die Sprachregelung der DDR ist aber nicht nur eine inzwischen historische Groteske. Israelfeindschaft war Bestandteil der Sozialisation der DDR-Bürger und damit wurde eine Parteinahme eingeübt und verinnerlicht, die sich mit Judenfeindschaft anderer Genese trifft und allgemeine Ressentiments mit Beispielen aus der tagesaktuellen Berichterstattung illustriert und zu «Beweisen» jüdischen Wesens verdichtet. Das soll am Exempel einer stereotyp verwendeten biblischen Metapher, dem Spruch «Auge um Auge, Zahn um Zahn», der inflationär gebraucht wird, erläutert werden.

«Ein Auge um ein Auge, ein Zahn um ein Zahn – die angeblich einzige Demokratie im Nahen Osten bombt die Welt zurück in die Steinzeit!! Das ‹Auserwählte Volk› ist ausgezogen, andere Völker zu vernichten und sich um nichts mehr zu kümmern! Bei soviel Hochmut und zerstörerischem Denken wird Jahwe nicht mitmachen!»⁴ Diesen Kommentar empfing die Israelische Botschaft in Berlin per E-Mail am 7. Oktober 2003 als eine von vielen Zuschriften ähnlichen Tenors zum Nahost-Konflikt. Die Kritik bediente sich des Stereotyps, das zum Muster für zählebiges absichtsvolles Missverstehen jüdischer Religion und Rechtstradition geworden ist.

Zu den geläufigen Metaphern der Abgrenzung gegenüber Juden gehört das Zitat «Auge um Auge, Zahn um Zahn» aus dem Zweiten Buch Mose, Kap. 21, Vers 24. Die griffige Prägung dient ohne Zusammenhang als Chiffre der Rachsucht und Vergeltung, eingeübt im ressentimentgeladenen Verständnis der eigenen moralischen Überlegenheit gegenüber den Juden. Adolf Hitler hat in einer Rede zum 30. Januar 1942, in der er an seine Vernichtungsankündigung vom 1. September 1939 erinnert, verkündet: «Zum ersten Mal werden nicht andere Völker verbluten, sondern zum ersten Mal wird diesmal das echt altjüdische Gesetz angewandt: Aug' um Aug', Zahn um Zahn!» Der «Stürmer» hämmerte die Worte des Führers seinen Lesern ein, unter der Überschrift natürlich «Aug' um

Aug', Zahn um Zahn!» und benützte das Zitat, wie es zuvor und danach zahllose Leitartikler, Berichterstatter, Leserbriefschreiber, Debattenredner verwendet haben und verwenden, als schlagendes Argument, als axiomatische Feststellung, als Code, der keiner Erläuterung bedarf, weil er unmittelbar verstanden wird.[5]

«Auge um Auge» ist in Wahrheit im ursprünglichen Kontext nicht die Ankündigung hemmungsloser Rache und blinder Vernichtungs- und Vergeltungswut, sondern moralische Handlungsanweisung und Rechtsgrundsatz: Der Spruch plädiert für die Verhältnismäßigkeit der Mittel, mit denen Recht hergestellt werden kann. Nicht blinde Wut und Rache ist das Gebot, sondern Mäßigung bei Strafe, Sühne, Entschädigung, und das bedeutete in biblischer Zeit einen ungeheueren zivilisatorischen Fortschritt. Die Bibelstelle eignete sich, unter vollständigem Bedeutungswandel, zum Kampfbegriff und wird als Chiffre – weil damit judenfeindlicher Klartext vermieden wird – zum antisemitischen Stereotyp. Als Code der Verständigung über «die Juden» wird die Parole auch außerhalb des rechtsextremen Milieus angewendet.

Beispiele sollen verdeutlichen, wie gedankenlos und aggressiv die Metapher journalistisch, politisch, alltäglich eingesetzt wird. Am 1. Oktober 1985 eröffnete Edmund Gruber, damals Chefredakteur ARD-aktuell, die Berichterstattung in den «Tagesthemen» des Ersten Deutschen Fernsehens zum israelischen Bombardement der PLO-Zentrale in Tunis mit den Worten: «‹Auge um Auge, Zahn um Zahn›. So steht es im Alten jüdischen Testament und so praktizieren es die Israelis.» Eine Mitarbeiterin des Zentrums für Antisemitismusforschung protestierte beim Norddeutschen Rundfunk gegen die Suggestion eines aus der Bibel hergeleiteten «Geistes der Rache», der dazu diene, die Fiktion einer seit dem Altertum tradierten «jüdischen Mentalität» zu erzeugen und sie zur Erklärung politischer Sachverhalte zu instrumentalisieren. Die Empörung über Grubers Kommentar gründete sich darauf, dass ein «klassisches» antisemitisches Stereotyp im öffentlich-rechtlichen Fernsehen eingesetzt worden war, um Stimmung zu erzeugen.

Die Reaktion war eindeutig und aufschlussreich. Am 21. Oktober 1985 schrieb Edmund Gruber, knapp und bündig aus der Position dessen heraus, der es besser weiß und sich durch Kritik allenfalls belästigt fühlt, das Folgende zurück: «Ihren Brief vom 2. Oktober 1985 habe ich mit Interesse zur Kenntnis genommen. Es mag wohl sein, dass Ihre ehrenwerten Forschungen Sie zu mancherlei Erkenntnissen bringen. Mir Antisemitismus zu unterstellen, ist aber wohl zu viel der Interpretation. Ich war sieben Jahre Korrespondent im Nahen Osten und habe in dieser Zeit meinen ständigen Wohnsitz in Tel Aviv gehabt. Gestatten Sie mir deshalb, dass ich trotz Ihrer Forschungen bei den Entwicklungen im Nahen Osten mitrede und dabei auch meine eigenen Erkenntnisse einbringe.»[6]

Das Selbstbewusstsein des Chefredakteurs ist charakteristisch für viele, die unreflektiert mit Stereotypen hantieren und sich dabei von böser Absicht frei wissen. Auch Norbert Blüm, der sich in der Analogie vergriff und trotzig auf seinem Vergleich beharrte, Israel führe einen «hemmungslosen Vernichtungskrieg»[7] gegen die Palästinenser, zeigte sich uneinsichtig und wurde von vielen verteidigt, die – natürlich ganz zu Recht – betonten, er sei kein Antisemit und folglich müsse das, was er gesagt habe, doch richtig sein. Auch der ehemalige SPD-Vorsitzende Oskar Lafontaine bewies, dass leichtsinniger Umgang mit Ressentiments parteiübergreifender Brauch ist, wenn Zusammenhänge des Weltgeschehens erklärt werden sollen. Ob es im Heiligen Land je Ruhe geben werde, fragte Lafontaine in einem Kommentar in der Bild-Zeitung. Noch regiere dort «das Alte Testament, Auge um Auge, Zahn um Zahn». Den Weg zum Frieden weise aber das Neue Testament mit dem Gebot «Liebe deinen Nächsten wie dich selbst».[8] Man kann diese Aussage dahin interpretieren, dass Friede in der Region erst einkehrt, wenn das Volk des Alten Testaments dort nicht mehr regiert und man kann das als einen Wunsch auffassen, der mit den Bestrebungen, die Juden aus Palästina zu vertreiben, korrespondiert. Das würde natürlich sofort als Unterstellung zurückgewiesen werden, aber warum hat der ehemalige Politiker sich so sibyllinisch ausgedrückt und damit zur Interpretation seiner Worte eingeladen?

Seit der zweiten Intifada und der Eskalation des Nahost-Konfliktes im Herbst 2000 ist die Metapher «Auge um Auge» inflationär im Gebrauch. Antiisraelische Demonstranten halten Transparente mit dem Bibelzitat in die Kameras und allenthalben dient es als Erklärung, wenn israelische Politik als Ausfluss «jüdischer» Charaktereigenschaften verurteilt wird. Der SPIEGEL berichtete über den «blutigen Donnerstag von Ramallah», bei dem israelische Soldaten, die versehentlich in die palästinensische Stadt gefahren waren, gelyncht worden waren: «Die Fernsehbilder schockierten die Welt – und konnten die Israelis, die eine besondere Loyalität gegenüber ihrer Armee und ihren Soldaten pflegen, nicht ruhen lassen.» Im Gegenzug habe nun der damalige israelische Premierminister Barak an der Spirale der Gewalt gedreht: «Auge um Auge, Zahn um Zahn ...»[9]

Die Frankfurter Allgemeine Sonntagszeitung hatte in einer Artikelserie zum Nahost-Problem im Dezember 2001 einen türkischen Gastautor, der Nationalökonomie an der Universität Ankara lehrt, unter der Überschrift «Das Problem heißt Israel» Folgendes schreiben lassen: «Der Islam mag Eigenarten besitzen, die das Zusammenleben mit anderen erschweren. Aber das Judentum verursacht noch größere Probleme, mit anderen auf gleicher ontologischer und moralischer Ebene zusammen zu leben. Jehova ist ein Abkommen speziell mit den Juden eingegangen. Er ist kein universeller Gott, der alle menschlichen Gemeinschaften als seine Herde ansieht. Er ist kein Gott des Friedens, sondern der Rache; Auge um Auge, Zahn um Zahn ... Dieser fundamentale Partikularismus spiegelt sich auch in der rassischen Begründung des Judentums.»[10] In einem offenen Brief haben 200 Persönlichkeiten des öffentlichen Lebens gegen diese antijüdische und antiisraelische Tendenz der Berichterstattung protestiert. Der Presserat nahm die Frankfurter Allgemeine Sonntagszeitung in Schutz. Es habe sich bei den kritisierten Meinungsäußerungen um einen gekennzeichneten Gastkommentar gehandelt, nicht um eigene Positionen des Blattes.

Trotzdem handelt es sich in der Sache nicht nur nach Meinung der Protestierenden um Antisemitismus. Zur Methode judenfeindlicher Agitation gehört nämlich die Verwendung von Stereotypen in suggestiver Absicht und die Stimulierung von negativen Assoziationen wie Rachsucht, Auserwähltsein, religiöser Exklusivität. Immer wieder findet sich die Metapher unreflektiert und ohne Zusammenhang als Rubrik oder Zwischentitel in der Berichterstattung, oft erscheint sie als Floskel der Bestätigung oder des Übergangs. Als delikaten journalistischen Kunstgriff kann man es deshalb nicht werten, weil die abgegriffene Formel zu verschwenderisch gebraucht wird. Ahnungslosigkeit darf man auch nicht unterstellen, weil der Gebrauch als Chiffre der Verständigung, als Ausgrenzung der Juden zu offensichtlich ist.

Das Beispiel kann als Hinweis dafür dienen, wo Israelkritik in Judenfeindschaft, die mit stereotypen Vorstellungen hantiert, übergeht: Erlaubt und selbstverständlich ist die kritische Bewertung jeder Politik, unerlaubt ist aber das Bestreiten des Existenzrechts eines Staates, das mit der Diffamierung seiner Bürger argumentiert.

Judenfeindschaft in Europa

Antisemitismus ist immer die Judenfeindschaft der anderen. Der Hinweis auf die Verfehlungen des Nachbarn mildert den Blick auf eigene Schwächen. So diskutieren deutsche Intellektuelle gern über den Antisemitismus der Polen und die Vertreter der östlichen neuen Mitgliedstaaten der Europäischen Union verweisen auf die akute islamistisch motivierte Judenfeindschaft im Westen, um den traditionellen Antisemitismus in den baltischen Ländern, in Polen und Ungarn zu relativieren. Einmütig verurteilten die hochrangig besetzten Delegationen der 55 OSZE-Staaten bei ihrer Konferenz über Antisemitismus Ende April 2004 in Berlin alle Formen von Judenfeindschaft, beschlossen die Einrichtung eines Monitoring-Systems, das Übergriffe registriert, und sangen in der «Berliner Erklärung» das Hohe Lied der Toleranz und steter Erinnerung an den Völkermord an den Juden.[1] Die Konferenz war in erster Linie ein Indiz für die Existenz von Antisemitismus in vielen Staaten der Welt, neu generiert aus Gefühlen der Feindschaft gegenüber Israel, aufgeladen von islamistischer Ideologie und tradiert aus den Wurzeln religiöser und volkskultureller Unaufgeklärtheit.

Antisemitismus ist kein spezifisch deutsches Problem, in unterschiedlichen Formen und Spielarten und in nicht wenigen Ländern auch in größerer Dimension gehört Judenfeindschaft zum Alltag vieler Nationen. In Meinungsumfragen in zehn europäischen Ländern, die im Mai/Juni und September 2002 von der Anti-Defamation-League durchgeführt wurden[2] ist nach der Akzeptanz von gängigen Stereotypen gefragt worden. Zuerst sollte Stellung genommen werden zur Behauptung «Juden kümmern sich ausschließlich um die eigenen Geschicke, was mit Nichtjuden geschieht, interessiert sie nicht». Spanier und Schweizer waren (je 34 %) vor Italienern (30 %) und Österreichern (29 %) von diesem Stereotyp der jüdischen Egozentrik am stärksten überzeugt, es folgten Belgier (25 %), Deutsche

(24 %), Franzosen (20 %). Am wenigsten stimmten Dänen (16 %) und Niederländer (15 %) zu.

Ob Juden mehr als andere zweifelhafte Praktiken benützen würden, um an das Ziel ihrer Wünsche zu kommen, war Gegenstand der zweiten Frage. In Spanien glaubt dies jeder Dritte (33 %), in Österreich waren es 28 %, in Italien und der Schweiz je 27 %, in Deutschland 21 %, in Belgien 18 %, in Frankreich 16 %, in Dänemark 13 %, in den Niederlanden sind die Bürger demnach am aufgeklärtesten (9 %).

Dass Juden sich vor allem loyal gegenüber Israel und nicht gegenüber dem eigenen Land verhalten, gehört zu den am meisten verbreiteten Klischees, das Juden zu Fremden macht. In Spanien sind 72 % der Befragten davon überzeugt, in Italien 58 %, in Deutschland 55 %, in Österreich 54 %, in Belgien 50 %, weniger als die Hälfte glaubt das in der Schweiz (49 %), in den Niederlanden (48 %), in Dänemark (45 %), in Frankreich (42 %), in Großbritannien (34 %).

Eines der beliebtesten Vorurteile gegen Juden, die Annahme, sie hätten zu viel Macht in der Wirtschaft, war ebenfalls Teil der Umfrage. Wieder steht Spanien an der Spitze derer, die das Ressentiment für berechtigt halten (63 %). In Belgien sind es 44 %, in Italien und Frankreich je 42 %, in Österreich 40 % und in der Schweiz 37 %, in Deutschland 32 %, in den Niederlanden 20 %, in Dänemark 13 %.

Man kann, in aller Vorsicht, aus dieser Umfrage erfahren, dass Deutschland einen mittleren Platz bei der Verbreitung antisemitischer Einstellungen einnimmt; deutlich wird auch, dass die jüdische Population eines Landes keine Bedeutung für die Verbreitung von antijüdischen Vorurteilen hat. Denn in Spanien, das den Spitzenplatz bei judenfeindlichen Haltungen einnimmt, gibt es in einer Gesamtbevölkerung von 40 Millionen etwa 40 000 Juden, von denen nur 20 000 als Mitglieder einer Jüdischen Gemeinde registriert sind. Und in Italien, wo tradierte Vorurteile ebenfalls eine große Rolle spielen, sind die 35 000 Juden (25 000 davon sind Mitglieder einer Jüdischen Gemeinde) in der Gesamtbevölkerung von 56,3 Millionen vollkommen integriert und unauffällig.

Bei einem Topos, bezeichnenderweise dem, der die patriotische Empfindlichkeit am stärksten tangiert, belegen die Antworten aus Deutschland allerdings den Spitzenplatz. Der Feststellung «Die Juden sprechen zuviel über das, was ihnen im Holocaust widerfuhr» stimmten 58 % in Deutschland zu, gefolgt von Spanien (57 %), Österreich (56 %) und Eidgenossen (52 %). Weniger als die Hälfte teilen diese Meinung, und zwar Franzosen (46 %), Italiener (43 %), Belgier (38 %), Niederländer (35 %), Dänen (30 %) und Briten (23 %).

Mit neuer Intensität tritt Judenfeindschaft seit Herbst 2000 in Mittel- und Westeuropa in Erscheinung. Der Nahost-Konflikt hat mit der zweiten Intifada eine Dimension weitab vom eigentlichen Schauplatz Israel/Palästina erhalten. Die Solidarisierung junger Muslime mit den Palästinensern in Frankreich und Belgien, den Niederlanden und Großbritannien, Staaten mit einem verhältnismäßig großen Bevölkerungsanteil arabisch-islamischer Herkunft, äußert sich nicht nur in israelfeindlicher Propaganda und in Demonstrationen bis hin zu Ausschreitungen, es wird dabei auch traditioneller Antisemitismus instrumentalisiert. Das Bild ist nicht einheitlich, nationale Traditionen spielen ebenso wie wirtschaftliche und soziale Gegebenheiten eine Rolle, ähnlich religiöse und kulturelle Eigenarten des Landes.[3]

In Italien gibt es traditionell weniger manifeste Judenfeindschaft als in vergleichbaren Ländern. Xenophobie und die Auswirkungen des Nahost-Konflikts haben seit 2000/2001 jedoch zu einer Zunahme antisemitischer Vorfälle geführt. Im Gegensatz zu Belgien, Frankreich oder den Niederlanden werden die in der Regel nur verbal vorgetragenen Vorbehalte gegen israelische Politik (zusammen mit wiederbelebten Vorwürfen aus dem Arsenal des religiösen Antijudaismus) von Italienern und nicht maßgeblich von muslimischen Einwanderern artikuliert.

Belgien zeigt eine überdurchschnittliche Zunahme rassistischer Gewalt, die sich seit den 1990er-Jahren gegen Ausländer und parallel dazu gegen Juden richtet. Träger der Demonstrationen gegen Ausländer sind rechtsgerichtete Organisationen, die gleichzeitig antizionistische Demonstrationen inszenieren. Aus islamistischen Gruppen – Zuwanderern aus dem Maghreb – rekrutiert sich aggressive Judenfeindschaft, die am stärksten in öffentlichen jugendlichen Gewaltakten zum Ausdruck kommt.

Eine Meinungsumfrage Anfang 2002 in Frankreich, durchgeführt bei 15- bis 24-jährigen Franzosen ergab eine überwältigende Ablehnung von Antisemitismus. So fanden 99 % der Befragten, dass Synagogenschändung ein sehr schweres oder schweres Delikt ist, 97 % der jungen Franzosen äußerten sich ebenso ablehnend gegenüber judenfeindlichen Graffiti und 91 % hielten Witze über Gaskammern für nicht tolerierbar, allerdings glaubten 11 % der Befragten, dass die Juden mitverantwortlich seien für die Abneigung, die ihnen entgegengebracht werde, weil sie Israel unterstützten.

Dazu im Kontrast steht die Zunahme von Übergriffen gegen Juden. Im ersten Quartal des Jahres 2004 wurden 67 Gewaltdelikte verübt, nach zwischenzeitlichem Abebben war das ein Höhepunkt der Welle, die mit der zweiten Intifada einsetzte. Die Friedhofschändung im elsässischen Herrlisheim Ende April 2004, die als Inszenierung antisemitischer Propaganda mit Naziparolen in deutscher Sprache und mit deutschen Fahnen agierte, war der französischen Regierung Anlass zu einer Sondersitzung als energischer Demonstration des Abscheus.[4]

Manifester Antisemitismus wird stimuliert durch den französischen Rechtsextremismus der Front National des Jean-Marie Le Pen, der Ressentiments gegen Juden nach traditionellen Mustern (etwa mit der Behauptung «jüdische Freimaurer» hätten zu großen Einfluss in Frankreich) schürt. Formen der gewaltsamen Aggression sind offen am Rande propalästinensischer Kundgebungen artikulierter Hass gegen Juden und heimtückisch durch nächtliche Anschläge agierte Wut junger islamistischer Nordafrikaner, die am unteren Ende der sozialen Stufenleiter als Einwanderer ein schweres Leben haben (ein Drittel von ihnen ist arbeitslos) und ihrerseits Objekte der Ablehnung durch die französische Mehrheitsgesellschaft sind. 63 % der Franzosen sind der Meinung, es seien zu viele Araber im Land (gegenüber Juden haben 19 % diese Meinung). Judenfeindliche Delikte treten in den «sensiblen Stadtbezirken» auf, wie das französische Innenministerium die Problemzonen nennt, in denen die Zuwanderer leben. Es bleibt nicht bei antisemitischem Graffiti: 14 Brandstiftungen an Synagogen im Jahr 2002 und die tätlichen Angriffe auf Personen haben die Behörden veranlasst, jüdische Einrichtungen unter besonderen Schutz zu stellen.

Die französische Gesetzgebung gegen rassistische und antisemitische Straftaten ist eindeutig und scharf. Trotzdem hat sich das Klima verschlechtert. Die Mitglieder der jüdischen Gemeinschaft in Frankreich, die mit 600 000 bis 700 000 die größte in Westeuropa ist (das macht etwa 1 % der Gesamtbevölkerung aus; die Hälfte der französischen Juden lebt im Großraum Paris), sind über die Entwicklung naturgemäß in Sorge: Die akute Bedrohung steht im Gegensatz zur Einstellung der Mehrheit der Franzosen, sie bildet aber einen konkreten Aspekt der Lebenswelt nicht nur der Juden in Frankreich. Die zunehmende Gereiztheit im öffentlichen Leben, wenn etwa der konservative Finanzminister Nicolas Sarkozy dem ehemaligen sozialistischen Innenminister Daniel Vaillant im April 2004 in der Nationalversammlung indirekt, aber deutlich Antisemitismus vorwirft (mit der Bemerkung: «Nach fünf Jahren Jospin-Regierung kam man in den Vereinigten Staaten zu der Ansicht, Frankreich sei ein antisemitisches Land»), dann ist das ein deutliches Indiz für die Stimmung im Land und in der Politik.[5]

In den Niederlanden gibt es eine islamische Bevölkerung, die 700 000 bis 800 000 Einwanderer aus Nordafrika, der Türkei und aus früheren niederländischen Kolonien umfasst. Nach dem 11. September 2001 wurde dieser Bevölkerungsteil, nicht zuletzt wegen antiliberaler und frauenfeindlicher öffentlicher Aussagen von Imamen, zunehmend Objekt fremdenfeindlicher Angriffe aus der Mehrheit. Gleichzeitig wurde die jüdische Minderheit Ziel islamistischer Attacken, die sich in Vandalismus gegenüber Friedhöfen und Kultstätten sowie in Wandparolen äußern. Austragungsort antisemitischer Hetze sind Fußballstadien und das Internet. Im Frühjahr 2002 agitierten im Wahlkampf die Rechtsextremen um Pim Fortuyn mit fremdenfeindlichen Parolen, sie wurden zweitstärkste Partei. Als sechstes europäisches Land stellten die Niederlande die Schlachtung von Tieren nach jüdischem Ritus durch ein Gesetz unter Verbot. Der Anstieg manifester Judenfeindschaft ist wesentlich verursacht durch junge Muslime der zweiten Generation, die wie in Frankreich durch mangelnde Integration und fehlende Zukunftschancen frustriert sind und ihre sozialen Probleme aggressiv ausleben durch Parteinahmen für radikale Palästinenser bzw. islamistische Organisationen. Ziel der Wut sind die niederländischen Juden.[6]

Vergleichbar mit den Niederlanden ist auch die Stimmung in Schweden, das aufgrund seiner hohen muslimischen Population (in Malmö sind bei einer Gesamtbevölkerung von 250 000 Menschen 45 000 Einwohner muslimisch, im Großraum Malmö sind es 100 000) nach Frankreich als die europäische Nation gilt, die sich am stärksten israelfeindlich zeigt. Bei antiisraelischen Demonstrationen in Malmö kam es im Oktober 2000 zu Ausschreitungen gegen Juden; antijudaistische und antisemitische Stereotype (Gottesmordvorwurf, Gleichsetzung israelischer Politik mit dem Nationalsozialismus) sind alltäglich öffentlich im Gebrauch, neben Propagandadelikten ereignen sich auch gewaltsame Zusammenstöße bei Demonstrationen und Übergriffe gegen einzelne Personen.[7]

In Polen lebten vor dem Holocaust, der mit Hitlers Überfall 1939 begann, annähernd 3,5 Millionen Juden, d. h. jeder zehnte polnische Bürger war Jude. Heute sind es noch maximal 15 000, eine Minderheit also, die wirklich ohne Einfluss, ohne Macht, ohne Lobby ist. Aber im Wahlkampf 1991 konnte man den Eindruck bekommen, «die Juden» gehörten zu den wesentlichen Problemen des Landes. Mit dem wieder entstandenen polnischen Nationalismus lebte auch seine traditionelle antisemitische Komponente auf, nationalistische Splitterparteien wetteiferten in den Diskriminierungen der Juden, aber auch in den Reihen von Solidarnosc waren antisemitische Parolen zu vernehmen, ebenso in postkommunistischen Gruppierungen, die auf der Linie der offiziellen antisemitischen (bzw. als antizionistischen und antiisraelisch aufgemachten) Kampagnen des Jahres 1968 lagen. Die katholische Kirche Polens, traditionell Trägerin judenfeindlicher Tendenzen, hat sich die offizielle päpstliche Haltung gegenüber den Juden (verkündet in «Nostra Aetate» auf dem zweiten vatikanischen Konzil 1966) noch nicht so recht zu Eigen gemacht, davon zeugen antisemitische Pamphlete, die in Kirchen ausliegen, nicht weniger als Verlautbarungen von Geistlichen und frommen Politikern.

Die These von der jüdischen Weltverschwörung kommt in Druckschriften und Propagandareden wieder zum Vorschein, mit aktualisierten Einleitungen erscheinen Hetz-Broschüren der Zwischenkriegszeit neu in hohen Auflagen. Aber nicht nur die antisemitischen Traditionen werden gepflegt, neu ist die Verbreitung «revisionistischer» Propaganda, die den Holocaust verharmlost oder den Völkermord an den Juden, der ja vor allem auf polnischem Boden stattfand, leugnet. Eine Erklärung für das Phänomen des Antisemitismus ohne Juden mag in sozialen und ökonomischen Schwierigkeiten des Landes zu finden sein: Polen steht hier nur als Beispiel für andere Länder, in denen Judenfeindschaft als Metapher für sozialen Stress, für Ängste und Frustrationen, neu und vehement artikuliert wird.[8]

In einem Beitrag der polnischen Wochenschrift «Wrprost» betrachtet der Philosoph Zdzislaw Krasnodebski unter dem Titel «Polens Stolz» Ressentiments gegen und Sympathien für Polen; er kommt zum Ergebnis, entschlossene Polenfreunde finde man selten, Vorurteile und Geringschätzung bestimmten vor allem im Westen das Bild: «Zu denen, die uns mögen, gehören die Araber, denn sie erinnern sich an die einstige Unterstützung für die Palästinenser, doch leider vermuten sie eine gemeinsame Ablehnung gegenüber den Juden.»[9]

Der volkskulturelle Aspekt des antisemitischen Vorurteils ist signifikant in Polen, zugleich bestätigt sich in diesem Land, dass es zu antisemitischen Manifestationen keines nennenswerten jüdischen Bevölkerungsanteiles bedarf. Im christlich-klerikalen Antisemitismus gilt in Verbindung mit polnischem Volksbewusstsein der Jude als Inkarnation des Bösen. Das Bild des Juden ist tradiert als das des Gottesmörders, und er figuriert als Ursache von Naturkatastrophen, der Jude ist die Personifizierung des Bösen und dient als Chiffre für die vermuteten geheimen Antriebskräfte der Weltgeschichte. Während das kommunistische Regime nach zaristischem Vorbild einen latenten Antisemitismus in Reserve hielt, der als kollektives Einverständnis der Mehrheitsgesellschaft diente, ist der aktuelle Antisemitismus jetzt nach Vorkriegsmodellen wieder belebt worden. «Jude» ist ein pejorativ besetzter Begriff, der in ganz verschiedener Bedeutung eingesetzt werden kann, etwa für jemanden, der unbeliebt ist, oder für jemanden, der sich seltsam benimmt oder durch sonderbare Kleidung auffällt; als Juden werden Prominente bezeichnet, die in der Öffentlichkeit *keine* antisemitischen Manifestationen abgeben. So war der ehemalige Ministerpräsident Tadeusz Mazowiecki zum Juden erklärt worden wie Papst Johannes Paul II. des «Krypto-Judaismus» geziehen wurde.

Bei der Selbstdefinition nationaler Mehrheiten in Osteuropa dient Antisemitismus als Leitmotiv. Die Funktion des Vorurteils gegen Juden als Katalysator für nationalistische fundamentalistische politische Strömungen, für ethnischen Egozentrismus und als gemeinsamer Nenner für antiliberale, antikapitalistische, antikommunistische und antiaufklärerische Bewegungen geht weit über die quasi zweckfreie und selbstbezogene Artikulation des Vorbehalts gegenüber einer Minderheit hinaus. In Ungarn zeigt sich die politische Funktion des Antisemitismus bei der nationalen Identitätsfindung vielleicht noch deutlicher als in anderen osteuropäischen Staaten. Auch wenn man das Phänomen in Ungarn «nur» als kulturellen Antisemitismus, als latentes oder kodiertes Vorurteil versteht, so ist seine sowohl ausgrenzende als auch Gemeinschaftsgefühl stiftende Wirkung erheblich. Beim Versuch, eine staatstragende Mittelschicht, die christlich definiert und von magyarischem Volkstum geprägt ist, zu etablieren, spielt der Antisemitismus eine wesentliche Rolle.

Im ungarischen Schriftsteller-Verband gab es im Frühjahr 2004 einen durch Austritte markierten Skandal, der die Sprengkraft antisemitischer Stereotype einmal mehr deutlich machte. Schuldzuweisung an «die Juden» (als vermeintliche Verursacher des Kommunismus und Nutznießer des Stalinismus) ist in Ungarn, wie in anderen Ländern Osteuropas, Ingredienz des Alltagsdiskurses. Zusätzlich werden «die Juden» in der Tradition des heftigen Widerstands gegen Modernisierungen haftbar gemacht für alles Ungemach, das durch Kapitalismus und Globalisierung über die Bürger hereinbrach.[10]

Die Auflösung der Sowjetunion war von Erwartungen und Ängsten begleitet, die sich in Formeln wie der «russischen Wiedergeburt» und der «Russophobie» dunkler westlicher Mächte kristallisierten. Mit dem Wegfall der kommunistischen Einigungsideologie, die alle Völker zum Sowjetvolk in eine internationalistisch definierte sowjetische Gesamtnation zwang, wurden Erklärungen für den Aufstieg und Zerfall des kommunistischen Imperiums benötigt. Es wäre ein Wunder, hätten die Propagandisten des nationalen Aufbruchs nicht in das Arsenal historischer Mythen gegriffen, aus dem Erklärungsversuche geholt wurden, seit Peter der Große das Russische Reich nach Westen öffnete. Igor Šafareviè, renommiert als Gelehrter und als Angehöriger der Bürgerbewegung der 60er- und 70er-Jahre, beschwört die dunklen Mächte des Westens als die Schuldigen am historischen Schicksal Russlands, das er als Tragödie begreift. Jüdische und freimaurerische Umtriebe werden als Metaphern für Bedrohungsängste eingesetzt. «Die Juden» seien eine tödliche Gefahr für Russland, heißt es im Rückgriff auf antirationale Denkfiguren des 19. Jahrhunderts.[11]

Die Rituale nationaler Identitätsstiftung und Selbstvergewisserung durch die Ausgrenzung von Minderheiten sehen wir hier wieder in Gang gesetzt; sogar die Argumentation folgt traditionellen Mustern und benutzt Formeln wie «Überfremdung» und «Zersetzung». «Zionismus» dient als Metapher für ein traditionelles, antirationales, antiintellektuelles und antiwestliches Erklärungsmodell, im Mittelpunkt das russische Volk als leidendes Subjekt, das durch Rückbesinnung auf seine mystischen Vitalitätskräfte erlöst werden soll.[12] Andere formulieren ihre Heilserwartung, die auf instrumentalisierter Judenfeindschaft basiert, drastischer und aggressiver, bis hin zur Ankündigung von Pogromen. In der Pamjat'-Bewegung bildet der Antisemitismus eine wesentliche Komponente der Ideologie. Die Zielsetzung dieser russisch-orthodoxen Volksbewegung umfasst «das Erwecken des nationalen und des geistigen Selbstbewusstseins der Russen, die Befreiung der Heimat von der judeosatanistischen Besetzung (judeo-sataninskaja okkupacija)» und schließlich die «Wiedergeburt Russlands auf der Grundlage seiner nationalen und religiösen Traditionen».[13]

Der Antisemitismus beschränkt sich aber nicht auf die Pamjat'-Anhänger, wie er ja auch in Westeuropa nicht nur bei Rechtsextremisten vorkommt. Die Wiederbelebung der alten religiösen, sozialen, kulturellen Vorurteile gegen Juden kennzeichnet die Situation in den Staaten der ehemaligen Sowjetunion. Ob sich «die Juden» für den Kreuzestod Jesu Christi verantworten müssten, wurde im Frühjahr 1992 in den drei

Ländern des Baltikums und in sieben GUS-Staaten bei einer demoskopischen Studie gefragt. Die zustimmenden Antworten bewegten sich zwischen 6 % in Estland und 30 % in Usbekistan. In Kasachstan waren bei der gleichen Umfrage 23 % der Meinung, die Juden übertrieben bei der Darstellung ihrer leidvollen Geschichte gewaltig, in Belorussland wollten gar 54 % nicht an die volle Realität des Holocaust glauben. Dass «die Juden» zuviel Einfluss auf die Weltpolitik hätten, meinen in Moldawien 12 % der Befragten, in Aserbeidschan behaupten es 42 %.[14]

Wenn die Demoskopen Trends ausmachen, beschreiben sie natürlich nur einen Teil der Wirklichkeit. In der Ukraine, in Weißrussland und in Russland besteht die Realität des nachkommunistischen Zeitalters auch in Friedhofsschändungen, Attacken gegen Denkmäler und Kultstätten und in einer alltäglichen Propagandaflut, die sich in Kampfschriften, Zeitungen und Zeitschriften der rechtsradikalen Bewegungen, neuer «patriotischer» Gruppierungen und nationalistischer Vereinigungen ergießt. In den GUS-Ländern, die im Zeichen nationalen Aufbruchs von ethnischer Unruhe erfüllt sind, haben die traditionellen Stereotype gegen die jüdische Minderheit identitätsstiftende Funktionen, überdies lenken sie Frustrationen und Aggressionen in überschaubare und gewohnte Bahnen.

Welche Position der Antisemitismus in der politischen Auseinandersetzung mit der Vergangenheit und bei der Definition nationaler Identität hat, lässt sich auch an einem Beispiel aus Lettland zeigen. Mitte Juni 1992 gaben politische Organisationen, die dem Lettländischen Republikanischen Nationalrat angehören, eine öffentliche Erklärung ab, die unter eindeutiger Ablehnung des Antisemitismus eine nationale Standortbestimmung versucht. Es sei klar, heißt es in der Erklärung, dass der Antisemitismus immer die Grundlage von Russlands Politik und Ideologie gebildet habe. Russland habe in allen okkupierten Ländern stets Judenfeindschaft verbreitet. Deshalb nur sei es auch möglich gewesen, dass der nationalsozialistische Völkermord vor allem auch auf baltischem Territorium geschehen konnte. Dem Appell an die Letten, die Tatsache des Genozids auf Lettlands Boden und die lettische Mitwirkung daran ohne Einschränkung einzugestehen, folgte die Ankündigung: «Wir werden alles tun, um eine Wiederholung des Genozids und der Judenverfolgung nicht zuzulassen, ebenso wenig wie die Ausbreitung des Antisemitismus. Jede Rede, jedes Auftreten, jeden Artikel mit antisemitischem Charakter werden wir als einen Beweis für eine Zusammenarbeit mit dem Spionagedienst des russischen werten.»[15]

Die Zuweisung des Antisemitismusvorwurfs an «die Russen» macht nicht nur die Funktion des Vorurteils im nationalen Selbstbewusstsein deutlich, sie reproduziert zur Abwehr des eigenen Anteils am Völkermord die gängige Vorstellung, dass immer und nur die anderen das Böse ins Land gebracht haben, dass andere die Verbrechen begangen oder sie zumindest angestiftet haben. Das wird überall so praktiziert. Nach der «Reichskristallnacht» 1938 in Deutschland war die Lesart verbreitet, die Judenhasser, Brandstifter und Plünderer seien stets aus anderen Orten herbeigekarrt worden, um die Synagogen in Brand zu stecken, Juden zu misshandeln und Feindschaft gegen die Minderheit zu demonstrieren. Gerichtsverfahren, die nach 1945 die Vorgänge aufklärten, erwiesen die Täter in der Regel aber als Einheimische. Nach dem Dynamitanschlag auf das Grab Heinz Galinskis im Jahre 1998 gab sich die Berliner politische Prominenz vor den Fernsehkameras *ad hoc* fest davon überzeugt, dass die Übeltäter keine Berliner gewesen sein könnten.

Mit dem Wegfall der offiziösen, durch «antizionistische» Ideologie motivierten und administrativ exekutierten Diskriminierung der Juden in der Sowjetunion und in ihren Satellitenstaaten hat sich Judenfeindschaft also nicht erledigt. Im Gegenteil, angesichts ökonomischer Krisen und des Verlustes gewohnter Strukturen und Orientierungen dient der tradierte volkstümliche Antisemitismus als Verständigungsmittel für die jeweilige Mehrheit in den Territorien der ehemaligen Sowjetunion ebenso wie in Polen oder auf dem Balkan. Die Mobilisierung des eingängigen Vorurteils hat mindestens die Funktion, von konkreten Problemen und ihren Ursachen abzulenken und simple Erklärungen für komplizierte Sachverhalte zu liefern.

Der wieder belebte Antisemitismus in Osteuropa hat viele Facetten. Die Juden werden als Verursacher der kommunistischen Revolution wie als Agenten des Kapitalismus denunziert. Sie sind angeblich schuld an der ökonomischen Misere und an sozialen Missständen. Vorbehalte gegen Modernisierung, gegen Demokratisierung und Liberalisierung werden auf «die Juden» projiziert, und uralte Ressentiments dienen bei Bemühungen zur nationalen Selbstdefinition als Katalysator. Das Unbehagen über den Holocaust und über den eigenen Anteil am Völkermord spielt in einigen Ländern eine besondere Rolle. Wir kennen seit langem den Mechanismus der Abwehr und des Verdrängens aus Schuld und Scham. In Lettland und in der Ukraine, in Litauen und Polen muss der Umgang mit diesen entsetzlichen Elementen der Geschichte vielfach erst geübt werden. Möglicherweise bleibt es auch bei der Weigerung, sich mit dem jüdischen Schicksal auseinanderzusetzen, auf jeden Fall bildet der Antisemitismus in Osteuropa ein Bedrohungspotential, und nicht nur für Juden.

Antisemitismus in der Schweiz und in Österreich

Die Schweiz fiel Mitte der 90er-Jahre jäh aus dem Stande der Unschuld, in dem sich die Eidgenossen fernab des nationalsozialistischen Völkermords gewähnt hatten. Die Unschuld war freilich durch das kollektive Schweigen erkauft, mit dem zwei Themen tabuisiert waren: Zum einen die Restriktionen der Fremdenpolitik, die jüdischen Flüchtlingen aus Deutschland und Österreich das rettende Asyl verweigert hatten.[1] Zum anderen die «nachrichtenlosen Vermögen», Vermögenswerte von Holocaustopfern, die auf Schweizer Bankkonten lagen, während die Banken wenig Eifer bei der Suche nach den Anspruchsberechtigten zeigten. Die Debatte spitzte sich auf den Vorwurf der Mitschuld am Holocaust zu und auf die Beschuldigung, man habe sich in der Schweiz zulasten jüdischer Opfer bereichert. Klagen amerikanischer Anwälte, flankiert durch Propaganda und Schadenersatzforderungen, führten nach mühseligen und langwierigen Verhandlungen zwischen Schweizer Bankinstituten und jüdischen Organisationen im Jahr 2000 zum Vergleich, bei dem 1,2 Milliarden US Dollar Entschädigung ausgehandelt wurden. Gleichzeitig untersuchte eine vom Staat berufene unabhängige Historikerkommission die Flüchtlingspolitik der Eidgenossenschaft in den Jahren 1933 bis 1945.

Längst hatte die Diskussion über die Rolle der Schweiz gegenüber dem Nationalsozialismus in der Abwehr diffuser Schuldvorwürfe – mangelndes humanitäres Engagement, fehlende Solidarität mit den Opfern Hitlers, Kollaboration mit den Tätern, Bereicherung an den Opfern des Judenmords – Abwehr und Verteidigung stimuliert, die als patriotische Anstrengungen organisiert wurden. Das brachte mit erheblicher Zeitverzögerung gegenüber Deutschland und etwas geringerem Abstand zu Österreich ein Problem auf die Tagesordnung, gegen das viele reflexartig mit offenem Antisemitismus reagierten.² Und hier finden wir die Gemeinsamkeiten, die für Erkenntnis und Definition von Judenfeindschaft wichtig sind.

Die Debatte in der Schweiz löste nämlich Emotionen aus, deren judenfeindliche Auswirkungen überraschten. Antisemitismus war trotz einiger lautstarker rechtsextremer Holocaustleugner eidgenössischer Provenienz und gelegentlicher Manifestationen von Judenfeindschaft – Friedhofschändungen oder verbale Entgleisungen weit rechts stehender Politiker – kein Thema gewesen. Die Debatten über die Asylpolitik und die jüdischen Vermögenswerte lösten zahlreiche anonyme Bekenntnisse des Unwillens aus, denen öffentliche Stellungnahmen und Bekundungen der Abneigung gegen Juden folgten.³ Sie sind deshalb so bemerkenswert, weil sie älteren Mustern folgen, die in Deutschland in der Regel nicht so offen artikuliert werden.

In der zweiten Hälfte der 80er-Jahre war schon über Ressentiments gegenüber Ostjuden in Kurorten, z. B. in Arosa, berichtet worden, die an den deutschen Bäderantisemitismus der Jahrhundertwende erinnern. Das allgemeine Bewusstsein spiegelt freilich der Tenor «Ein Gespenst meldet sich zurück», unter dem ab 1993/94 über judenfeindliche Bekenntnisse in der eidgenössischen Presse berichtet wurde. Diesen manifesten Äußerungen von Schweizerbürgern über Juden, die weitgehend traditionelle antisemitische Stereotype reproduzieren, sind einige Grundannahmen gemeinsam, die das Judenbild definieren, das in Zuschriften an Prominente und Medien öffentlich wird.

Juden, so die Unterstellung, die den Grund für alles Weitere legt, sind Fremde. Ihre Loyalität als Staatsbürger steht damit grundsätzlich infrage, daraus resultiert zwar das Postulat nach Assimilation und vollkommener Integration unter Aufgabe religiöser und kultureller Eigenarten, ohne dass jedoch das Verdikt des Fremdseins im Gegenzug von der Mehrheit, die die Definitionsmacht beansprucht, aufgehoben würde. Juden sind nach einer zweiten Unterstellung mit bestimmten Eigenschaften belegt, die unveränderlich sind und das Zusammenleben mit Nichtjuden bestimmen: Geldgier, Machtstreben, alttestamentarische Rachsucht. Diese Klischees treten am häufigsten auf, sie werden unreflektiert als Schuldzuweisung, als tradiertes Mehrheitswissen über die Minderheit verwendet.

Religiöse Vorurteile und Vorbehalte sind gegenüber Juden latent, sie spielen in der Schweiz ganz offensichtlich eine größere Rolle in der Argumentation als etwa in Deutschland. Der Gottesmordvorwurf («Juden werden nie Ruhe finden, weil sie den unschuldigen Jesus aufs grausamste kreuzigen ließen», hieß es in einem Leserbrief) ist in der Diskussion ebenso präsent wie die Attribute «gottloses Volk» oder «Satanisten-Zionisten» verwendet werden.

Im September 1994 wurde durch Plebiszit das Antirassismusgesetz mit großer Mehrheit angenommen. Damit existiert auch in der Schweiz eine Rechtsgrundlage, die Diffamierung der Juden wie anderer Minderheiten verbietet. In der Debatte um das Gesetz wurden die Klischees der Judenfeindschaft von den üblichen Unterstellungen gegen Juden als Individuen bis zu Verschwörungsphantasien um ein «internationales Judentum» vorgebracht. Migrationsrassismus als Ausdruck von Überfremdungsangst und Judenfeindschaft überlagern sich in der Verteidigung des emotional als naturgegeben begriffenen «Eigenen» gegen die Konstruktion des «Fremden». Antisemitismus fungiert dabei als «allround-Rassismus mit sozusagen unbegrenzten und zeitlosen Varianten von Unterstellungen: mal ist es der Reichtum, mal die Mittellosigkeit, mal das hohe, mal das niedrige Bildungsniveau, mal die Auffälligkeit von Eigenart, mal die Unauffälligkeit trotz tatsächlicher oder vermeintlicher Eigenart».[4]

Basierend auf überkommenen Verschwörungsphantasien gelten Juden bei manchen Eidgenossen als international organisiert, als Teil «dunkler Mächte», die eine Bedrohung für den Schweizer Patriotismus darstellen. Aufgeladen werden die Ressentiments gegen das «Weltjudentum» beliebig durch Verweise auf Aktivitäten etwa des World Jewish Congress oder auf die Politik des Staates Israel. Der Vorbehalt in Bezug auf die internationale Organisierung stützt außerdem das Ressentiment der nationalen Unzuverlässigkeit und Nichtintegrierbarkeit von Juden.

Die Stereotype lassen sich beliebig kombinieren zum Konstrukt des geldgierigen mächtigen international agierenden Juden, der eine Bedrohung des Friedens und der Ruhe bedeutet und Ängste auslöst, die abgewehrt werden mit Beschwörungen wie der folgenden: «Wo euer vieles Geld verborgen ist, in welchen anderen Ländern, das werden Sie schon noch herausfinden! Aber bitte ruinieren Sie unser kleines Land nicht mit so vielen Anschuldigungen. Es soll doch für alle Glaubensgenossen, auch die Juden, ein Plätzchen des Friedens und der Ruhe bleiben!»[5]

Die stereotypen Annahmen vom Wesen der Juden führen viele Nichtjuden zu dem Schluss, Juden seien an ihrem Schicksal nicht schuldlos. Die vermutete jüdische Inszenierung der Weltwirtschaftskrise in den 20er-Jahren dient solcher Unterstellung ebenso als Indiz wie die Annahme, «die Juden» hätten «die Deutschen» solange gereizt, bis diese sich wehren mussten. Diese Grundannahmen sind nicht unter fanatischen Antisemiten der Schweizer rechtsextremen Szene kursierende Konstrukte, sondern – das muss ausdrücklich betont werden – sie haben im Alltagsdiskurs über Juden wegen der damit verbundenen Entlastungsfunktion definitorischen Charakter.[6]

Für die Beliebigkeit von Judenfeindschaft – nicht nur in der Schweiz – steht das Bespiel des 44-jährigen Mannes, der im Oktober 1999 einen jüdischen Passanten beleidigte und tätlich angriff. Zur Rechtfertigung brachte er später vor, er habe mit seiner Freundin Streit gehabt, ihm sei der Kragen geplatzt.[7] Eine der Funktionen von Judenfeindschaft besteht also auch darin, individuellen Stress abzubauen, wobei Juden als Ersatzobjekte der Aggression dienen müssen.

Auch in der Schweiz ist Antisemitismus derzeit im Ansteigen. Vor allem zwei Ursachen werden konstatiert: Erstens die Geschichtsdebatte anlässlich der Entschädigungskampagne für die Opfer des Holocaust und zweitens die israelische Politik in den palästinensischen Gebieten seit der zweiten Intifada. Meinungsumfragen haben im März 2000 antisemitische Einstellungen bei 16% der wahlberechtigten Eidgenossen ausgemacht.[8] Die Aussagekraft der Demoskopie wurde in der Öffentlichkeit engagiert diskutiert. Keinesfalls wollte sich eine Million Schweizerbürger pauschal als «Antisemiten» apostrophieren lassen, wie es im Übereifer der Berichterstattung in einigen Medien dargestellt worden war. Tatsächlich ließ die Trennschärfe bei der Bewertung von Einstellungen und Handlungsdispositionen – ein Problem aller empirischen sozialwissenschaftlichen Antisemitimusforschung – zu wünschen übrig, aber tendenziell zunehmender «diskreter Antisemitismus» in der Schweiz ist damit nicht aus der Welt.

Österreich machte die Erfahrung der Eidgenossen zehn Jahre früher, als das Land in der Ära Waldheim international in die Isolation geriet. Kurt Waldheim, Diplomat und Politiker, hatte 1972 bis 1982 als Generalsekretär der UNO eine gute Figur gemacht, zeigte aber als Kandidat der konservativen österreichischen Volkspartei für das Amt des Bundespräsidenten große Erinnerungsschwächen hinsichtlich seiner Vergangenheit als Wehrmachtsoffizier auf dem Balkan. Waldheim polarisierte als Bundespräsident 1986 bis 1992 wegen seiner Vergangenheit die Nation und löste internationale Kontroversen über seine Mitwirkung an Kriegsverbrechen aus. Für viele Bürger der Alpenrepublik war es ein böses Erwachen aus der nationalen Illusion, erstes Opfer des nationalsozialistischen Deutschland gewesen und nach sieben Jahren einer 1938 beginnenden schrecklichen Unterdrückung 1945 befreit worden zu sein.

Dieses weithin gepflegte Bewusstsein überließ die Scham und die Buße für das Hitlerregime den Deutschen und ebenso – bis zum Jahr 2000 – die materielle Entschädigung und Wiedergutmachung des Unrechts an den Juden. Anlässlich der Beschäftigung mit dem Problem der Entschädigung konstatierte der Historiker Robert Knight, Antisemitismus und Fremdenfeindlichkeit seien keine Überreste aus der NS-Zeit, sondern konstituierende Bestandteile der österreichischen Identität.[9]

Die österreichische Selbstdarstellung als erstes Opfer Hitlers konnte als politische Lebenslüge der zweiten Republik bis ins «Bedenkjahr» 1988 kultiviert und verteidigt werden, weil sowohl der äußere Druck, den die Alliierten auf Deutschland ausübten, als auch der in der 68er-Studentenbewegung ausbrechende Generationenkonflikt in der Bundesrepublik Deutschland fehlten. Die Deformierung der Erinnerung ist Bestandteil der mehrheitlichen Abwehr, die in provinzieller Attitüde versucht, sich in einer heilen Welt, von historischen Hypotheken unbelastet, einzurichten. Diese heile Welt zu verteidigen, wird als vaterländische Mission verstanden, als erste und kardinale Forderung an den österreichischen Patriotismus.[10]

Die Ausgrenzung Anderer bestimmt einen aggressiven Wir-

Diskurs, der Identität stiftet. Das wurde schlaglichtartig erhellt im Wahlkampf 1970, als der ÖVP-Kandidat Dr. Josef Klaus sich um das Bundeskanzleramt mit dem Slogan «ein echter Österreicher» bewarb. Stigmatisiert als Fremder war damit der Jude Bruno Kreisky. Bei der Bewerbung Kurt Waldheims um das Amt des Bundespräsidenten 1986 wurden kritische Fragen nach der Vergangenheit des Kandidaten als gezielte Diffamierungskampagne («Hetze») verstanden, die zunächst dem innenpolitischen Gegner, der SPÖ, dann aber «Drahtziehern» im Ausland angelastet wurde. In verschwörungsgläubiger Manier wurden schließlich die Schuldigen geortet, die Juden nämlich. Der Jüdische Weltkongress, der in Pressekonferenzen Stellung genommen, belastende Dokumente vorgelegt, lästige Fragen gestellt hatte, sah sich mit kollektivem Zorn und antisemitischen Schmähungen konfrontiert. Die «jüdische Weltverschwörung» wurde bemüht, der Vorsitzende wurde als «gewohnheitsmäßiger Verleumder» apostrophiert, «ehrlose Gesellen» und «Mafiosi» seien die Vertreter des Jewish World Congress und dem wurde ein trotziges «Wir Österreicher wählen, wen wir wollen» entgegengesetzt, das Einmischung von außen abwehren sollte. Man saß schließlich verschanzt in der Wagenburg und erklärte alle Fremden zu Feinden (und die «jüdischen Mitbürger» einmal mehr zu Fremden).[11]

Der österreichische Patriotismus zeigt sich gern im kleinbürgerlichen Gewand und kultiviert den eigenen Nationalismus als Pendant zur Fremdenfeindschaft. Die Xenophobie äußert sich in Überfremdungsangst gegen Ausländer, die politisch leicht zu instrumentalisieren ist, wie die Wahlerfolge Jörg Haiders einer darüber heftig überreagierenden Öffentlichkeit in ganz Europa und weltweit demonstriert haben. Die auf kleinbürgerliche Ängste zielende Ausgrenzung hat lange Traditionslinien. Der Fremde war, in Gestalt des Juden, zu Beginn des 20. Jahrhunderts von Karl Lueger in der christlich-sozialen Partei instrumentalisiert und institutionalisiert worden.[12]

Die Denkfigur «der Jude als Fremder» entfaltet wie in Deutschland und anderen Ländern langdauernde Wirkung. Die Sozial- und Bevölkerungsstruktur Österreichs bietet freilich einen besonders fruchtbaren Nährboden. Im europäischen Vergleich gehört Österreich zu den Nationen, in denen Antisemitismus in der Bevölkerung am stärksten verbreitet ist. Meinungsumfragen[13] zeigten 2001 einen deutlich zunehmenden Trend gegenüber 1995. So gaben sich 40 % der Befragten überzeugt, Juden hätten zu viel Einfluss in der Welt, sechs Jahre zuvor hatten 29 % der Österreicher dieses antisemitische Klischee bestätigt. Eine Erhebung der Anti Defamation League im September 2002 ordnete 19 % der Kategorie der stark antisemitisch eingestellten Bürger zu. In der Umfrage hatten 54 % das klassische Stereotyp vertreten, Juden seien in erster Linie loyal gegenüber Israel, sie galten ihnen damit nicht als Österreicher, sondern als Fremde. 40 % der befragten Österreicher waren überzeugt, Juden hätten zu viel Einfluss in der Wirtschaft, auch dies eine Überzeugung, die durch keine Tatsachen zu belegen ist.[14]

Mit großer Aufmerksamkeit registrieren Deutsche Judenfeindschaft in Österreich. Das hat, genau wie das Interesse, das allen aktuellen Manifestationen von Antisemitismus in Polen gilt, Entlastungsfunktion für deutsche Beobachter. Österreichischer Antisemitismus wird gerne als radikaler dargestellt als deutsche Judenfeindschaft, und als historisches Argument werden die Exzesse gegen Juden unmittelbar nach dem Anschluss 1938 angeführt. Das hat mit tatsächlich zu beobachtenden aktuellen Phänomenen aber nichts zu tun. Der Gegensatz zwischen dem öffentlichen Umgang mit antijüdischen Ressentiments in Deutschland und Österreich ist freilich evident und lässt sich nicht nur an den Anstrengungen zur Entschädigung festmachen, mit denen die Bonner Republik früh begann, während in Wien die Devise galt, die Angelegenheit möglichst lange hinauszuziehen, womit das neue Jahrtausend erreicht wurde, bis eine gesetzliche Lösung des Problems fixiert war.[15]

Ressentiments gegen Juden sind in Österreich offensichtlich weniger tabuisiert als in Deutschland. Man kann sich, was in Deutschland karrierebeendende Wirkung hat und gesellschaftliche Ächtung auslöst, in aller Unschuld in Österreich als bekennender Antisemit darstellen. Auch religiöser Antijudaismus spielt anders als im stärker säkularisierten Deutschland noch eine größere Rolle. Schließlich hat auch der Rechtsextremismus, ähnlich dem Antisemitismus, eigene Formen in Österreich, die älteren Traditionen folgen und die rechtsradikale

Ideologie als Leugnung des Völkermords an den Juden, als Revitalisierung nationalsozialistischer Überzeugungen, als Neonazismus und als stupide Apologie des Hitlerstaats traktiert – damit ins konservative und rechtspopulistische Lager hineinreichend, wie Jörg Haider bei Gelegenheit immer wieder gerne vorführt. Rechtsextremismus als dumpfes Aufbegehren gegen historische Realität orientiert sich in Österreich stärker an traditionellen Mustern als in Deutschland.

Die Art und die Tradition antisemitischer Skandale in der Zweiten Österreichischen Republik ist dafür aufschlussreich. Im Herbst 1945 eröffnete der konservative Politiker Leopold Kunschak eine lange Reihe öffentlich gemachter Judenfeindschaft. Nach dem Bericht des Schweizer Israelitischen Wochenblatts hatte im September 1945 eine Kundgebung in Wien stattgefunden, «die von vielen tausend Personen besucht war, um gegen die Einreise polnischer Juden zu protestieren. Dr. Kunschak von der Volkspartei erklärte unter heulendem Beifall, er sei immer *Antisemit* gewesen und bleibe es weiterhin. In Österreich hätten weder einheimische noch fremde Juden etwas zu suchen.»[16] Kunschak verkörperte den Prototyp des christlich-sozialen Politikers aus der Kaiserzeit und der Ersten Republik. Im Nationalrat, dem er bis 1935 angehörte, hatte er Ostjuden mit einer Art «Heuschreckenplage» verglichen, bei anderer Gelegenheit, 1919 im Wiener Rathaus, die Juden nicht nur «die Not, sondern auch die Seuche unserer Zeit» genannt. 1945 wurde er einer der Gründerväter der Zweiten Republik, war Parlamentspräsident und Ehrenobmann der ÖVP. Seine antisemitischen Überzeugungen und Tiraden bleiben beim ehrenden Gedenken für den verdienten Staatsmann immer unerwähnt – auch das ist eine österreichische Tradition seit Karl Lueger, dessen kommunalpolitische Meriten als Wiener Bürgermeister gerühmt, dessen vehementer Antisemitismus verschwiegen wird.

1965 wurde Alexander Witeschnik Pressechef der Wiener Staatsoper. Eigentlich hätte er Pressechef der Bundestheaterverwaltung werden sollen. Aber die Vergangenheit holte den erfolgreichen Musikschriftsteller ein. Witeschnik, seit 1932 NSDAP-Mitglied, hatte 1938 über die nationalsozialistische Ausstellung «Der ewige Jude» damals systemkonform berichtet, die «sittliche Verkommenheit des Juden» beklagt, «die jüdische Dreckseele» erkannt. Die Wiederentdeckung dieser Schaffensproben, die sich als spätes Karrierehindernis erweisen sollten, kommentierte eine Wiener Zeitung mit den Worten: «Liest man die inkriminierten Stellen nach, muss man feststellen, dass es sich nicht um Antisemitismus, d. h. Judengegnerschaft, sondern nur um Kritik an den Juden handelte, was etwas ganz anderes ist.»[17] Die vom Reichspropagandaministerium geförderte Wanderausstellung aus dem Jahr 1937, über die Witeschnik so kongenial berichtet hatte, war immerhin ein Instrument der Verfolgung gewesen, die in die Vernichtung der Juden mündete.

Mitte der 60er-Jahre spielt auch die Affäre um Taras Borodajkewycz, der nach einer nationalsozialistischen Vergangenheit als Professor an der Wiener Welthandelshochschule mit antisemitischen Äußerungen aufgefallen war. Sie lösten, nachdem der Fall öffentlich wurde, bei den Studierenden Pogromstimmung aus. Der Kulminationspunkt war am 31. März 1965 in einer Kundgebung erreicht, die zum blutigen Krawall ausartete. Dabei wurde «Hoch Auschwitz» und «Juden raus» geschrien, und ein Toter war zu beklagen. Die Trauerfeier für das Opfer, den KZ-Überlebenden Ernst Kirchweger, der an den Folgen eines gezielten Faustschlages, den ihm ein studentischer Neo-Nazi versetzt hatte, ums Leben gekommen war, gestaltete sich zur antifaschistischen Demonstration, an der 20 000–25 000 Menschen teilnahmen. Der Täter wurde milde bestraft, Borodajkewycz wurde nach langem Verfahren mit geringfügig gekürzten Bezügen in den Ruhestand geschickt, den er noch fast 20 Jahre lang publizistisch für Beiträge in rechtsextremen Organen nutzte.[18]

Der Brauch, Judenfeindschaft von Prominenten, z. B. durch Zurufe in der Parlamentssitzung oder bei ähnlicher Gelegenheit öffentlich gemacht, klein zu reden, war offensichtlich Bestandteil österreichischer Folklore. Bei internationalem Protest schlug die Stimmung in die gleichen Formen der Abwehr um, die andernorts geübt wurde. Nach einem Protest des New Yorker Rabbiners Joachim Prinz beim österreichischen Botschafter, der lebhaftere Aktivitäten des Staates gegen alte und neue Nazis und Bildungsmaßnahmen zur Aufklärung über den Antisemitismus angeregt hatte, berichtete die Tiroler Tageszeitung in vaterländischem Zorn unter der Überschrift «Juden wollen uns Österreicher ‹erziehen›».[19] Und der Außenminister erklärte, als Reaktion auf einen amerikanischen Fernsehfilm zur Affäre Borodajkewycz, der Antisemitismus spiele in Österreich keine Rolle mehr, da es nur noch wenige Juden im Lande gebe. Damit demonstrierte er ähnliches Unverständnis wie Bundeskanzler Klaus, der gegen den Film protestierte, obwohl er ihn nicht gesehen hatte. Die Mitwirkung österreichischer Journalisten an dem amerikanischen Film rügte Klaus auf alle Fälle als unpatriotische Handlung.

Das Muster der sich naiv gebenden Unverschämtheit, mit der Judenfeindschaft praktiziert und gleichzeitig dementiert wird, führten 1972 zwei konservative Nationalratsabgeordnete vor, als sie bei einer Debatte über den Bau der UNO-City Wien die Namen von Architekten und Bauunternehmen mit den Zurufen «lauter Juden!» und «auch ein Jude!» kommentierten. Das übliche Ritual folgte: Unterbrechung der Sitzung, eine Erklärung des Bedauerns durch den Clubobmann der ÖVP, der später die Erläuterung nachgereicht wurde, die Abgeordneten seien «besoffen» gewesen. Nachdem sie sich parteiintern entschuldigten und die Parteiführung den Vorfall verurteilt hatte, war er erledigt. Die alltägliche politische Praxis zeigte sich zunächst im Kleinreden, an dem sich auch Kanzler Kreisky beteiligte (derartige Bemerkungen habe es schon oft gegeben, das werde auch weiter so sein und «eine Gefahr für Österreich» sehe er darin nicht). Die Technik des antisemitischen Vorbehalts durch schweigendes Einverständnis äußert sich in solchen Fällen darin, dass die beleidigende und ausgrenzende Absicht zwar deutlich, aber nicht unmittelbar beweisbar in Szene gesetzt wird. Dass Zurufe wie «alles Juden!» verächtlich und ablehnend gemeint sind, ist allen bewusst, aber es ist leicht, die beleidigende Intention zu dementieren. So nannte einer der Abgeordneten die öffentlichen Proteste «Massenhysterie» und erklärte im Rundfunkinterview mit Unschuldsmiene, seine Bemerkung sei doch vollkommen harmlos gewesen, ebenso harmlos nämlich «wie die Erkundigung nach Preußen, Waldviertlern, Bayern oder Polen».[20] Das Exempel steht keineswegs für eine besondere österreichische Spielart von Antisemitismus, es illustriert das generelle Einverständnis der Mehrheit über die Minderheit, das durch Zuruf und Andeutung konstatiert wird und ausgrenzende Funktion hat.

Eine österreichische Spezialität war aber die 42-teilige Artikelserie «Die Juden in Österreich», die 1974 in der auflagenstarken Neuen Kronen–Zeitung (deren populistische Kommentare eine Fundgrube für diskursanalytische Forschungen auf unserem Gebiet sind) erschien.[21] Der Autor, Viktor Reimann, Journalist, Theater- und Musikkritiker, Autor von vielgelesenen Biographien, war als eine besonders schillernde Figur der Kulturszene bekannt; zu den Konstanten seiner wechselhaften Biographie als Nazi, Widerstandskämpfer, Nachkriegsrechter gehörte die Judenfeindschaft. Man kann ihn als Exponenten des Publikums verstehen, für das er schrieb, charakterisiert durch einen trotzig provinziellen Habitus, der von Ängsten getrieben das Eigene verteidigt, das er ständig von diffusen Feinden bedroht sieht. Das Erklärungsmodell gilt auch für gesellschaftliche Phänomene wie die Wahlerfolge von Haiders FPÖ in den 90er-Jahren, die nicht zuletzt auf Fremdenfeindschaft und populistischer Verweigerung der kritischen Auseinandersetzung mit nationalsozialistischer Vergangenheit gründeten.

Die Serie, die den Lesern der Kronen–Zeitung Aufklärung über «die Juden in Österreich» verschaffen und dem Blatt die Auflage steigern sollte (was nicht eintrat, deswegen und wegen vieler Proteste wurde die Serie vor der beabsichtigten 50. Folge abgebrochen), trug vor allem aus trüben Quellen gefischtes Material zur Illustration der historischen Stereotype zusammen: Der Jude als Fremder, sein «Wille zum Anderssein», sein Streben nach Herrschaft und Einfluss, die zweifelhafte Moral der Juden, ihre Rolle als Kapitalisten und Sozialisten. Die mit Halbwahrheiten und Fehlinformationen durchsetzte Mythenproduktion endete zwangsläufig in dem Fazit, dass die Juden durch ihr Verhalten am Antisemitismus schuld seien. In diesem Sinne äußerte sich auch die Leserschaft in zahlreichen Zuschriften, die diese und weitere antisemitische Konstanten bestätigen.

Nach der Betrachtung der Rezeption antisemitischer Skandale in der Bundesrepublik durch die österreichische Presse kommt Heinz P. Wassermann zu dem Schluss, das österreichische Bild der Minderheit sei «vor allem das des aggressiven, aufrührerischen und nicht vergebenden in der Vergangenheit verhafteten Juden». Juden sind in den österreichischen Medien nicht als «Objekte und Opfer des Antisemitismus markiert, sondern vor allem als dessen Ursache, vom Antisemitismus betroffen sind demgemäß vor allem Nichtjuden als Bezugsobjekte des Vorwurfs des Antisemitismus, werden somit Täter zu Opfern und Opfer zu Tätern umgeschrieben, wobei sich die vom Antisemitismus ‹betroffenen› Nichtjuden im medialen Niederschlag wesentlich besser (und unhinterfragter) artikulieren können als Juden».[22]

Auf den ersten Blick ist das ein ähnlicher Befund, wie er sich in Deutschland bei der Untersuchung von Meinungsäußerungen aus dem Publikum ergab. Das Ressentiment gegen Juden als patriotisches Postulat und die Überzeugung, Antisemitismus sei ein von Juden generiertes Problem, tritt in Deutschland aber als Reaktion auf Berichterstattung, nicht als Element der Berichterstattung selbst in Erscheinung. Darin liegt ein signifikanter Unterschied.

Gemeinsam ist deutschem und österreichischem Antisemitismus die Argumentation der Opfer-Täter-Umkehr, wie sie schon Theodor W. Adorno als scheinrationale Erklärung judenfeindlicher Ressentiments benannt hat: Danach sind Juden als Minderheit an den judenfeindlichen Vorbehalten der Mehrheit selbst schuld. Dies wird immer wieder durch augenfällige Beispiele aus der politischen Praxis bewiesen. So hieß es in einem Kommentar der Neuen Kronen-Zeitung «Eine nicht geringe Schuld am Antisemitismus haben auch diejenigen, die dauernd darüber reden und schreiben. Man hat oft den Eindruck, sie wären unglücklich, wenn es den Antisemitismus nicht gäbe, weil sie sich dann nicht wichtig machen könnten.»[23]

Die Waldheim-Debatte und der fremdenfeindliche Populismus, mit dem Jörg Haider Stimmen gewann, haben immerhin den Konsens des Schweigens gebrochen, der nach dem Motto «Wir sind alle unschuldige Täter»[24] Judenfeindschaft in Österreich als Problem tabuisiert hatte. Peter Pulzer, einer der besten Kenner antisemitischer Traditionen in Österreich, verweist auf den langfristigen Trend der Meinungsumfragen, nach denen ähnlich wie in Deutschland antisemitische Einstellungen bei einem stetig sinkenden Bevölkerungsteil vorkommen; Pulzer konstatiert ferner, dass die Ressentiments gegen Juden nicht mehr im katholischen Gesinnungsbereich (d. h. im politischen Spektrum der Österreichischen Volkspartei) überwiegen, dass also die Bedeutung des christlich-sozialen Traditionsstrangs abnimmt. Übereinstimmend mit den Ergebnissen der Demoskopie für Deutschland gilt auch für Österreich, dass jüngere Menschen weniger anfällig für Antisemitismus sind und dass Bildung immunisiert. Das ist daran zu erkennen, dass Abiturienten und Hochschulabsolventen am wenigsten als Träger judenfeindlicher Gesinnung in Erscheinung treten. Peter Pulzer wagt aufgrund der Erkenntnis, dass jene Schichten, die einst die judenfeindliche Ideologie trugen, sich am deutlichsten von antisemitischen Vorurteilen emanzipierten, die Prognose: «Der Antisemitismus ist aus Österreich nicht verschwunden, aber es gibt eine aufrichtige Auseinandersetzung mit ihm und eine Gegenwehr, die stärker ist als zu irgendeinem Zeitpunkt im 19. oder 20. Jahrhundert.»[25]

Folgerungen:
Was also ist Antisemitismus?

Das Wesen des Antisemitismus ist in einem Witz auf den Punkt gebracht. Während des Sechs-Tage-Krieges im Juni 1967 treffen sich zwei Männer auf der Straße. Der eine sagt auf die Frage, warum er so glücklich dreinschaue, er habe gerade vernommen, dass die israelische Luftwaffe sechs Flugzeuge sowjetischer Bauart abgeschossen habe. Am anderen Tag ist er noch vergnügter, weil die Israelis acht MIG-Jäger ausgeschaltet haben. Am dritten Tag ist er unglücklich. Sein Freund fragt teilnahmsvoll, ob die Israelis heute keinen militärischen Erfolg gehabt hätten. Doch, antwortet der, aber jemand hat mir mitgeteilt, dass die Israelis Juden sind. Uri Avnery, prominent als Chef der israelischen Friedensbewegung Gush Shalom, erzählt diesen Scherz, um Judenfeindschaft zu erklären: Der Antisemit hasst die Juden, weil sie Juden sind, ungeachtet ihrer Handlungen: Man kann Juden ablehnen, weil einige bei der bolschewistischen Revolution in Russland eine Rolle gespielt haben, weil andere nach dem Zusammenbruch des kommunistischen Herrschaftssystems reich wurden, weil Jesus Christus von Juden ans Kreuz geschlagen wurde, weil «die Juden kein Vaterland haben» oder weil sie den Staat Israel errichteten.[1]

Die Beliebigkeit des Ressentiments, das «den Juden» Eigenschaften, Absichten, Handlungen zuordnet, die mit realer jüdischer Existenz nichts oder wenig oder nur Missverstandenes zu tun haben, ist ein wesentliches Kennzeichen judenfeindlicher Haltung. Ein anderes ist die Verwendung von Stereotypen, die eine Pseudorealität jüdischer Existenz zu beschreiben und zu erklären vorgeben. Ein weiteres Charakteristikum ist die Absurdität und Irrationalität der Zuschreibungen an die Juden. Schließlich ist auch die hoch emotionale Einstellung zu Juden ein wesentliches Merkmal des Antisemitismus.

Antisemitismus agiert das Vorurteil gegen die Minderheit auf der ganzen Skala aus: von der diffamierenden Unterstellung der Beleidigung des einzelnen Individuums über Diskriminierung zur Gewalt gegen die Gesamtheit der Juden. Antisemitismus beginnt nicht erst mit öffentlicher Herabsetzung und organisierter Verfolgung, Antisemitismus ist Judenfeindschaft in allen Formen und Ausprägungen, die im Alltag ihren Anfang nimmt: mit grundlosem Argwohn, mit beleidigenden Witzen, durch Ausgrenzung, durch das Gerücht, das sich als Gewissheit ausgibt. Antisemitismus ist politischer Aberglaube, der sich immer neu instrumentalisieren und inszenieren lässt, der sich seine eigenen «Fakten» und «Beweise» schafft, die gegen alle Vernunft verteidigt werden, die gegen Aufklärung resistent sind.

Die Vorurteile der Judenfeindschaft werden durch Sprache, Bilder, Gesten und Einverständnis transportiert. Die Sprache kann offen sein («Die Juden bescheißen uns hinten und vorne») oder verschlüsselt («Die Herrschaften, sie wissen schon, wen ich meine, sind doch nicht an ehrlicher Arbeit interessiert. Wucher und Schacher liegt ihnen wesensmäßig auch besser»). Bilder verdichten Attribute zu wiedererkennbaren Klischees «typischer» jüdischer Erscheinungsform (Nase, Lippen, Körperhaltung). Wilhelm Busch hat in seinen populären humoristischen Bildgeschichten diese Technik der Diffamierung vorgeführt, die «Gartenlaube» pflegte die visuellen Klischees, im «Stürmer» bildeten sie das Instrumentarium, und zeitgenössische Karikaturen verfahren nicht anders. Judenfeindliche Botschaften werden auch durch andere Zeichen, etwa an hebräische Buchstaben erinnernde Schrift oder durch die symbolisch besetzte Farbe Gelb übermittelt und dank langer Tradition der Einübung verstanden.

Wichtigstes Medium der Judenfeindschaft sind Worte, die entweder unmittelbare Aussagen übermitteln («Judenschule», «Saujud») oder als Anspielung bzw. chiffrierte Signale funktionieren, dabei Vorwissen und Einverständnis voraussetzen («Was kann man von einem Volk von Beschnittenen anderes erwarten als Intrigen?»).[2] Im Wortschatz der Mehrheit, deren Zusammenhalt nicht zuletzt auf gemeinsamer Sprache und verbindlichen Begriffen beruht, spielen Selbstvergewisserung («Aufbauleistung der Trümmerzeit») als positive und Ausgrenzung («jüdische Unversöhnlichkeit», «antideutsche Gräuellügen») als negative Sprachregelungen eine wichtige Rolle. Die Argumentationsstrategien der Judenfeindschaft folgen bestimmten, immer wiederkehrenden Mustern. Dazu gehört die Diffamierung und der Ausschluss der Minderheit aus dem Wir-Gefühl der Mehrheit (als etwa Ignatz Bubis in Rostock gefragt wurde, ob seine eigentliche Heimat nicht Israel sei). Ein weiteres Argumentationsmuster ist die Opfer-Täter-Umkehr, mit der unterstellt wird, die Juden seien an ihrem Schicksal selbst schuld und Ursache des Antisemitismus seien allemal die Juden selbst, variiert auch im Vorwurf, den prominente Juden, die sich öffentlich äußern, immer wieder hören müssen, sie würden nämlich die Abwehrhaltung der nichtjüdischen Majorität gegenüber der jüdischen Minorität schüren. Eine patriotische Variante der Judenfeindschaft hat die deutsche (bzw. österreichische) Geschichte zum Hintergrund, sie besteht in der gereizten Reaktion auf die Erwähnung von Verbrechen des Nationalsozialismus. Verleugnung («Auschwitzlüge»), Relativierung und Marginalisierung («Es war halt Krieg», «Andere Nationen haben auch Verbrechen begangen») sowie Aufrechnung (Dresden versus Auschwitz) sind Erscheinungsformen solcher Argumentation ebenso wie die brüske Zurückweisung «moralischer Belehrung» der Mehrheit durch Vertreter der Minderheit.

Die stereotypen «Argumente» gegen die Juden haben genau erkennbare Funktionen für die Stärkung des Wir-Bewusstseins, die Artikulation von Ängsten und Bedrohungsgefühlen in der Mehrheit, und sie sichern die Solidarität der Anwender von Vorurteilen durch Schuldzuweisungen nach außen, an die Juden.

Antisemitismus funktioniert als hermetisches System. Dem entspricht die Argumentationsstrategie der Unterstellung und Behauptung von «Tatsachen», deren Unbeweisbarkeit als Beweis dargestellt wird. Rabulistik und Ranküne sind Elemente der Beweisführung. Das klassische Exempel dazu sind Zweifel an der Zahl der im Holocaust ermordeten Juden. Mit immer neuen, aber gleichbleibend obskuren Einwänden soll der Holocaust relativiert und marginalisiert werden, dazu werden «Experten» in die Debatte eingeführt, als sei die Dimension von sechs Millionen ermordeter Juden nicht hinlänglich erforscht und bewiesen.[3]

Ebenso wie Behauptungen über das Wesen ihrer Religion oder den vermeintlichen Charakter der Juden, ihre «rassischen» Eigenschaften oder privaten Gepflogenheiten haben die als unumstößliche Gewissheit vorgetragenen Vermutungen und Unterstellungen den Zweck, die Berechtigung der Ausgrenzung zu bestätigen und Judenfeindschaft im Weltbild zu begründen und zu verankern. Das Infragestellen und Behaupten hat, ebenso wie das konstitutive Element der Wut auf die Minderheit, selbstbestätigende Wirkung. An sachlicher Erörterung besteht kein Interesse, die antisemitische Argumentation bleibt intellektuell und emotional unerreichbar für Beweise und logische Argumente. Der Antisemit weiß, was er glaubt, und nimmt das Gegenargument als Beweis für seine Glaubensinhalte.[4]

Judenfeindschaft hat im Alltag viele Foren. Als Arena, in der Überfremdungsängste, Minderwertigkeitsgefühle, sozialer Frust in aggressiver Weise ausgelebt werden, dient auch das Fußballstadion. Die Fans, die allwöchentlich ausziehen, um ihre Mannschaft zum Sieg zu schreien, haben außer dem Hass auf die andere Mannschaft häufig Fremdenfeindschaft und Antisemitismus im Repertoire. Es ist der Antisemitismus, der Juden stigmatisiert, um ihnen die Sündenbockfunktion zuzuweisen. So wird der Schiedsrichter bei unerwünschten Entscheidungen «Jude» genannt. Zu den Liedern, die rechtsorientierte Fans von Hertha BSC regelmäßig anstimmen, um Zusammengehörigkeit, Gruppengefühl, Verbundenheit mit ihrem Verein zu demonstrieren, gehört nicht nur «Rassismus liegt uns völlig fern, alle Neger haben wir gern», sondern auch «eine U-Bahn, eine U-Bahn, eine U-Bahn bauen wir, von St. Pauli bis nach Auschwitz». Auf die Melodie eines populären Hertha-Songs gibt es die Parodie «nur nach Auschwitz, nur nach Auschwitz, nur nach Auschwitz gehen wir nicht ...». Berliner Hertha-Fans, die sich der rechten Szene zugehörig fühlen, z. B. Rudolf Hess als Idol verehren, aber an Politik generell desinteressiert sind, zeigen alltägliche unreflektierte Judenfeindschaft, die mit bestimmten Feindbildern und Konnotationen operiert.[5]

Die Hertha-Fans sind nicht untypisch. Vor vielen Jahren schon war z. B. Ajax Amsterdam mit gegnerischen Fans konfrontiert, die den niederländischen Verein als «Judenmannschaft» stigmatisieren wollten und beim Einlauf ins Stadion durch tausendfach hervorgebrachtes Zischen das Geräusch von strömendem Gas nachahmten.

Theodor W. Adorno hat in den «Studien zum autoritären Charakter» nach dem Sinn und Nutzen antisemitischen Denkens im Leben des Einzelnen gefragt. Ohne angesichts der Irrationalität des untersuchten Phänomens eine rational befriedigende abschließende Antwort zu wagen, hat Adorno auf einige wesentliche Elemente beim Gebrauch des Vorurteils hingewiesen. Er nennt auch die rationalen, also nachvollziehbaren Funktionen von antijüdischen Ressentiments wie wirtschaftlichen Konkurrenzneid, den Wunsch, sich durch Entrechtung auf Kosten der Minderheit zu bereichern oder auch die politische Instrumentalisierung des Vorurteils in Verfolgung der Absicht, eine faschistische Diktatur zu errichten. Aber, und das ist entscheidend bei der Suche nach dem Sinn des Antisemitismus, auf die Frage, welcher Vorteil sonst vernünftigen Menschen aus Judenfeindschaft erwachsen mag, sind schlüssige Antworten nicht ohne weiteres möglich. Die Entfremdungstheorie, die Adorno vorschlägt, trägt zur Erklärung auch deshalb bei, weil sie sich auf empirische Beobachtungen stützt. Die Objektivierung sozialer Prozesse und die damit verbundene Entindividualisierung der Gesellschaft, die zunehmende Unübersichtlichkeit aller Lebensumstände und damit verbundene Ängste bedingen die geistige Entfremdung des Individuums von der Gesellschaft, verbunden mit Unsicherheit, Desorientierung. Als Mittel der Bewältigung sozialer Instabilität, zur Orientierung in schwer durchschaubarer Situation sind Vorstellungen vom Juden nutzbar, die ihm negative Eigenschaften beilegen, ihn zum Popanz machen und als Feind stigmatisieren. Auch in Erklärungsmodelle und Handlungskonzepte von Globalisierungsgegnern, Amerikafeinden, Kapitalismuskritikern lassen sich judenfeindliche Stereotype einfügen; das Ergebnis wird gern als «linker Antisemitismus» subsumiert und oft zur Aufrechnung benutzt, um die ungleich stärker verbreitete nationalistische, rechtsextreme Version der Judenfeindschaft zu rechtfertigen.

An der Erforschung von Judenfeindschaft haben viele akademische Disziplinen Anteil, die Geschichtswissenschaft hat angesichts der langen Tradition des Phänomens – vom christlichen Antijudaismus über den Rassenantisemitismus zum Antizionismus und sekundären Antisemitismus unserer Tage – besondere Funktion, nicht weniger wichtig sind für die Analyse aktueller Erscheinungsformen die Sozialwissenschaften. Zur Theoriebildung haben auch Psychologie und Psychoanalyse beigetragen, ebenso wie Politische Wissenschaft und Soziologie. Die Vielfalt der Erklärungsmodelle entspricht der Vielgestaltigkeit des Phänomens und der zugrunde liegenden Motive.[6]

Historische Interpretationen, zurückgehend bis zur Judenfeindschaft in der Antike, haben in vieler Beziehung Vorreiterfunktion. Die Bedeutung des «modernen Antisemitismus» im 19. Jahrhundert wird von der historischen Forschung als Reflex in einer Modernisierungskrise erklärt, bei der ganz verschiedene Einflüsse, Traditionen, Strukturen zusammenwirken, um auf soziale Umschichtungsprozesse, Wert- und Legitimationsprobleme der bürgerlichen Gesellschaft zu reagieren. Die Krisentheorie ist anwendbar auf verschiedene Epochen, auf die Industrialisierungsphase ebenso wie auf die Periode nach dem Ersten Weltkrieg und – partiell – auch auf die Zeit nach der Wende in Deutschland; die Krisenzeiten sind jeweils charakterisiert durch erhebliche soziale Spannungen, die Frustrationen und Aggressionen zur Folge haben, die nach Entladung drängen und Objekte suchen, die die Funktion von «Schuldigen» erfüllen («Sündenbock»-Theorie). Die Angst vor individuellem oder kollektivem Statusverlust ist konstitutiv für das Krisenmodell, in der Nachwendekrise der 90er-Jahre spielen Ausländer (Asylbewerber ebenso wie Ansässige) die Rolle des Aggressionsobjektes wie in der Modernisierungskrise des ausgehenden 19. Jahrhunderts die Juden.

Theorien der Psychologie und der Psychoanalyse sind seit langem in der Antisemitismusforschung etabliert. Die Lehre vom autoritären Charakter, der Ansatz über die Wechselwirkung von Frustration und Aggression sind ohne die Erkenntnisse der Freudschen Psychoanalyse nicht denkbar, im Zusammenwirken mit den Sozialwissenschaften haben sich individuale Erklärungsmodelle (Autoritätskonflikt, Erziehungstraumata, Frustration aus innerem Konflikt) zu Gruppentheorien erweitert, die Antisemitismus mit Vorurteilsstrukturen definieren, die im Verhältnis von (jüdischer) Minderheit und Mehrheitsgesellschaften in Konfliktsituationen zum Tragen kommen. Konkurrenzbeziehungen sozialer und ethnischer Genese spielen in solchen Erklärungsmodellen eine große Rolle, sie sind insbesondere hilfreich bei der Interpretation von ideologisch bestimmten Konflikten, die ursprünglich auf Konkurrenzprobleme zurückgehen, wie etwa Xenophobie.

Monokausale Erklärungen werden dem komplexen Phänomen des Antisemitismus nicht gerecht, daraus erklärt sich das notwendige Zusammenwirken von Methoden und Theorien der Wissenschaftsdisziplinen. Der Antisemitismus, verstanden als Oberbegriff für alle Arten und Formen von Judenfeindschaft, kann aufgrund seiner langen Existenz und seiner vielfältigen Erscheinungsweisen als das exemplarische Phänomen für die Erforschung von Gruppenkonflikten und sozialen Vorurteilen gelten.[7]

Die Formen der Judenfeindschaft sind vielfältig, zahlreiche Traditionen überlagern sich dabei, und neben altbekannten und sich anscheinend selbst immer wieder reanimierenden Mustern wie den Verschwörungstheorien mit den Neuauflagen ihres Idealtypus, den «Protokollen der Weisen von Zion», gibt es regionale und zeitliche Varianten. So gehört das Wiederauferstehen der offenen Judenfeindschaft nach dem Ende kommunistischer Herrschaft zu den erstaunlichen Phänomenen im gegenwärtigen Osteuropa. Mehr als fünf Jahrzehnte nach dem Ende des Holocaust, acht Jahrzehnte nach dem Sturz der Zarenherrschaft wird in den Staaten der ehemaligen Sowjetunion und ihren einstigen Satelliten Antisemitismus im politischen Alltag propagiert und instrumentalisiert, als sei die Uhr zurückgedreht worden. Unterwanderungsphantasien und Weltverschwörungstheorien, Stereotypisierungen aus religiöser Wurzel und volkstümlicher Überlieferung bis hin zu wieder belebten Ritualmordlegenden und Blutbeschuldigungen sind in Russland und Polen, in Ungarn und in den Balkanländern, in der Ukraine und Weißrussland wieder Bestandteil des öffentlichen Diskurses.

Trotzdem ist die eingängige These vom «ewigen Antisemiten» falsch und gefährlich. Falsch, weil sie von einem statischen Sachverhalt ausgeht, der unveränderbar scheint und deshalb gar nicht bekämpft werden kann. Gefährlich, weil «ewiger Antisemitismus» die Juden in eine teleologische Opferrolle zwingt, die nur einen Weg kennt, den vom Vorurteil zum Völkermord, und keine andere Ursache als die Juden selbst. Die Vorstellung vom «ewigen Antisemiten» eignet sich für effektvolles Feuilleton, rationaler Auseinandersetzung steht sie im Weg. Die Motive des Ressentiments und der Feindschaft gegen Juden sind aber bei aller gemeinsamen Tradition in der jeweiligen Mehrheitsgesellschaft unterschiedlich begründet, und die Erkenntnis, dass Judenfeindschaft keine Reaktion auf jüdische Existenz ist, dass vielmehr Juden als Projektionsfläche benutzt werden für Probleme, Ängste, Sorgen der Mehrheit, für patriotische Projekte zur Stabilisierung des Selbstbewusstseins, zur Erklärung krisenhafter Erscheinungen, zur Zuweisung von Schuld – diese Erkenntnis trägt zur Antwort auf die Frage «Was ist Antisemitismus» entscheidend bei: Judenfeindschaft ist zuerst und vor allem anderen ein Symptom für Probleme in der Mehrheitsgesellschaft.

Auch wegen der langen Tradition der Judenfeindschaft ist die Minderheit der Juden als Hassobjekt leicht instrumentalisierbar, leichter und ungefährlicher als näher liegende Objekte des Abscheus, der Wut, der Schuldzuweisung, nämlich Politiker und Bürokraten: «Die Fremdheit der Juden scheint die handlichste Formel zu sein, mit der Entfremdung der Gesellschaft fertig zu werden.»[8] Dazu müssen die Juden im Status von «Fremden» gehalten, als solche definiert werden, und das geschieht durch die Ausgrenzung im alltäglichen Antisemitismus.

Anmerkungen

Feindschaft gegen Juden.
Annäherung an ein schwieriges Thema

1 Werner Bergmann, Antisemitismus in öffentlichen Konflikten. Kollektives Lernen in der politischen Kultur der Bundesrepublik 1949–1989, Frankfurt/New York 1997, S. 441.
2 Ebenda, S. 447 f.
3 Der Spiegel 6/1986 («Nur politische Macht im Sinn»).
4 Frankfurter Rundschau 15. 2. 1986 («Die verspätete Scham des Grafen von Spee»).
5 Die Tageszeitung (taz) 20. 11. 1986 («Neuss: Mitgefühl mit ‹Verfolgten›»).
6 Die OSZE-Konferenz Ende April 2004, zu der die Bundesrepublik durch Bundestagsbeschluss vom 12. Dezember 2003 eingeladen hatte, war ein protokollarischer Höhepunkt politischer Manifestation gegen den Antisemitismus.
7 Deutscher Bundestag, Sitzung 11. 12. 2003, Drucksache 15/2164 (Antrag der Fraktionen SPD, CDU/CSU, Bündnis 90/Die Grünen und FDP: Antisemitismus bekämpfen).
8 Juliane Wetzel, Werner Bergmann, Manifestations of anti-semitism in the European Union. First semester 2002, Synthesis Report Draft 5 February 2003, *www.cohn-bendit.de*.
9 Elisabeth Ebbing, Antisemitismusstudie im Rampenlicht, in: Tribüne 43 (2004), Heft 169, S. 35–39.
10 Adorno nennt «die versteckte Andeutung» als konstitutives Element und weist darauf hin, «daß die versteckte Andeutung als eine Befriedigung per se eingesetzt und genossen wird. Ein Agitator sagt zum Beispiel: ‹Jene dunklen Mächte, Sie wissen schon, wen ich meine›, und die Zuhörer verstehen sofort, daß seine Bemerkungen gegen die Juden gerichtet sind.» Theodor W. Adorno, Antisemitismus und faschistische Propaganda, in: Ernst Simmel (Hrsg.), Antisemitismus, Frankfurt a. M. 1993, S. 159.
11 Zuschrift an WDR, Redaktion «Hallo Ü-Wagen», 7. 12. 2003, Kopie im Archiv des Zentrums für Antisemitismusforschung der TU Berlin.

12 Frank Schirrmacher (Hrsg.), Die Walser-Bubis-Debatte. Eine Dokumentation, Frankfurt a. M. 1999; Gerd Wiegel, Johannes Klotz (Hrsg.), Geistige Brandstiftung? Die Walser-Bubis-Debatte, Köln 1999; Joachim Rohloff, Ich bin das Volk. Martin Walser, Auschwitz und die Berliner Republik, Hamburg 1999.
13 Der Spiegel 30. 11. 1998 («Moral verjährt nicht». Gespräch mit Ignatz Bubis).
14 Frankfurter Allgemeine Zeitung 14. 11. 1998 («Eine Friedensrede»).
15 Ebenda.
16 Martin Walser, Tod eines Kritikers. Roman, Frankfurt a. M. 2002.
17 Vgl. die überwiegend in der rechtslastigen Zeitschrift «Junge Freiheit» erschienenen Beiträge: Der Streit um Martin Walser, Beiträge und Interviews von Eckhard Henscheid, Joachim Kaiser, Heimo Schwilk, Martin Walser, Günter Zehm u. a., Berlin 2002.
18 Mona Körte, Erlkönigs Kinder. Überlegungen zu Martin Walsers Roman «Tod eines Kritikers», in: Jahrbuch für Antisemitismusforschung 11 (2002), S. 295–310, zit. S. 296 f.
19 Gestus und Diktion weit rechts stehender Medien wie «Junge Freiheit» oder «National-Zeitung» konstituieren sich, auch ohne ausdrückliche Erwähnung der als Kampfbegriff verstandenen Umschreibung des demokratischen Mehrheits-Konsenses *political correctness* durch Verweigerung und Abwehr und finden damit ihr Publikum.
20 Abgesehen davon, dass der Vorwurf einer Kollektivschuld nie offiziell erhoben wurde und nicht Grundlage irgendwelcher politischer Handlungen gegen Deutschland war, besteht die Funktion des Konstrukts immer noch darin, die Auseinandersetzung mit dem Nationalsozialismus und seinen Folgen zu verweigern.

Mehrheit und Minderheit.
Signale aus dem Publikum an die
Juden in Deutschland

1 Die Zuschriften sind in Form anonymisierter Kopien im Archiv des Zentrums für Antisemitismusforschung der TU Berlin zugänglich.
2 Solche Anlässe waren die beiden Sprengstoffanschläge im September und Dezember 1998 auf das Grab des ehemaligen Vorsitzenden des Zentralrats der Juden in Deutschland Heinz Galinski in Berlin und das Attentat gegen die Düsseldorfer Synagoge Anfang

Oktober 2000. Die Täter des Anschlags gegen das Galinski-Grab sind nicht ermittelt worden, als Verantwortliche für die Molotowcocktails gegen die Düsseldorfer Synagoge wurden im März und April 2001 zwei junge Araber zu Freiheitsstrafen verurteilt.
3 Ignatz Bubis, 1992–1999 Präsident des Zentralrats der Juden in Deutschland, starb am 13.8.1999 nach kurzer Krankheit in Frankfurt a. M. Resigniert durch den von Martin Walser ausgelösten Streit über den Umgang mit nationalsozialistischer Vergangenheit wollte Bubis in Israel begraben sein. Während der Bestattungszeremonie schändete ein verwirrter und geltungssüchtiger Israeli (der vorübergehend in Deutschland gelebt hatte) das offene Grab mit Farbe.
4 Sally Perel, Ich war Hitlerjunge Salomon, Berlin 1992.
5 Der Begriff «deutsche Leitkultur» war im Herbst 2000 vom damaligen CDU-Bundestagsfraktionschef Merz aus taktischem Kalkül in die Debatte über Zuwanderung nach Deutschland eingeführt worden. Nach dem Anschlag auf die Düsseldorfer Synagoge Anfang Oktober 2000 hatte der Präsident des Zentralrats der Juden in Deutschland, der Düsseldorfer Paul Spiegel, in der ersten Betroffenheit die Frage aufgeworfen, ob zur deutschen Leitkultur der Hass auf Juden gehöre und ob es richtig war, 1945 wieder jüdische Gemeinden in Deutschland aufzubauen.
6 Die Anwerbung von ausländischen Arbeitnehmern begann Anfang der 60er-Jahre durch die von der CDU/CSU geführte Bundesregierung, der Anwerbestopp im November 1973 wurde dagegen von der Regierung unter Bundeskanzler Willy Brandt (SPD) veranlasst. Das Beispiel zeigt, wie als unerwünscht empfundene Ereignisse und Entwicklungen ungeachtet der Realität zugeordnet werden.
7 James Bacque, Der geplante Tod. Deutsche Kriegsgefangene in amerikanischen und französischen Lagern 1945–1946, Frankfurt a. M., Berlin 1989 (und weitere Auflagen). Das Buch beruht auf Spekulation statt seriöser Recherche und erstrebt den «Beweis», dass deutsche Kriegsgefangene in amerikanischem und französischem Gewahrsam systematisch in der Größenordnung von einer Million umgebracht worden seien.
8 Am 27.1.2003 unterzeichneten Bundeskanzler Schröder und der Präsident des Zentralrats der Juden in Deutschland einen Staatsvertrag, der die Zusammenarbeit in kulturellen und sozialen Fragen regelt und 3 Millionen Euro jährlich aus Bundesmitteln für die Aufgaben der 83 jüdischen Gemeinden (ca. 100 000 Mitglieder insgesamt) garantiert.

9 Im «Luxemburger Abkommen» vom 10. September 1952 verpflichtete sich die Bundesrepublik zu Leistungen im Wert von 3 Milliarden DM an den Staat Israel und zur Zahlung von 450 Millionen DM an die Jewish Claims Conference, dazu kamen im Rahmen der «Wiedergutmachung» und Entschädigung die Leistungen an Einzelpersonen, die z. B. als Rentenzahlungen für im KZ erlittene Gesundheitsschäden noch andauern.

10 Schächten als rituelle Schlachtmethode bestimmter Religionsgemeinschaften (Juden, Moslems), denen der Genuss von Blut verboten ist, besteht in der Durchtrennung von Schlagader, Luft- und Speiseröhre durch ein scharfes Messer, was rasche Besinnungslosigkeit und völliges Ausbluten des Schlachttieres zur Folge hat. Das Schächten wird von Tierschutzorganisationen kritisiert und in der antisemitischen Propaganda verzerrt dargestellt, es ist u. a. in der Schweiz verboten. In Deutschland besteht kein Schächtverbot, wohl aber eine grundsätzliche Betäubungspflicht. Seit Juli 2002 ist der Tierschutz als Staatsziel im Grundgesetz verankert, damit ist eine neue rechtliche Situation gegeben, weil sich ethischer Tierschutz und Religionsfreiheit als Rechtsgüter gegenüberstehen. Als Kompromiss wird eine bestimmte Form der Betäubung («Elektrokurzzeitbehandlung») propagiert.

Traditionen der Judenfeindschaft.
Das religiöse Ressentiment

1 Adolf Neubauer, Moritz Stern, Hebräische Berichte über die Judenverfolgungen während der Kreuzzüge, Berlin 1882, S. 82 f.
2 Klaus-Peter Friedrich, Antijüdische Gewalt nach dem Holocaust. Zu einigen Aspekten des Judenpogroms von Kielce, in: Jahrbuch für Antisemitismusforschung 6 (1997), S. 115-147.
3 Rainer Erb (Hrsg.), Die Legende vom Ritualmord. Zur Geschichte der Blutbeschuldigung gegen Juden, Berlin 1993.
4 Simon Dubnow, Weltgeschichte des jüdischen Volkes, Berlin 1926, Band 5, S. 46.
5 R. Po-Chia Hsia, Trient 1475. Geschichte eines Ritualmordprozesses, Frankfurt a. M. 1997.
6 Zit. nach Stefan Rohrbacher, Michael Schmidt, Judenbilder. Kulturgeschichte antijüdischer Mythen und antisemitischer Vorurteile, Reinbek 1991, S. 287.
7 Der Stürmer, 1. Ritualmord-Sondernummer Mai 1934; 2. Ritualmord-Sondernummer Mai 1939.

8 Friedrich Lotter, Die Judenverfolgung des «König Rintfleisch» in den christlichen jüdischen Beziehungen im Deutschen Reich des Mittelalters, in: Zeitschrift für historische Forschung 15 (1988), S. 385–422. Ein Beispiel für Historiographie, die Ereignisse in den Dienst herrschender Ideologie zwingt, ist die Darstellung des Armleder-Aufstands im damals DDR-offiziösen Organ der Geschichtswissenschaft, die die Armlederbewegung ausschließlich in die Vorgeschichte des Bauernkriegs einordnet, nur von jüdischen Wucherern spricht und diese in die Geschichte von sozialem Protest und Klassenkampf einordnet. Die jüdischen Opfer kommen folgerichtig in der Darstellung überhaupt nicht vor: Siegfried Hoyer, Die Armlederbewegung – ein Bauernaufstand 1336/1339, in: Zeitschrift für Geschichtswissenschaft 13 (1965), S. 74–89.
9 Lion Feuchtwanger, Jud Süß (Ausgabe Fischer Taschenbuch Verlag), Frankfurt a. M. 1976, S. 200.
10 Martin Luther, Von den Juden und ihren Lügen, in: Werke (Weimarer Ausgabe), Bd. 53, S. 530.
11 Johannes Eck, Ains Judenbüechleins verlegung, Ingolstadt 1541. Eine kommentierte textkritische Neuausgabe, besorgt von Johannes Heil, befindet sich in Vorbereitung.
12 Der Stürmer, 1. Ritualmord-Sondernummer Mai 1934.
13 Vgl. Barbara Gerber, Jud Süß. Aufstieg und Fall im frühen 18. Jahrhundert. Ein Beitrag zur historischen Antisemitismus- und Rezeptionsforschung, Hamburg 1990; Hellmut G. Haasis, Joseph Süß Oppenheimer, genannt Jud Süß. Finanzier, Freidenker, Justizopfer, Reinbek 1998.
14 Wie neuere Forschungen zeigen, war die Emanzipation der Juden aber auch im nachrevolutionären Frankreich ein langwieriger Prozess: Daniel Gerson, Die antijüdischen Ausschreitungen im Elsass 1848, Phil. Diss, TU Berlin 2004.
15 Es gibt viele Deutungen des Schmäh-Rufs, u. a. als Abkürzung von «Hierosolyma est perdita» (Jerusalem ist verloren).
16 Zit. nach Jacob Katz, Die Hep-Hep-Verfolgungen des Jahres 1819, Berlin 1994, S. 93 f.

Antisemitismus als rassistischer Vorbehalt.
Das gesellschaftliche Ressentiment

1 Wolfgang Benz, Werner Bergmann (Hrsg.), Vorurteil und Völkermord. Entwicklungslinien des Antisemitismus, Freiburg/Basel/Wien 1997; Jacob Katz, Vom Vorurteil bis zur Vernichtung. Der Anti-

semitismus 1700–1933, München 1989; Shulamit Volkov, Jüdisches Leben und Antisemitismus im 19. und 20. Jahrhundert, München 1990.
2 Christian Conrad Wilhelm von Dohm, Über die bürgerliche Verbesserung der Juden, Berlin und Stettin 1781 und 1783, Erster Teil, S. 86.
3 Jacob Katz, Die Hep-Hep-Verfolgungen des Jahres 1819, Berlin 1994.
4 Rainer Erb, Werner Bergmann, Die Nachtseite der Judenemanzipation. Der Widerstand gegen die Integration der Juden in Deutschland 1780–1860, Berlin 1989.
5 Hans-Günter Zmarzlik, Der Sozialdarwinismus in Deutschland als geschichtliches Problem, in: Vierteljahrshefte für Zeitgeschichte 11(1963), S. 246–273.
6 Siehe dazu jetzt: Der «Berliner Antisemitismusstreit». Die Kontroverse um die Zugehörigkeit der deutschen Juden zur Nation 1879–1881. Eine Quellenedition im Auftrag des Zentrums für Antisemitismusforschung, bearbeitet von Karsten Krieger, München 2003.
7 Heinrich von Treitschke, Unsere Aussichten, in: Preußische Jahrbücher, November 1879, zit. nach Heinrich von Treitschke, Deutsche Kämpfe. Neue Folge. Schriften zur Tagespolitik, Leipzig 1896, S. 1 f.
8 Heinrich von Treitschke, Zur inneren Lage am Jahresschlusse, 10. Dez. 1880, ebenda, S. 126 f.
9 Wilhelm Marr, Goldene Ratten und rothe Mäuse, Chemnitz o. J. [1880] (Antisemitische Hefte Nr. 2), S. 29.
10 Otto Glagau, Der Börsen- und Gründungs-Schwindel in Berlin. Gesammelte und stark vermehrte Artikel der «Gartenlaube», Leipzig 1876, S. XXX.
11 Wilhelm Marr, Der Sieg des Judenthums über das Germanenthum. Vom nicht confessionellen Standpunkt aus betrachtet, Bern 1879 (6. Auflage), Vorwort.
12 Ebenda, S. 6.
13 Ebenda, S. 24.
14 Ebenda, S. 25.
15 Der Mauscheljude. Von einem deutschen Advokaten. Ein Volksbüchlein für deutsche Christen aller Bekenntnisse, Paderborn 1879, S. 5.
16 Anzeige des Verlags M. Schulze, Berlin, in: Ernst Henrici, Was ist der Kern der Juden-Frage?, Berlin 1881.
17 Berliner-Börsen-Courier 12. 11. 1880 (u. a. liberale Zeitungen).

18 Adolf Stoecker, Christlich-sozial. Reden und Aufsätze, Berlin 1890 (2. Auflage), S. 368 f.
19 Ebenda, S. 410.
20 Ebenda, S. 483.
21 Werner Jochmann, Antisemitismus im Deutschen Kaiserreich 1871–1914, in: ders., Gesellschaftskrise und Judenfeindschaft in Deutschland 1870–1945, Hamburg 1988, S. 44 f.
22 Eugen Dühring, Die Judenfrage als Racen-, Sitten- und Culturfrage. Mit einer weltgeschichtlichen Antwort, Karlsruhe/Leipzig 1881 (2. verbesserte Auflage), S. 153.
23 Otto Glagau, Des Reiches Noth und der neue Culturkampf, Osnabrück 1879, S. 282.
24 Ebenda, S. 113 f.
25 Thomas Frey (d. i. Theodor Fritsch), Antisemiten-Katechismus. Eine Zusammenstellung des wichtigsten Materials zum Verständniß der Judenfrage, Leipzig 1887 (2. vermehrte und verbesserte Auflage), S. 14.
26 Christian Conrad Wilhelm von Dohm, Über die bürgerliche Verbesserung der Juden, Teil I Berlin und Stettin 1781, S. 17.
27 Thomas Frey, Das ABC der Sozialen Frage, Leipzig o. J. [1892] (Kleine Aufklärungs-Schriften Nr. 1), S. 9 f.
28 Anzeige ebenda.
29 Houston Stewart Chamberlain, Die Grundlagen des 19. Jahrhunderts, München 1922 (14. Auflage), S. 287 f.
30 Richard Wagner, Das Judentum in der Musik. 1869, hrsg. von Phil. Stauff, Weimar 1914, S. 10; vgl. Jens Malte Fischer, Richard Wagners «Das Judentum in der Musik». Entstehung – Kontext – Wirkung, in: Dieter Borchmeyer/Ami Maayani/Susanne Vill (Hrsg.), Richard Wagner und die Juden, Stuttgart/Weimar 2000, S. 35–54.
31 Ebenda, S. 11.
32 Werner Bergmann, Geschichte des Antisemitismus, München 2002, S. 44.
33 Ernst Henrici, Was ist der Kern der Juden-Frage? Vortrag, gehalten am 13. Januar 1880, Berlin 1881, S. 13.
34 Otto Böckel, Nochmals: Die Juden – die Könige unserer Zeit. Eine neue Ansprache an das deutsche Volk, Berlin 1901 (zweites Zehntausend), S. 1.
35 Ebenda, S. 5 f.
36 Otto Böckel, Die Quintessenz der Judenfrage. Ansprache an seine Wähler und alle deutsch-nationalen Männer im Vaterlande, Marburg 1889, S. 6.
37 Verhandlungen des Reichstags, 6. 3. 1895.

38 Juden-Sünden. Die Kunst, reich zu werden, München um 1900.
39 Werner T. Angress, Das deutsche Militär und die Juden im Ersten Weltkrieg, in: Militärgeschichtliche Mitteilungen 19/1 (1976), S. 77–146.
40 Jürgen Matthäus, Deutschtum and Judentum under Fire. The Impact of the First World War on the Strategies of the Centralverein and the Zionistische Vereinigung, in: Leo Baeck Institute Year Book 33 (1988), S. 129–147.
41 Adolf Hitler, Mein Kampf, München 1925 und 1927, Ausgabe 1937 (248.–251. Auflage), S. 357.
42 Zit. nach Christoph Cobet, Der Wortschatz des Antisemitismus in der Bismarckzeit, München 1973, S. 133.
43 Ottomar Beta, Darwin, Deutschland und die Juden oder der Juda-Jesuitismus, Berlin 1875, S. 34.
44 Die Tagebücher von Joseph Goebbels. Sämtliche Fragmente, hrsg. von Elke Fröhlich, Teil I, Bd. 4, München 1987, S. 286 (Eintragung vom 18. 8. 1940). Dazu stehen die Behauptungen des Regisseurs in Kontrast, der gegen den massiven Druck von Goebbels die antisemitische Tendenz des Films abgemildert haben und überhaupt, wie die Hauptdarsteller, über den Auftrag sehr unglücklich gewesen sein will. Veit Harlan, Im Schatten meiner Filme, Gütersloh 1966, S. 100 f.
45 Jürgen Matthäus u. a., Ausbildungsziel Judenmord? «Weltanschauliche Erziehung» von SS, Polizei und Waffen-SS im Rahmen der «Endlösung», Frankfurt a. M. 2003, S. 64 f.; Veit Harlan, Im Schatten meiner Filme, Gütersloh 1966, S. 130.
46 Text im Institut für Sprache und Kommunikation (Abt. Medienwissenschaft/Medienberatung) der TU Berlin.
47 Das Reich 29. 9. 1940; Erika Martens, Zum Beispiel Das Reich. Zur Phänomenologie der Presse im totalitären Regime, Köln 1972, S. 277; Otto Köhler, Wir Schreibmaschinentäter. Journalisten unter Hitler – und danach, Köln 1989, S. 260.

Die Brückenfunktion der Judenfeindschaft
zwischen der Mitte der Gesellschaft und dem Rechtsextremismus

1 Antisemitismus vom Mieterverein. Bubis über Brief befremdet, in: Allgemeine Jüdische Wochenzeitung 3. 11. 1994.
2 Prozessunterlagen und Pressedokumentation im Zentrum für Antisemitismusforschung, TU Berlin.
3 Im Zusammenhang mit der Einstellung des Verfahrens und der

Zahlung von DM 4000,– Geldbuße an eine Kinderklinik bedauerte Pater Streithofen schließlich seine Äußerungen. Tagesspiegel, Berlin 3. 5. 1994.
4 Schönhuber hatte nach dem Brandanschlag auf die Synagoge in Lübeck Bubis vorgeworfen, er treibe Volksverhetzung und sei schuld am Antisemitismus in Deutschland. Am 4. März 1994 erstattete er Anzeige gegen den Vorsitzenden des Zentralrats der Juden «wegen Volksverhetzung und Verleumdung» (vgl. Frankfurter Rundschau 30. 3. 1994). Breite öffentliche Empörung richtete sich daraufhin gegen Schönhuber.
5 «Wer ist Bubis wirklich»? Drehungen und Wendungen des Zentralratschefs, in: National-Zeitung 7. 10. 1994.
6 Bubis – Vorbild für die Deutschen? Warum er Zuchthaus bekam, in: National-Zeitung 2. 9. 1994.
7 Ebenda.
8 Prozeß gegen den Bordellkönig, in: National-Zeitung 7. 10. 1994.
9 Vgl. dazu Wolfgang Benz, Die «Auschwitz-Lüge», in: Rolf Steininger (Hrsg.), Der Umgang mit dem Holocaust. Europa-USA-Israel, Wien 1994, S. 103–115.
10 Dazu folgende herausgegriffene Beispiele von Balken-Überschriften jeweils auf der 1. Seite der National-Zeitung vom Frühjahr 1994: «Lügen über Auschwitz. Neuer Holocaust-Film» (4. 3. 1994); «Streit um KZ-Millionen. Wo Holocaust-Zweifel erlaubt sind» (1. 4. 1994); «Was heißt ‹Auschwitz-Lüge›? Zweifel sollen bestraft werden» (15. 4. 1994); «Auschwitz: Wieviel Tote sind erfunden? Was die Deutschen nicht wissen sollen» (6. 5. 1994); «‹Auschwitz-Lüge› – Was darf man sagen? Neues Urteil gegen Meinungsfreiheit» (13. 5. 1994); «Auschwitz: Was war wirklich? Neues Sondergesetz gegen Zweifel» (20. 5. 1994). Die Blütenlese ließe sich beliebig fortsetzen.
11 Schindlers Liste = Schwindlers List? Hintergründe und Hintermänner des Rummels, in: National-Zeitung 1. 4. 1994.
12 Israels Macht in Deutschland, in: National-Zeitung 31. 10. 2003.
13 Kommen die Zigeuner? Die Folgen der EU-Erweiterung, National-Zeitung 10. 10. 2003.
14 Vgl. Rainer Erb, Antisemitismus in der rechten Jugendszene, in: Werner Bergmann, Rainer Erb (Hrsg.), Neonazismus und rechte Subkultur, Berlin 1994, S. 31–76.
15 Landgericht Mannheim, Urteil in der Strafsache gegen Günter Anton Deckert, 22. Juni 1994 (Kopie im Zentrum für Antisemitismusforschung TU Berlin).
16 Ebenda.

Erster Exkurs.

Wissenschaft und Vorurteil:
Über Sigmund Freud und die Psychoanalyse

1 Annemarie Dührssen, Ein Jahrhundert Psychoanalytische Bewegung in Deutschland. Die Psychotherapie unter dem Einfluß Freuds, Göttingen/Zürich 1994.
2 Deutsche Psychoanalytische Gesellschaft, Prof. Dr. Michael Ermann an die Vorsitzenden und Vorstände der Deutschen Gesellschaft für analytische Psychologie, der Deutschen Gesellschaft für Individualpsychologie, der Deutschen Gesellschaft zur Psychoanalyse, Psychotherapie, Psychosomatik und Tiefenpsychologie und der Deutschen Psychoanalytischen Vereinigung, 30. 5. 1995, Kopie u. a. im Archiv des Zentrums für Antisemitismusforschung, TU Berlin.
3 Annemarie Dührssen, Ein Jahrhundert Psychoanalytische Bewegung, S. 33.
4 Ebenda, S. 34.
5 Ebenda, S. 34.
6 Ebenda, S. 184.
7 Ebenda, S. 185.
8 Ebenda, S. 185.
9 Ebenda, S. 187.
10 Anton van Miller, Deutsche und Juden, Mährisch-Ostrau 1936.
11 Ebenda, S. 177 f.
12 Franz Rudolf Bienenfeld, Die Religion der religionslosen Juden, Wien 1939, Neuauflage 1955.
13 Vgl. Evelyn Adunka, Franz Rudolf Bienenfeld, Ein Pionier der Menschenrechtsgesetze, in: David. Jüdische Kulturzeitschrift, Heft Nr. 45, Juli 2000.
14 Ebenda, S. 188.
15 Ebenda, S. 191.
16 Theodor Lessing, Der jüdische Selbsthaß, Berlin 1930.
17 Hervorhebungen von der Autorin.
18 Annemarie Dührssen, Ein Jahrhundert Psychoanalytische Bewegung, S. 198.

Zweiter Exkurs.

Das Konstrukt der Holocaust-Industrie

1 Norman G. Finkelstein, Die Holocaust-Industrie. Wie das Leiden der Juden ausgebeutet wird, München/Zürich 2000.
2 Ruth Bettina Birn, Norman G. Finkelstein, Eine Nation auf dem Prüfstand. Die Goldhagen-These und die historische Wahrheit, Hildesheim 1998.
3 Ernst Piper (Hrsg.), Gibt es wirklich eine Holocaust-Industrie? Zur Auseinandersetzung um Norman Finkelstein, Zürich/München 2001; s.a. Rolf Surmann (Hrsg.), Das Finkelstein-Alibi. «Holocaust-Industrie» und Tätergesellschaft, Köln 2001.
4 Petra Steinberger (Hrsg.), Die Finkelstein-Debatte, München/Zürich 2001.
5 Peter Novick, Nach dem Holocaust. Der Umgang mit Massenmord, Stuttgart/München 2001.
6 Salomon Korn, in: Die Woche, zit. nach Piper, Gibt es wirklich eine Holocaust-Industrie?, S. 20.
7 Walter Ochensberger, in: Phoenix/Top Secret 4/2000, zit. nach Martin Dietzsch, Alfred Schobert (Hrsg.), Ein «jüdischer David Irving»? Norman G. Finkelstein im Diskurs der Rechten – Erinnerungsabwehr und Antizionismus, Duisburg 2001, S. 101.
8 Horst Mahlers Internet-Homepage «Werkstatt Neues Deutschland», 15.10.2000, zit. nach ebenda, S. 80.

Antisemitismus ohne Antisemiten.
Die Affäre Möllemann

1 Vgl. Mona Körte, Erlkönigs Kinder. Überlegungen zu Martin Walsers Roman «Tod eines Kritikers», in: Jahrbuch für Antisemitismusforschung 11 (2002), S. 295–310.
2 Der «Berliner Antisemitismusstreit» 1879–1881. Kommentierte Quellenedition. Im Auftrag des Zentrums für Antisemitismusforschung bearbeitet von Karsten Krieger, München 2003.
3 Jürgen W. Möllemann, Klartext. Für Deutschland, München 2003.
4 Helmut Markwort in Focus 22/2002, zit. nach ebenda, S. 171.
5 Jürgen W. Möllemann, Klartext, S. 170.
6 Ebenda, S. 117.

7 Ebenda, S. 111.
8 Ebenda, S. 112.
9 Christoph Schlingensief, in: eigentümlich frei Nr. 25, Juni 2002, zit. nach Jürgen W. Möllemann, Klartext, S. 118.
10 Das Faltblatt «Klartext. Mut. Möllemann» wurde im August 2002 verbreitet. Es ist bei Möllemann, Klartext, zwischen den Seiten 128 und 129 abgebildet.

*Die Affäre Hohmann –
das Lehrstück zur Instrumentierung des
patriotischen Projekts*

1 Alle Zitate aus der Rede Martin Hohmanns nach dem vollständigen Text aus dem Internet, der als Ausdruck (10 Seiten) unter dem Datum 29. 10. 2003 vom Hessischen Rundfunk zur Verfügung gestellt wurde.
2 Wortlaut des Briefes in der Süddeutschen Zeitung 6. 11. 2003.
3 In einem Interview mit der Berliner Morgenpost («Ich bin wie ein Hühnerdieb davongejagt worden», 11. 12. 2003) sagte Güntzel: «Ich habe mich für die unaufgeforderte Zusendung seiner Rede bedankt. Ich habe sie grob überflogen, fand an ihr nichts auszusetzen und habe meiner Sekretärin den Brief diktiert. Es war zunächst einmal ein Akt der Höflichkeit ... Erst vier Tage später, nach Beginn der Kampagne, habe ich sie vollständig gelesen.»
4 Deutschlandfunk, Sendung «Schalom – Jüdisches Leben heute». Jüdische Vergangenheitsbewältigung aus der Sicht eines Christen, von Joseph Biolek, 6. 9. 1992, 8.25 Uhr. Nach erheblichen öffentlichen Protesten wurde der Autor des Pamphlets als Redakteur der Sendereihe abgelöst. Vgl. Allgemeine Jüdische Wochenzeitung 24. 9. 1992, dort auch der Wortlaut der Sendung.
5 Wolfgang Benz, Tradition und Trauma. Wiederbelebter Antisemitismus in Osteuropa, in: Juden und Antisemitismus in Ost- und Südeuropa, Berlin 1994.
6 Vgl. Daniel Gerson, Der Jude als Bolschewist. Die Wiederbelebung eines Stereotyps, in: Wolfgang Benz (Hrsg.), Antisemitismus in Deutschland, S. 157–180.
7 Sonja Margolina, Das Ende der Lügen. Rußland und die Juden im 20. Jahrhundert, Berlin 1992.
8 Ebenda, S. 55.
9 Zur Kritik vgl. Juliane Wetzel, Ein Ende der Lügen?, in: Jahrbuch für Antisemitismusforschung 2 (1993), S. 359–377.

10 Wochenspruch der NSDAP, Hrsg. Reichspropagandaleitung Folge 40, 28. 9.– 4. 10. 1941, Zentralverlag der NSDAP München.
11 Vgl. Ausstellungspublikation: Reichspropagandaleitung der NSDAP (Hrsg.), Der «Ewige» Jude, Berlin 1938, S. 19.
12 Herman Fehst, Bolschewismus und Judentum. Das jüdische Element in der Führerschaft des Bolschewismus, Berlin/Leipzig 1934, S. 5.
13 Parole der Woche. Eine Wandzeitung im Dritten Reich 1936– 1943, hrsg. von Franz-Josef Heyen, München 1983, S. 41 und 132 f.
14 Zit. nach Völkischer Beobachter 15. 4. 1943, Bremer Zeitung 15. 4. 1943, Brüsseler Zeitung 15. 4. 1943 und Jay W. Baird, The Mythical World of Nazi War Propaganda 1939–1945, Univ. of Minnesota 1974, S. 198.
15 Hohmann stützte sich, wie der Internetfassung seiner Rede zu entnehmen ist, auf ein Buch, das vorgibt, den Mythos vom «jüdischen Bolschewismus» wissenschaftlich zu analysieren: Johannes Rogalla von Bieberstein, «Jüdischer Bolschewismus». Mythos und Realität. Mit einem Vorwort von Ernst Nolte, Dresden 2002. Der Begriff Mythos wird dort freilich, wie Nolte betont, nicht nur als Wahnvorstellung, sondern als «der begeisternde oder auch fanatisierende Impuls» vertreten, «der eine tatsächlich vorhandene Wirklichkeit zuspitzend und verzerrend überformt». Auf der Suche nach dem angeblich «verstehbaren und überprüfbaren Kern in der Wirklichkeit» ist Hohmann dem Autor dann lieber gefolgt als bei der Analyse des Wahnhaften, die natürlich dort auch nicht geleistet wird.
16 Das Pamphlet des amerikanischen Auto-Königs ging auf eine Artikelserie zurück, mit der Henry Ford in der Wochenschrift «The Dearborn Independent» von Mai bis Oktober 1920 auf der Grundlage der «Protokolle der Weisen von Zion» gegen vermeintliche jüdische Weltherrschaftspläne agitiert hatte. Als Buch erschien der Text 1921 in den USA und bald darauf auch in Deutschland: Henry Ford, Der internationale Jude, Leipzig 1927 (27. Auflage).
17 Anzeige Appell an Angela Merkel und Edmund Stoiber: Kritische Solidarität mit Martin Hohmann, Frankfurter Allgemeine Zeitung 25. 11. 2003.
18 Alle zitierten Zuschriften an das ZDF in Kopie im Archiv des Zentrums für Antisemitismusforschung, TU Berlin.
19 Die zitierten Meinungsäußerungen zur WDR-Sendung «Hallo Ü-Wagen» am 6. 12. 2003 befinden sich in Kopie im Archiv des Zentrums für Antisemitismusforschung, TU Berlin.

Jüdische Weltverschwörung?
Vom zähen Leben eines Konstrukts

1 Michael Hagemeister, Wer war Sergej Nilus? Versuch einer biographischen Skizze, in: Ostkirchliche Studien 40 (1991), S. 49–63, zit. S. 53.
2 Michael Hagemeister, Sergej Nilus und die «Protokolle der Weisen von Zion». Überlegungen zur Forschungslage, in: Jahrbuch für Antisemitismusforschung 5 (1996), S. 127–147.
3 Gottfried zur Beek (Hrsg.), Die Geheimnisse der Weisen von Zion, München 1930 (10. Auflage), S. 27.
4 Ebenda, S. 27 f.
5 Gottfried zur Beek (Hrsg.), Die Geheimnisse der Weisen von Zion, München 1930 (10. Auflage), S. 27.
6 Ebenda, S. 15.
7 Die Zionistischen Protokolle. Das Programm der internationalen Geheim-Regierung. Aus dem Englischen übersetzt nach dem im Britischen Museum befindlichen Original. Mit einem Vor- und Nachwort von Theodor Fritsch, Leipzig 1924, S. 3.
8 Ebenda, S. 79.
9 Alfred Rosenberg, Die Protokolle der Weisen von Zion und die jüdische Weltpolitik, München 1923 (10. Aufl. 1933).
10 Vgl. Hans Sarkowicz, Die Protokolle der Weisen von Zion, in: Karl Corino (Hrsg.), Gefälscht! Betrug in Politik, Literatur, Wissenschaft, Kunst und Musik, Frankfurt a. M. 1990, S. 67.
11 The Jewish Peril. Protocols of the Learned Elders of Zion, London 1920.
12 Colin Holmes, New light on the «Protocols of Zion», in: Patterns of Prejudice 11 (1977), Nr. 6, S. 13–22.
13 Robert Singerman, The American Career of the Protocols of the Elders of Zion, in: American Jewish History 71 (1981), S. 48–78.
14 Binjamin Segel, Die Protokolle der Weisen von Zion kritisch beleuchtet. Eine Erledigung, Berlin 1924, S. XII. Vgl. auch das mit ähnlich aufklärerischem Anspruch für die USA geschriebene Buch: Herman Bernstein, The Truth about «The Protocols of Zion». A complete Exposure, New York 1935.
15 Die zionistischen Protokolle (s. Anm. 7), S. 77.
16 Urs Lüthi, Der Mythos von der Weltverschwörung. Die Hetze der Schweizer Frontisten gegen Juden und Freimaurer – am Beispiel des Berner Prozesses um die «Protokolle der Weisen von Zion», Basel 1992; vgl. Emil Raas, Georges Brunschvig, Vernichtung und

Fälschung. Der Prozeß um die erfundenen «Weisen von Zion», Zürich 1938.
17 Vgl. Ulrich Fleischhauer, Die echten Protokolle der Weisen von Zion, Erfurt 1935; vgl. Hans Jonak von Freyenwald (Hrsg.), Der Berner Prozeß um die Protokolle der Weisen von Zion. Akten und Gutachten, Erfurt 1939. S. a. Stephan Vász, Das Berner Fehlurteil, Erfurt 1935.
18 Vgl. Yaacov Tsigelman, «The Universal Jewish Conspiracy» in Soviet Anti-Semitic Propaganda, in: Theodore Freedman (Hrsg.), Anti-Semitism in the Soviet Union: Its Roots and Consequences, New York 1984, S. 394–421.
19 Arnold Zweig, Bilanz der deutschen Judenheit. Ein Versuch, Amsterdam 1934, Neudruck Leipzig 1991, S. 83 f.
20 Adolf Hitler, Mein Kampf, München 1925 und 1927, Ausgabe 1937 (248.-251. Auflage), S. 337.
21 Alle Nachweise in: Holger Schlösser, Traditionelle antisemitische Stereotypen im Internet: «Die Protokolle der Weisen von Zion», Magisterarbeit TU Berlin, Oktober 2003, hier S. 39.
22 Ebenda, S. 34.
23 AllMystery.de Forum: Die Protokolle der Weisen von Zion, Quelle: *http://www.allmystery.de/system/forum/data/gg1566.shtml*.
24 «Politikerfilz – Forum! Die Skandale der Politiker-Marionetten!» *http://www.politikerfilz.com/forum.htm*.
25 Ahmed Rami, Israels Politik bestätigt die Echtheit der Protokolle der Weisen von Zion. Quelle: *http://abbc.com/protocols/d-intro.htm*. Der Artikel findet sich auch auf den revisionistischen Websites Wilhelm Tell und Ostara. Quelle: *http://www.ety.com/tell/politik/israel_politik.htm* und *http://www.ostara.org/g-books/zion19.htm;* Ahmed Rami, Ein moderner Hexenprozess. 10. Kapitel. Wir brauchen eine geistige Erneuerung. *http://www.abbc.com/historia/zion/process/10.htm*.
26 Ahmed Rami, Israels Politik bestätigt die Echtheit der Protokolle der Weisen von Zion. *http://abbc.com/protocols/d-intro.htm*.
27 Ebenda.
28 The Charter of Allah: The Platform of the Islamic Resistance Movement (HAMAS). Quelle: *http://www.fas.org/irp/world/para/docs/880818.htm*, der gleiche Wortlaut unter *http://www.palestomecenter-prg/cpap/documents/charter.html*.
29 Anti Defamation League New York, Reaction of World Leaders 24. 10/18. 12. 2003.
30 Mahatirs dumpfe Klassiker, in: Süddeutsche Zeitung 22. 10. 2003.

31 Matthias Günzel, Djihad und Judenhass. Über den neuen Antijüdischen Krieg; ders., Wer Antisemitismus sät, wird Dschihad ernten, in: Frankfurter Rundschau 21.11.2003.

Jeder fünfte Deutsche
ein Antisemit?

1 EMNID, Antisemitismus. Repräsentativbefragung im Auftrag des WDR, 1986; EMNID, Zeitgeschichte, Bielefeld 1989; Institut für Demoskopie Allensbach, Renate Köcher: Ausmaß und Formen des heutigen Antisemitismus in der Bundesrepublik Deutschland, Allensbach 1987.
2 Werner Bergmann, Rainer Erb, Antisemitismus in der Bundesrepublik Deutschland, Ergebnisse der empirischen Forschung von 1946–1989, Opladen 1991, S. 57 f.; vgl. Werner Bergmann, Rainer Erb, Wie antisemitisch sind die Deutschen? Meinungsumfragen 1945–1994, in: Wolfgang Benz (Hrsg.), Antisemitismus in Deutschland. Zur Aktualität eines Vorurteils, München 1995, S. 47–63.
3 Spiegel-Umfrage 1992, in: Spiegel-Spezial 2/1992: Juden und Deutsche, S. 70.
4 Umfrageergebnisse des Instituts TNS-Emnid im Auftrag der Welt, November 2003; Deutsche sehen sich nicht als Antisemiten, in: Die Welt 10.11.2003.

Wie viel Israelkritik
ist erlaubt?

1 Furcht vor Antisemitismus, in: Der Tagesspiegel 5.11.2003.
2 Unberücksichtigt dabei bleibt in der Regel, dass es eine kritische Öffentlichkeit in Israel gibt, die Missstände wahrnimmt und diskutiert. Vgl. dazu Amira Hass, Gaza. Tage und Nächte in einem besetzten Land, München 2003.
3 Der Bundesbeauftragte für die Unterlagen des Staatssicherheitsdienstes der ehemaligen DDR (Hrsg.), Das Wörterbuch der Staatssicherheit. Definitionen des MfS zur «politisch-operativen Arbeit», Berlin 1993, S. 465 f.
4 Kopie im Archiv des Zentrums für Antisemitismusforschung, TU Berlin.
5 Der Stürmer Nr. 8, 19.2.1942.

6 Korrespondenz im Zentrum für Antisemitismusforschung, TU Berlin.
7 «Der Vorwurf des Antisemitismus wird auch als Knüppel benutzt», Interview mit Norbert Blüm, in: Der Stern Nr. 26, 20. 6. 2002.
8 Zit. nach Jungle World Nr. 16, 10. 4. 2002.
9 Der Spiegel 42/2000.
10 Frankfurter Allgemeine Sonntagszeitung 9. 12. 2001 (Yahya Sezai Tezel, «Das Problem heißt Israel»).

Judenfeindschaft in Europa

1 Ralf Berhorst, Schmerzliche Signale. Die OSZE-Konferenz zum Antisemitismus in Berlin, in: Süddeutsche Zeitung 30. 4./12. 5. 2004.
2 Anti-Defamation League, European Attitudes Toward Jews, Israel and the Palestinian-Israeli Conflict (France, Denmark, United Kingdom, Germany, Belgium), New York June 27, 2002; Anti-Defamation League, European Attitudes Toward Jews: A five Country Survey, (Switzerland, Spain, Italy, Austria, The Netherlands) New York October 2002.
3 Bernard Lewis, «Treibt sie ins Meer!» Die Geschichte des Antisemitismus, Frankfurt a. M. 1987; Esther Webman, Die Rhetorik der Hisbollah: die Weiterführung eines antisemitischen Diskurses, in: Jahrbuch für Antisemitismusforschung 12 (2003), S. 39–55; Juliane Wetzel, Die internationale Rechte und der arabische Antizionismus im World Wide Web, ebenda, S. 121–144.
4 Raffarin warnt vor Antisemitismus, in: Frankfurter Allgemeine Zeitung 4. 5. 2004.
5 Gerd Kröncke, Eklat in der Nationalversammlung, in: Süddeutsche Zeitung 30. 4./1./2. 5. 2004.
6 Werner Bergmann, Juliane Wetzel, Manifestations of Anti-Semitism in the European Union. Synthesis Report, Feb. 2003, S. 63–67. www.cohn-bendit.de.
7 Ebenda, S. 77–81.
8 Vgl. Poland, in: Dina Porat, Roni Stauber (Hrsg.), Anti-Semitism Worldwide 1999/2000, Tel Aviv 2001, S. 161–166.
9 Zdzislaw Krasnodebski, Polens Stolz, in: Wrprost 31. 12. 2003, zit. nach Das Wort, Quartalschrift Nr. 62 (Winter 2004), S. 44.
10 András Kovács, Antisemitismus im heutigen Ungarn. Ein Forschungsbericht, in: Jahrbuch für Antisemitismusforschung 8

(1999), S. 195–227; ders., Jews and Jewry in contemporary Hungary: Results of a sociological survey, London (Institute for Jewish Policy Research) 2004.
11 Vgl. Dietrich Geyer, Das Ende des Sowjetimperiums. Eine historische Betrachtung, in: Osteuropa 42 (1992), S. 295–302.
12 Literaturnaja Gazeta Nr. 22, 5. 6. 1991.
13 «Solidarisch mit den gesunden patriotischen Kräften ...» Gespräch mit einem führenden Funktionär der «Pamjat»-Bewegung in der Sowjetunion, in: Osteuropa 41 (1991), S. A88–A94.
14 Attitudes toward Jews in the Soviet Union: A National Survey. Conducted for the American Jewish Committee by the Sovietcenter for Public Opinion and Market Research, Moscow, October 1990.
15 Die öffentliche Erklärung erschien am 19. 6. 1992 in der Zeitung Lauku Avize («Land-Zeitung»).

Antisemitismus in der Schweiz und in Österreich

1 Vgl. Jacques Picard, Die Schweiz und die Juden 1933–1945. Schweizerischer Antisemitismus, jüdische Abwehr und internationale Migrations- und Flüchtlingspolitik, Zürich 1994.
2 Eidgenössische Kommission gegen Rassismus (Hrsg.), Antisemitismus in der Schweiz. Ein Bericht zu historischen und aktuellen Erscheinungsformen mit Empfehlungen für Gegenmaßnahmen, Bern 1998.
3 Dokumentiert im monatlichen Dienst: Parlamentarische Gruppe gegen Rassismus und Fremdenfeindlichkeit/Groupe Parlementaire Contre le Racisme et la Xénophobie (Hrsg.), Berichte über Rassismus und Fremdenfeindlichkeit in den Medien/Rapports sur le Racisme et la Xénophobie dans le médias, Zürich; s. a. Hans Stutz, Rassistische Vorfälle in der Schweiz. Eine Chronologie und eine Einschätzung, jährlich publiziert von der Gesellschaft Minderheiten in der Schweiz.
4 Georg Kreis, Judenfeindschaft in der Schweiz, in: Jüdische Lebenswelt Schweiz. 100 Jahre Schweizerischer Israelitischer Gemeindebund, Zürich 2004, S. 423–445, zit. S. 435.
5 Hans Stutz, Rassistische Vorfälle, Ausgabe 1997, S. 138.
6 Vgl. Birgit R. Erdle, Daniel Wildmann, Die Macht, das Geld und die Juden. Essay zum öffentlichen Umgang mit Antisemitismus in der Schweiz, in: traverse. Zeitschrift für Geschichte 1998, H. 1, S. 150–156.

7 Georg Kreis, Judenfeindschaft in der Schweiz, S. 436.
8 Auftraggeber waren die Coordination Intercommunautaire Contre l'Antisémitisme et la Diffamation (Genf) und das American Jewish Committee (New York).
9 Robert Knight (Hrsg.), «Ich bin dafür, die Sache in die Länge zu ziehen». Die Wortprotokolle der österreichischen Bundesregierung von 1945–1952 über die Entschädigung der Juden, Frankfurt a. M. 1988, (Vorwort).
10 Vgl. Doris Sottopietra, Variationen eines Vorurteils. Eine Entwicklungsgeschichte des Antisemitismus in Österreich, Wien 1997; John Bunzl, Bernd Marin, Antisemitismus in Österreich. Sozialhistorische und soziologische Studien, Innsbruck 1983.
11 Richard Mitten, The Politics of Antisemitic Prejudice. The Waldheim Phenomenon in Austria, Boulder/San Francisco/Oxford 1992.
12 Zu den Traditionen der Judenfeindschaft in Österreich vgl. Peter Pulzer, Spezifische Momente und Spielarten des österreichischen und des Wiener Antisemitismus, in: Gerhard Botz u. a. (Hrsg.), Eine zerstörte Kultur. Jüdisches Leben und Antisemitismus in Wien seit dem 19. Jahrhundert, Wien 2002, S. 129–144; Bruce F. Panley, From Prejudice to Persecution. A History of Austrian Antisemitism, Chapel Hill/London 1992.
13 Der Antisemitismus in Österreich ist gut erforscht, sowohl durch historische und diskursanalytische Studien als auch durch soziologische Arbeiten und Meinungsumfragen. Vgl. insbesondere Bernd Marin, Antisemitismus ohne Antisemiten. Autoritäre Vorurteile und Feindbilder, Wien 2000; Heinz P. Wassermann, Antisemitismus in Österreich nach 1945. Eine empirische Bestandsaufnahme, in: Jahrbuch für Antisemitismusforschung 10 (2001), S. 156–183.
14 Anti Defamation League (Hrsg.), European Attitudes toward Jews: A five Country Survey, New York 2002.
15 S. Anm. 9.
16 Evelyn Adunka, Antisemitismus in der Zweiten Republik. Ein Überblick anhand einiger ausgewählter Beispiele, in: Heinz P. Wassermann (Hrsg.), Antisemitismus in Österreich nach 1945. Ergebnisse, Positionen und Perspektiven der Forschung, Innsbruck 2002, S. 12–65, zit. S. 5.
17 Ebenda, S. 29.
18 Ebenda, S. 34.
19 Tiroler Tageszeitung 6. 10. 1966, zit. nach Benedikt Erhard u. a. (Hrsg.), Antisemitismus Tirol 1980, Wien 1981, S. 71. Die Broschüre dokumentiert den Skandal, den ein Artikel des stellvertre-

tenden Chefredakteurs Rupert Kever in der Tiroler Tageszeitung in Innsbruck am 16. Februar 1980 ausgelöst hatte. Der Beitrag, von dem sich die Zeitung nie distanzierte, zu dem auch nur zustimmende Leserbriefe gedruckt wurden, hatte den Tenor «daß am Judentum selbst zu suchen ist, was einen einigermaßen harmonischen Dialog zwischen den Religionen bisher verhindert hat. Der Artikel listet die Schuld einzelner Juden (bzw. wen der Verfasser dafür hält wie z. B. Bert Brecht) nach den bekannten Mustern der Schuldzuweisung auf: «Anarchie und Nihilismus sind ebenso Kinder jüdischer Intellektualität wie der moderne Atheismus und Agnostizismus» (ebenda, S. 99).

20 Evelyn Adunka, Antisemitismus in der Zweiten Republik, S. 38.
21 Bernd Marin, «Die Juden» in der Kronen-Zeitung. Textanalytisches Fragment zur Mythenproduktion 1974, in: John Bunzl, Bernd Marin, Antisemitismus in Österreich. Sozialhistorische und soziologische Studien, Innsbruck 1983, S. 89–192.
22 Heinz P. Wassermann, Bei den Vettern von Dingsda. Zur Rezeption (bundes)deutscher antisemitischer Skandale in Österreich, in: ders. (Hrsg.), Antisemitismus in Österreich nach 1945, S. 216–253, zit. S. 239 f.
23 Viktor Reimann, Neue Kronen-Zeitung 22. 6. 1986, zit. nach Helmut Gruber, Antisemitismus im Mediendiskurs. Die Affäre «Waldheim» in der Tagespresse, Wiesbaden 1991, S. 171.
24 Ruth Wodak u. a., «Wir sind alle unschuldige Täter!». Diskurshistorische Studien zum Nachkriegsantisemitismus, Frankfurt a. M. 1990.
25 Peter Pulzer, Spezifische Momente, S. 144 (s. Anm. 12).

Folgerungen:
Was also ist Antisemitismus?

1 Uri Avnery, Who is anti-Semitic, and who is not, in: International Herald Tribune 28. 1. 2004.
2 Ruth Wodak, Rudolf D. Cillia, Sprache und Antisemitismus, Ausstellungskatalog Wien o. J. [1987], S. 26.
3 Dazu Wolfgang Benz (Hrsg.), Dimension des Völkermords. Die Zahl der jüdischen Opfer des Nationalsozialismus, München 1991.
4 Vgl. die Überlegungen zur Mechanik des Ressentiments gegen Juden, die in ein Plädoyer zur emphatischen Aufklärung münden: Theodor W. Adorno, Zur Bekämpfung des Antisemitismus heute, in: Das Argument 6 (1964), S. 88–104.

5 Bernward Dörner, Jugendliche in Deutschland. Beobachtungen aus den Jahren 1998 bis 2002, in: Ute und Wolfgang Benz (Hrsg.), Jugend in Deutschland. Opposition, Krisen und Radikalismus zwischen den Generationen, München 2003, S. 122–140, zit. S. 126.
6 Vgl. Ernst Simmel (Hrsg.), Antisemitismus. Mit Beiträgen von Theodor W. Adorno u. a., Frankfurt a. M. 1993; Detlev Claussen, Grenzen der Aufklärung. Die gesellschaftliche Genese des modernen Antisemitismus, Frankfurt a. M. 1994; Lars Rensmann, Kritische Theorie über den Antisemitismus. Studien zu Struktur, Erklärungspotential und Aktualität, Berlin 1998.
7 Wolfgang Benz, Angelika Königseder (Hrsg.), Judenfeindschaft als Paradigma. Studien zur Vorurteilsforschung, Berlin 2002; Werner Bergmann, Mona Körte (Hrsg.), Antisemitismusforschung in den Wissenschaften, Berlin 2004.
8 Theodor W. Adorno, Studien zum autoritären Charakter, Frankfurt a. M. 1973, S. 123 ff.

Literatur

Theodor W. Adorno, Studien zum autoritären Charakter, Frankfurt a. M. 1973.

Hannah Arendt, The Jew as Pariah: Jewish Identity and Politics in the Modern Age, New York 1978.

Yehuda Bauer, Vom christlichen Judenhaß zum modernen Antisemitismus – Ein Erklärungsversuch, in: Jahrbuch für Antisemitismusforschung 1 (1992), S. 77–90.

Wolfgang Benz (Hrsg.), Antisemitismus in Deutschland. Zur Aktualität eines Vorurteils, München 1995.

Wolfgang Benz, Feindbild und Vorurteil. Beiträge über Ausgrenzung und Verfolgung, München 1996.

Wolfgang Benz, Bilder vom Juden. Studien zum alltäglichen Antisemitismus, München 2001.

Wolfgang Benz, Angelika Königseder (Hrsg.), Judenfeindschaft als Paradigma. Studien zur Vorurteilsforschung, Berlin 2002.

Wolfgang Benz, Antisemitismus ohne Antisemiten? Anmerkungen zur Möllemann-Affäre 2002, in: Tribüne 41 (2002), Heft 163, S. 84–92.

Wolfgang Benz, Die Juden und die nationale Identität. Antisemitismus als gesellschaftliches Problem in Deutschland, in: Deutschland Archiv 37 (2004), S. 475–484.

Georg Christoph Berger Waldenegg, Antisemitismus: Eine gefährliche Vokabel? Zur Diagnose eines Begriffs, in: Jahrbuch für Antisemitismusforschung 9 (2000), S. 108–126.

Werner Bergmann, Rainer Erb (Hrsg.), Antisemitismus in der politischen Kultur nach 1945, Opladen 1990.

Werner Bergmann, Rainer Erb, Privates Vorurteil und öffentliche Konflikte. Der Antisemitismus in Westdeutschland nach 1945, in: Jahrbuch für Antisemitismusforschung 1 (1992), S. 13–41.

Werner Bergmann, Antisemitismus-Umfragen nach 1945 im internationalen Vergleich, in: Jahrbuch für Antisemitismusforschung 5 (1996), S. 172–195.

Werner Bergmann, Antisemitismus in öffentlichen Konflikten. Kollektives Lernen in der politischen Kultur der Bundesrepublik 1949–1989, Frankfurt/New York 1997.

Werner Bergmann, Rainer Erb, Sozialwissenschaftliche Methoden in

der Antisemitismusforschung – Ein Überblick, in: Jahrbuch für Antisemitismusforschung 7 (1998), S. 103–120.
Werner Bergmann, Geschichte des Antisemitismus, München 2002.
Werner Bergmann, Survey-Fragen als Indikatoren für den Wandel in der Wahrnehmung politischer Probleme: Antisemitismus in der Bundesrepublik Deutschland 1949–1998, in: Jahrbuch für Antisemitismusforschung 12 (2003), S. 231–255.
Anne Betten, Konstanze Fliedl (Hrsg.), Judentum und Antisemitismus. Studien zur Literatur und Germanistik in Österreich, Berlin 2003.
Gerhard Botz u. a. (Hrsg.), Eine zerstörte Kultur. Jüdisches Leben und Antisemitismus in Wien seit dem 19. Jahrhundert, Wien 2002.
Elisabeth Brainin, Vera Ligeti, Samy Teicher, Vom Gedanken zur Tat. Zur Psychoanalyse des Antisemitismus, Frankfurt a. M. 1993.
Micha Brumlik, Hajo Funke, Lars Rensmann, Umkämpftes Vergessen. Walser-Debatte, Holocaust-Mahnmal und neuere deutsche Geschichtspolitik, Berlin 2000.
Constantin Brunner, Der Judenhaß und die Juden, Berlin 2004 (Neuausgabe, zuerst 1918).
Manfred Brusten, Wie sympathisch sind uns die Juden? Empirische Anmerkungen zum Antisemitismus aus einem Forschungsprojekt über Einstellungen deutscher Studenten in West und Ost, in: Jahrbuch für Antisemitismusforschung 4 (1995), S. 107–129.
Ignatz Bubis, Juden in Deutschland, Berlin 1996.
Detlev Claussen, Vom Judenhaß zum Antisemitismus. Materialien einer verleugneten Geschichte, Darmstadt 1987.
Detlev Claussen, Grenzen der Aufklärung. Zur gesellschaftlichen Genese des modernen Antisemitismus, Frankfurt a. M. 1994.
Rainer Erb (Hrsg.), Die Legende vom Ritualmord. Zur Geschichte der Blutbeschuldigung gegen Juden, Berlin 1993.
Thomas Haury, «Finanzkapital oder Nation». Zur ideologischen Genese des Antizionismus der SED, in: Jahrbuch für Antisemitismusforschung 5 (1996), S. 148–171.
Thomas Haury, Antisemitismus von links. Kommunistische Ideologie, Nationalismus und Antizionismus, Hamburg 2002.
Johannes Heil, «Antijudaismus» und «Antisemitismus» – Begriffe als Bedeutungsträger, in: Jahrbuch für Antisemitismusforschung 6 (1997), S. 92–114.
Johannes Heil, Antisemitismus, jüdische Geschichte und Jüdische Studien, in: Jahrbuch für Antisemitismusforschung 7 (1998), S. 121–139.
Jüdisches Museum der Stadt Wien (Hrsg.), Die Macht der Bilder. Antisemitische Vorurteile und Mythen, Wien 1995.

Jacob Katz, Vom Vorurteil bis zur Vernichtung. Der Antisemitismus 1700 bis 1933, München 1989.
Johannes Klotz, Gerd Wiegel (Hrsg.), Geistige Brandstiftung? Die Walser-Bubis-Debatte, Köln 1999.
Mona Körte, Erlkönigs Kinder. Überlegungen zu Martin Walsers Roman «Tod eines Kritikers», in: Jahrbuch für Antisemitismusforschung 11 (2002), S. 295–310.
Salomon Korn, Geteilte Erinnerung. Beiträge zur «deutsch-jüdischen» Gegenwart, Berlin 1999 (2. erweiterte Auflage 2001).
Salomon Korn, Die fragile Grundlage. Auf der Suche nach der deutsch-jüdischen «Normalität», Berlin 2003.
Lothar Mertens, Alltäglicher Antisemitismus in der deutschen Provinz? Der Fall Gollwitz, in: Jahrbuch für Antisemitismusforschung 7 (1998), S. 208–225.
Michael Naumann (Hrsg.), «Es muß doch in diesem Lande wieder möglich sein». Der neue Antisemitismusstreit, München 2002.
Ronnie Po-chia Hsia, Trient 1475. Geschichte eines Ritualmordprozesses, Frankfurt a. M. 1997.
Margit Reiter, Unter Antisemitismusverdacht. Die österreichische Linke und Israel nach der Shoah, Innsbruck 2001.
Lars Rensmann, Kritische Theorie über den Antisemitismus. Studien zu Struktur, Erklärungspotential und Aktualität, Berlin 1998.
Lars Rensmann, Demokratie und Judenbild. Antisemitismus in der politischen Kultur der Bundesrepublik Deutschland, Wiesbaden 2004.
Joachim Rohloff, Ich bin das Volk. Martin Walser, Auschwitz und die Berliner Republik, Hamburg 1999.
Stefan Rohrbacher, Michael Schmidt, Judenbilder. Kulturgeschichte antijüdischer Mythen und antisemitischer Vorurteile, Reinbek 1991.
Jeffrey L. Sammons (Hrsg.), Die Protokolle der Weisen von Zion. Die Grundlage des modernen Antisemitismus – eine Fälschung. Text und Kommentar, Göttingen 1998.
Frank Schirrmacher (Hrsg.), Die Walser-Bubis-Debatte. Eine Dokumentation, Frankfurt a. M. 1999.
Ernst Simmel (Hrsg.), Antisemitismus. Mit Beiträgen von Theodor W. Adorno u. a., Frankfurt a. M. 1993.
Doris Sottopietra, Variationen eines Vorurteils. Eine Entwicklungsgeschichte des Antisemitismus in Österreich, Wien 1997.
Christina Späti, Die Schweizerische Linke und Israel. Israelbegeisterung, Palästinasolidarität und Antisemitismus zwischen 1967 und 1991, Phil. Diss. Fribourg 2003.

Angelika Timm, Hammer, Zirkel, Davidstern: Das gestörte Verhältnis der DDR zu Zionismus und Staat Israel, Bonn 1997.
Shulamit Volkov, Jüdisches Leben und Antisemitismus im 19. und 20. Jahrhundert, München 1990.
Heinz P. Wassermann, Antisemitismus in Österreich nach 1945. Eine empirische Bestandsaufnahme, in: Jahrbuch für Antisemitismusforschung 10 (2001), S. 156–183.
Heinz P. Wassermann (Hrsg.), Antisemitismus in Österreich nach 1945. Ergebnisse, Positionen und Perspektiven der Forschung, Innsbruck 2002.
Hilde Weiss, Antisemitische Vorurteile in Österreich. Theoretische und empirische Analysen, Wien 1987.
Juliane Wetzel, Die internationale Rechte und der arabische Antizionismus im World Wide Web, in: Jahrbuch für Antisemitismusforschung 12 (2003), S. 121–144.
Robert S. Wistrich, Antisemitism. The longest Hatred, New York 1991.
Robert S. Wistrich (Hrsg.), Demonizing the Other. Antisemitism, Racism and Xenophobia, Amsterdam 1999.
Reinhard Wittenberg, Bernhard Prosch, Martin Abraham, Struktur und Ausmaß des Antisemitismus in der ehemaligen DDR. Ergebnisse einer repräsentativen Umfrage unter Erwachsenen und einer regional begrenzten schriftlichen Befragung unter Jugendlichen, in: Jahrbuch für Antisemitismusforschung 4 (1995), S. 88–106.
Ruth Wodak u. a., «Wir sind alle unschuldige Täter!» Diskurshistorische Studien zum Nachkriegsantisemitismus, Frankfurt a. M. 1990.

Personenregister

Abraham, Karl 135
Adenauer, Konrad 62, 125, 162
Adler, Alfred 130
Adorno, Theodor W. 16, 232, 238
Ahlwardt, Hermann 106 f., 150
Andreas von Rinn 72 f.
Arendt, Hannah 140
Avnery, Uri 234

Bamberger, Ludwig 93
Barak, Ehud 207
Bartov, Omer 139
Beek, Gottfried zur (d. i. Ludwig Müller von Hausen) 178 f.
Ben Gurion, David 162
Berger, Joel 17
Bernays, Isaak 131 f.
Bernays, Minna 132
Bienenfeld, Franz Rudolf (Ps. Anton van Miller) 134 f.
Bloch, Ernest 191
Blüm, Norbert 206
Böckel, Otto 104–106
Borodajkewycz, Taras 229 f.
Bresslau, Harry 93
Bubis, Ignatz 21 f., 41 f., 53, 117 f., 121–124, 236
Busch, Wilhelm 235
Bush, George W. 125, 202

Chamberlain, Houston Stewart 85, 100 f.
Chatelin, Isaak 71
Chayla, Alexandre Comte du 182

Churchill, Winston 165, 167
Clement, Wolfgang 51
Clemens VI., Papst 75

Darwin, Charles 86
Deckert, Günter 126–128
Dinter, Artur 110
Dohm, Christian Conrad Wilhelm von 84, 98
Dohnanyi, Klaus von 21
Dubnow, Simon 70
Dühring, Karl Eugen 96 f., 112, 150
Dührssen, Annemarie 129–137

Eck, Johannes 78 f.
Eckhart, Dietrich 182
Ehrenburg, Ilya G. 122
Eichmann, Adolf 140
Einstein, Albert 132
Eisner, Kurt 166 f.
Emanuel von Genua 79
Engels, Friedrich 96
Enzensberger, Hans Magnus 184
Erb, Rainer 70
Erhard, Ludwig 125

Fassbinder, Rainer Werner 122
Fellner, Hermann 10 f.
Ferenczi, Sandor 135
Feuchtwanger, Lion 76
Filbinger, Hans 50
Finkelstein, Norman G. 38, 121, 138–145
Fleischhauer, Ulrich 182

Förster, Bernhard 92, 103
Ford, Henry 165, 167, 180 f., 191
Fortuyn, Pim 213
Frank, Anne 141
Freud, Jacob 131
Freud, Martha 131 f.
Freud, Sigmund 128–136, 239
Frey, Gerhard 125
Frey, Thomas s. Fritsch, Theodor
Friedman, Michel 33, 38 f., 41–43, 50–52, 61, 124, 146, 151, 153
Fritsch, Theodor (Ps. Thomas Frey) 97, 99, 108, 150, 179, 181 f.
Fromm, Erich 130

Galinski, Heinz 219
Gauck, Joachim 157
Gaus, Günter 62
Glagau, Erich 185
Glagau, Otto 89 f., 97
Globke, Hans 50
Gobineau, Joseph Arthur Graf 85
Goebbels, Joseph 113 f., 160, 162, 164, 174
Goedsche, Hermann (Ps. Sir John Retcliffe) 176, 179
Göring, Hermann 16
Goethe, Johann Wolfgang von 133
Goldhagen, Daniel J. 138 f., 161
Goldmann, Nahum 125
Graetz, Heinrich 93
Gregor XIII., Papst 72
Gruber, Edmund 205 f.
Guarinoni, Hippolyt 72
Günther, Hans F. K. 110

Güntzel, Reinhard 156 f., 168, 171

Haider, Jörg 226, 228, 231 f.
Hamm-Brücher, Hildegard 13
Harlan, Veit 113
Hassan II., König von Marokko 186
Hebbel, Friedrich 133
Henkel, Olaf 157
Henrici, Ernst 103, 106
Herodes I., der Große, König der Juden 65, 73
Herzl, Theodor 179
Hess, Rudolf 237
Heuss, Theodor 125
Heyer, Gustav Richard 133
Heym, Stefan 159
Hieronymus von Bethlehem 67
Hilberg, Raul 139
Himmler, Heinrich 113, 134, 185
Hinderbach, Johannes 71
Hippler, Fritz 113
Hitler, Adolf 10, 43, 52, 63, 100, 102, 106, 110–112, 144, 147, 159–163, 174, 183, 185, 192, 204, 214, 221, 225, 228
Hohmann, Martin 7, 12 f., 149, 155–159, 161–163, 165–174, 195, 199
Horney, Karen 130

Jesus Christus 65–68, 70–72, 74, 77, 195, 217, 223, 234
Joachim II., Kurfürst von Brandenburg 79
Joan von Kronstadt 176
Johannes Chrysostomos von Antiochia 67
Johannes Paul II., Papst 216

Joly, Maurice 176, 178 f., 184
Jospin, Lionel 213
Jung, Carl Gustav 130, 133
Jurowski, Chaimowitz 165

Karl Alexander, Herzog von Württemberg 80
Karsli, Jamal 146 f.
Kiesinger, Kurt Georg 50
Kirchweger, Ernst 229
Klaus, Josef 226, 230
Knight, Robert 225
Koch, Roland 48
Kohl, Helmut 11, 14
Korn, Karl 115
Korn, Salomon 139, 144
Krasnodebski, Zdzislaw 215
Kreisky, Bruno 226, 230
Kun, Bela 166
Kunschak, Leopold 228

Lafontaine, Oskar 206
Lamers, Karl 201
Lassalle, Ferdinand 161
Lauck, Gary Rex 183
Leibniz, Gottfried Wilhelm 133
Lenin, Wladimir I. 161
Le Pen, Jean-Marie 212
Lessing, Gotthold Ephraim 84
Lessing, Theodor 136
Leuchter, Fred 126
Liebermann, Max 103
Lippold, Münzmeister 79
Little Hugh of Lincoln 69
Lübke, Heinrich 50
Lueger, Karl 226, 228
Luther, Martin 77 f.

Machiavelli, Niccolò 184
Mahatir, Mohamad 189–191
Mahler, Horst 145
Mann, Heinrich 40
Mann, Thomas 40
Manon, Ernst 183
Marr, Wilhelm 88–91, 102, 150
Marx, Karl 132, 160, 173
Mazowiecki, Tadeusz 216
Mende, Erich 125
Mendelssohn, Moses 84
Möllemann, Jürgen W. 7, 12, 88, 91, 146–154, 172
Mommsen, Theodor 92 f.
Montesquieu, Charles de Secondat, Baron de 184
Morgenthau, Henry 122

Nachmann, Werner 11
Napoleon III., Kaiser der Franzosen 176, 184
Nietzsche, Friedrich 92, 133
Nikolaus II., Zar von Russland 165
Nilus, Sergej A. 176 f., 182
Nilus, Sergej S. 176
Niño de la Guardia 69
Nolte, Ernst 149
Novick, Peter 139 f., 143

Ochensberger, Walter 144
Özdemir, Cem 52
Oppenheim, Heinrich Bernhard 93
Oppenheimer, Joseph 80
Orlet, Rainer 128
Osiander, Andreas 78

Perel, Sally (Ps. Salomon Perjel) 43
Peter I., d. Große, Zar von Russland 217
Pflüger, Friedbert 201
Pickenbach, Wilhelm 106
Prinz, Joachim 229

Pulzer, Peter 232 f.

Rami, Ahmed 186 f.
Rathenau, Walter 180
Reich, Wilhelm 130
Reich-Ranicki, Marcel 22
Reimann, Viktor 231
Rintfleisch («König Rint-
 fleisch») 74 f.
Rosenberg, Alfred 180, 185

Šafareviè, Igor 217
Sarkozy, Nicolas 213
Schenk, Fritz 169
Schirinowski, Wladimir 124,
 191
Schlingensief, Christoph 153
Schmidt, Helmut 147
Schönhuber, Franz 121
Schultz-Hencke, Harald 130
Segel, Binjamin 181
Seghers, Anna 159
Sharon, Ariel 146, 151–153
Sichrovsky, Peter 139
Silbermann, Alphons 14
Simon von Trient 69, 71–73
Spee-Mirbach, Wilderich Graf
 10 f.
Spiegel, Paul 27, 33–39, 41 f.,
 44–51, 53, 56–62, 124
Spielberg, Steven 140 f.
Stalin, Iossif W. 164
Steinbach, Norbert 185
Stekel, Wilhelm 130

Stoecker, Adolf 93–97, 102,
 106, 150
Streicher, Julius 79, 88, 185
Streithofen, Basilius 119–121
Swerdlow, Jakob 165

Tantawi, Mohamad Sayyid
 191 f.
Ternant, Andrew de 184
Theilhaber, Felix 167
Thomas von Monmouth 72
Treitschke, Heinrich von 87 f.,
 92 f., 149 f.
Trotzki, Leo 166, 173

Vaillant, Daniel 213
Virchow, Rudolf 129

Wagner, Richard 85, 101 f.
Waldheim, Kurt 225 f., 232
Walser, Martin 20–22, 38, 149
Wassermann, Heinz P. 231
Weizsäcker, Richard Freiherr
 von 122
Werner von Bacharach 69
Westerwelle, Guido 151 f.
Wiesel, Eli 141
Wilhelm II., Deutscher Kaiser
 und König von Preußen 100
William von Norwich 68, 70,
 72
Witeschnik, Alexander 228 f.

Zweig, Arnold 183